パンパンとは誰なのか

キャッチという占領期の性暴力とGIとの親密性

茶園敏美
CHAZONO Toshimi

インパクト出版会

III部 性暴力としてのキャッチ

はじめに――パンパンとの出愛《であい》

1.「あいのこ」といわれて

わたしの話からはじめようとおもう。わたしには長いあいだ、だれにも相談できず、ずっと恐怖心を抱き続けていたことがあった。それは、見知らぬおとこたち、とりわけ年配のおとこたちから、突然、「あいのこ」(混血児)ということばを投げかけられることだった。

ここでわたしの顔立ちについて、あるエピソードを紹介したい。数年前のこと。わたしは、住まいから徒歩五分にある、米国人が自宅で開いている英会話塾(実際に、ミニ塾という札がかかっている)に、通っていたことがある。この塾は国際色豊かで、生徒は日本人の他に、フランス人、ウクライナ人がいた。

初めて参加した日のことだった。早めに到着したので待っていると、最初にやって来た人はわたしの顔を見ると、言った。

「インドの方ですか?」

次にやって来た人は、こう言った。

「ご両親のどちらかが、インド人ですか?」

さらに三番目にやって来た人は……。

「インド人のクゥオーターですか?」

嘘のような話だけど、本当の話である。

さらに今から一五年ほど前、バックパッカーで南インドのひとり旅をしたとき、旅先の乗物で隣り合わせになったシンガポール人には、同郷と間違われた。

今でも、挨拶程度の付き合いのひとたちは、いまだにわたしのことを日本人かどうか疑問におもっているかもしれない。ある程度親しくなってから、「ぶっちゃけ、何人《なにじん》？」と、わたしに尋ねるひともいるからだ。

「何人《なにじん》？」と尋ねられるのは、なんとも思っていない。尋ねるひとたちに、悪意や敵意といったネガティブな感情が感じられないからだ。

ここで話を「あいのこ」の話に戻すと、「あいのこ」といきなり言われるのは、本当に恐かった。「あいのこ」ということばを投げかけるおとこたちに共通しているのは、ある種のネガティブな感情だった。電車の中や、道を歩いているとき、**彼ら**は突然現れ、すれ違いざまに「あいのこ」と、わたしにしか聞こえない声で吐き捨てるようにつぶやき、去っていく。そのまなざしには一様に、敵意や憎悪を内包したような悪意が感じられた。妹や友人と並んで歩いている時も、**彼ら**はわたしにしか聞こえない声で、つぶやいた。ちなみに妹はわたしと血は繋がっているけれど顔立ちが似ていないため、「あいのこ」と言われたことはない（本人に確認したので、確かである）。

はたちの頃、パン屋でアルバイトをしていたときのこと。レジでお客さまの応対をしていたとき、目の前にいる年配のおとこ客がわたしに、早口の聞き取りにくい声で、何かを言った。聞き取りにくかったので顔を上げると、いつも突然わたしの目の前に現れる**彼ら**と同じような表情だったことから、「日本人か？」と尋ねていたのだと、すぐにわかった。わたしは周りに聞こえないようにすばやく、「そうです」

と答えると、その客は「ああ、そうか」と言って会計を済まして立ち去った。何も悪いことをしていないのに、まるで尋問を受けたような不快感が残った。でも、その場にいた他のひとたちに会話の内容を知られたくないという思いのほうが強かったため、安堵した。

「あいのこ」と言われたことを、相談するどころか誰かに気づかれることさえも恐怖に感じていたのは、相談してはならない恥ずかしいことだと、漠然と思い込んでいたからだ。「あいのこ」と言う相手は決まって、一定以上の年齢のおとこたちに限られていたからだ。**彼ら**の、小声で侮蔑的な表情は、威圧感があった。この威圧感は、万が一、誰かに打ち明けようものなら、「打ち明けられた相手は、おまえを軽蔑するぞ」、といった恫喝を受けているような威圧感だ。両親にさえ打ち明けることができなかったのは、打ち明けると両親が悲しむかもしれないと思い込んでしまったからである。

このようなわたしの精一杯の抵抗として、母の使う鏡をにらみながら、「なんでこんな顔に産んだん？もっと普通の顔がよかったわ」と、何度も母に言ったことだった。そのつど母から、「そんなアホなこといいなさんな」と、一蹴に附された記憶がある。

わたしはいつしか、下を向いて眉間にしわを寄せて、不機嫌な表情で歩くようになった。母からは再三注意されたけれど、「あいのこ」という、予測不可能な爆弾から身を守るのに必死だった。

この得体の知れない恐怖の原因がわかったのは、くしくも第二次世界大戦後の占領期の日本を研究テーマに選び、パンパン[1]に出逢ったときだった。

パンパンときいて、みなさんはなにを思い浮かべるだろうか。

パンパンとは、占領期に大勢いた、ＧＩ（米兵）と交際するおんなたちのことだ。当時、自らのことをパンパンと名乗っているおんなたちも存在したけれど、一般に世間では、性的サービスを有償で行なう売春婦、いわゆる街娼（街角に立って客引きをする娼婦）のことを、侮蔑的な意味をこめてパンパンと言った。彼女たちは、夜の女、闇の女、パン助などさまざまに言われていた。なかでもパンパンということばが、当時の世間の人びとに一番インパクトを与えた。

彼女たちが世間にインパクトを与えたのは、敗戦直後、大挙して日本にやってきた、いわば日本を負かした戦勝国のおとこたちと、積極的に交際するおんなたちだったからだ。当時の日本は、敗戦後の物資の乏しい状況にあった。だけど彼女たちは、チョコレートやバターといった、配給では手に入らない高価な食べ物を楽しみ、もんぺ姿のおんなたちが多い中、いち早くカラフルな色のワンピース、ストッキングにルージュ、ナイロンバックといった、華やかな衣服、化粧品、装飾品で着飾って、交際相手のGIと腕を組み、日本人立入禁止のダンスホールなどの娯楽施設に出入りした。

「大胆に征服者の富を頂戴した者」［ダワー 2004 上:153］、彼女たちこそ、世間からパンパンといわれたおんなたちだ。

占領期の研究に着手し、パンパンという存在に出逢い、彼女たちの調査を続けるうちに、わたし自身、年配の見知らぬおとこたちから、「あいのこ」ということばを投げつけられた意味がようやく腑に落ちた。「あいのこ」と言ったおとこたちはおそらくわたしを見て、GIとパンパンとの間にできたこどもを思い出したのかもしれない。**彼ら**が小声で「あいのこ」とつぶやくのは、一九六〇年代生まれのわたし自身、GIとパンパンとの間にできたこどもの世代でもなければ、孫の世代でもないという、微妙にずれた世代であるということを、**彼ら**はうすうす感じていたからなのかもしれない。

今になっておもうのは、わたしが**彼ら**に遭遇したくなかったのと同じように、ひょっとしたら**彼ら**もわたしに遭遇したくなかったかもしれない。占領期当時、少年あるいは青年だっただろう**彼ら**は、まちがいなくパンパンと言われたおんなたちを間近に見ていた世代だったことから類推すると、彼らにとってＧＩとパンパンとの間にできた「あいのこ」は、日本が占領されたことを示す屈辱のシンボルであり、ＧＩの戦利品の証でもあるからだ。「米兵のジープに乗って陽気にさわいだりするパンパンの姿は、突き刺すように日本人の誇りを傷つけたし、とくに男性には、男として情けなさを感じさせた」［ダワー 2004 上:153］からだ。**彼ら**は、わたしの顔に遭遇した瞬間、そのときの屈辱感が甦ったのかもしれない。あるいは過去に、実際にパンパンと言われたおんなたちとつるんでいたＧＩに傷つけられたトラウマがフラッシュバックとして甦り、おもわず「あいのこ」と言わざるをえない状況に陥ったかもしれない。

どちらにしても、ＧＩとパンパンの間にできた子どもを思い出させるような顔立ちだったことが原因で、「あいのこ」と言われていたのかもしれない――ひょっとしたらわたし自身の思いこみかもしれないとしても――そのような認識を得たとき、「あいのこ」と言われた原因はわたしなりに認識したとしても、**彼ら**がわたしを見るときの、苦々しい表情や侮蔑的なまなざしは、いまだに忘れることはできないでいる。また、わたしがなるべく目立たないように、下を向いて眉間にしわを寄せて、不機嫌な表情で歩くようになったのも、「応答を求める質問において構成される発話行為が、ある人々にとっては既に身体をこわばらせ、口をつむらせ、沈黙される暴力になる」［冨山 2014］というような状況にわたし自身、晒されていたといえる。わたしが眉間にしわを寄せて歩くのは、「おまえは日本人か?」と不意に問いかけるおとこたちの暴力に遭わないための、精一杯の抵抗だったのだから。

さらに興味深いことにわたし自身、「あいのこ」にある種の共感を覚えると、「あいのこ」の母であるおんなたちの中でとりわけ、パンパンという存在に魅了されてしまった。占領期から米軍が現在のような駐留になるまでの約一三年間（一九四五年～一九五八年）、つねに世間の話題の中心だったパンパンたちは、次第に日本本土から見えなくなり、パンパンということばさえも、いつしか、小説や映画、ドラマといった「フィクション」の中に収まった存在になっていった。

にもかかわらず彼女たちは、わたしの顔を見ると「あいのこ」を思い出させるほどの存在感を、おとこたちに与え続けている。こんなにインパクトのある、謎めいて魅力的なパンパンという存在は、世界中探してもめずらしいのではないだろうか。

これが、パンパンとわたしの出愛《であい》である。

2. 謎めいて魅力的なパンパン

パンパンという存在が謎めいているのは、占領期の日本では、「全国で約一万八千人いたともいわれた」[朝日新聞社 1989:69] パンパンたちが、駐留期を経て日本本土から徐々に米軍基地が撤退するのに歩調をあわせるかのように、気がつけば、彼女たちの痕跡が身近に感じられないからだ。

そんな彼女たちは、魅力的な存在でもある。わたしが体験したエピソードを紹介しよう。

占領期当時、パンパンとみなされたおんなたちは、GIたちに性病をまき散らす存在、すなわちGIたちの戦闘能力を妨害する存在として、不意打ちの強制的性病検診が行なわれていた。GIたちが性病に感染すると軍務に支障を来すので、GIに接触するおんなたちはみな、性病の感染源とみなされていた。わたしの手元には、強制検診を受けさせるために、トラックの荷台に乗せられているおんなたち、あるいはトラックから降りて警察や病院へ連行されるおんなたち（まるで犯人扱いである！）の写真が数枚ある。この写真を気の置けない友人に見せたとき、彼女は写真を見るなり、「へ〜！　綺麗な人たち」と驚いた。写真はどれも今から六〇年以上前の白黒写真なので、今の美的感覚と、六〇年前の美的感覚は異なっているかもしれない。この美的感覚の異なりを差し引くとしても、友人が、そして実はわたしも友人同様に初めて写真をみたときに感じた、彼女たちに対する印象は、綺麗な人だった。金をもっているGIたちと交際するには、それなりに容姿を整える必要性があるのは、理にかなっていることだとしても、彼女たちは美しかった。

ところが、占領期に発行された日本の資料および占領期以降、GHQ（General Headquarters the Supreme Commander for the Allied Powers GHQ/SCAP. 連合国軍最高司令官総司令部）の言論統制が解除され、さまざまな知識人によって批判の対象にさらされる、もしくは小説や映画、そしてカストリ雑誌（粗悪な紙に印刷された安価な雑誌で内容はエロ・グロが多い）にいたるまで世間のおとこたちの、欲望の消費対象とされたパンパンに関する資料には、彼女たちの容姿について、友人やわたしが単純に感じた、綺麗な人というたぐいの表現が見あたらないことに、違和感があった。敗戦という貧しい状況下にあって、「まさに魔法の国からやってきた宝物庫」〔ダワー 2004上：156〕のような、PX（Post Exchange GHQ関係者専用のショップ）に陳列している、敗戦国のおんなたちにとって垂涎の的のような商品をGIからもらっていた彼女たちの服装や化粧は、「アメリカ的なセクシーさと最新流行という、手のとどかないものの一部」〔ダワー 2004上：156〕だったはずであるし、その表現が的を射た表現であるとするなら、彼女たちの容姿に感嘆したおんなたちも多かったはずだ。

占領期の日本にやってきたのは、戦勝国のおとこたちだけではない。GIの妻、おんな兵士、GHQ関係の仕事に携わる戦勝国のおんなたちの存在も忘れてはならない。彼女たちのファッションも、日本のおんなたちの注目を集めた。

GHQ看護課長として来日したバージニア・オルソンは、東京の下北沢教会でバイブルクラスを開いた。

彼女はバイブルクラスの「少女たちのあこがれの的」［大石 2004:129］だった。

当時中学生だった太田初恵さんも、オルソンの服装に圧倒されたひとりだった。

会うたびにオルソンの服装は異なっていた。色はピンクであってもデザインや色の濃淡が異なっていた。ファッションをみるのも楽しみになっていた。ＧＨＱで看護婦の仕事をしている人とは思えなかった。［大石 2004:126］

西川祐子は、占領期に小学生から中学生までの時期を過ごした西川自身の、中学や高校の同級生たちを中心に占領期京都の状況を、独自の聴き取り調査であきらかにした［西川 2010］(2)。この調査結果で、西川自身の興味深い指摘がある。

進駐した米軍に女性兵士、女性軍属が多数ふくまれていたことが住民たちの注目をひいていた。聞き取り記録には、司令部に出入りする女性のハイファッションぶりが何度か話題にあがっている。司令部の購買部にあった品物がうらやましかったと記憶する人もいる。そこに並べられていた商品には贅沢な小物や化粧品がふくまれていたのではないかと思われる。そういった観察には占領軍を観察する住民に女性が多かったことが関係するであろう。［西川 2010:156-157］

西川の聞き取り調査の対象者は、西川が通学した私立中学、高校の同級生およびその関係者という限られた範囲であり、オルソンのバイブルクラスに通う太田さんにしても、私立中学の生徒であったことから、敗戦後の日本で比較的恵まれた家庭のおんなたちが戦勝国のおんなたちのファッションに影響を受けたといえるかもしれない。食うや食わずの状況におちいっているおんなたちが、戦勝国のおんなたちのファッションにあこがれを抱いたかどうかについては、別途考える必要があるかもしれない。この点を考慮した上でもなお、戦勝国のおんなたちが身につけているファッションや、PXの商品に魅了されたおんなたちは多かっただろう。

日本が占領されて間もなく米国シカゴ・サン紙の東京支局長として、日本を一年間取材したマーク・ゲインは、一九四五年一二月二一日の日記に、このように記している。

銀座――かつて東京の最大の繁華街だった銀座――その銀座で、今いちばん人をひきつけているのは米軍のPXのショウウィンドウである。そのショウウィンドウの前には、まるで、魅されたような人たちが、GI用のスウェーターやタオルや戦闘服の上衣やほんものの皮製の頑丈な靴にあかずに見入っている。腹の空いた子供や若い女たちは、列をつくって順番を待つ兵隊たちにチュウインガムやチョコレートをせびっている。〔ゲイン 1963:45〕

ゲインは、おんなたちのみならずあらゆるひとたちが、PXのショウウィンドウに魅了されている光景を目撃していた。

パンパンといわれたおんなたちの存在は、把握できる数で一万八千人であることを考えると、その背後には統計では把握できない多数のパンパンといわれたおんなたちが存在しただろう。にもかかわらず、まるで、ある種のタブーが存在しているかのように、当時のパンパンに関する語りは、批判あるいは、ポルノグラフィー的、平たく言えばエロ的な消費、更生もしくは救済の対象といった語りでその大部分が占められていて、彼女たちにあこがれのまなざしを向ける語りは、きわめて少ない。この他にも、パンパンについて語られていない部分があるかもしれない。

だとしたら、それは何？

そう考えれば考えるほど、パンパンは謎めいて魅力的な存在だと感じてしまうのだ。

3. パンパンと恋文横丁

占領期の日本各地でGHQのMP（Military Police/ 米軍の警察）と日本の警察によってパンパンとみなされたおんなたちは、強制的に性病検診を受けさせられるために、キャッチ（検挙）されていた。

このキャッチがいかに人権を侵害する行為だったかを簡潔に述べよう。

まず、MPと日本の警官が協力して、GIと接触していそうなおんなたちを探す。そしてGIと接触していそうだと彼らが判断したおんなたちを捕まえると、トラックの荷台に乗せ警察署に連行したのち、有無をいわさず性病検診を受けさせる。さらに、「検診時に医師以外の男性が立ち会うというハラスメント」も行なわれていた［平井 2007:103］。翌朝、性病にかかっていないものは解放されるが、かかっていると判断されたものは、治るまで解放されない。

占領期の研究に携わる者の間では、占領期にこのようなキャッチが行われていたということはよく知られている。藤目、奥田、早川は、キャッチがおんなたちへの性暴力、人権侵害であることを指摘している点で注目に値する［藤目 1997,2006］、［奥田 2007］、［早川 2007］。キャッチにかかわってパンパンとそうでないおんなたちの連帯が語られていないという指摘もある［大原・塩原・安藤 1972:189］。

いっぽう世間では、キャッチがあったことすらほとんど知られていない。同性異性にかかわらず、契約社員、正社員、派遣社員、アルバイト、パート、自営といったさまざまな仕事に携わっているわたしの友人たちは、占領期のキャッチについて知らなかった。第二次世界大戦中の従軍「慰安婦」の存在についてはよく知っている友人にしても、同様である。時期的にいえば、占領期のほうが新しいにもかかわらず、である。

キャッチについて世間で知るひとが少ない原因として、おもに二点考えられる。まず一点目は、キャッチの対象がＧＩ相手の売春婦だったということだ。従軍「慰安婦」について関心度が高いのは、従軍「慰安婦」にさせられたおんなたちの多くが、売春婦ではないおんなたちだったからこそ、容易に、「わたしに関わること」として受け止めることができる。一方、ＧＩ相手の売春婦は、従軍「慰安婦」のように逃げたくても逃げられない状態で性的サービスを強要されていたわけではなく、売春をやめる自由があった。なので占領期のキャッチは、たとえそれが人権を侵害するような暴力的な行為であっても、「売春婦ではないわたしには、関係ないこと」として、認識されてきたといえる。

次に、当時のキャッチの被害者が、いまだに沈黙を守っているということだ。この沈黙を守っている点について、二点指摘したい。

まず一点目は、キャッチの対象になるということがＧＩ相手の売春婦、いわゆるパンパンであるというスティグマを負わされる状況のなかで、キャッチの被害者だと表明すれば、世間から、元パンパンというレッテルを貼られることになり、被害者が被害を受けたことを恥じなければならない状態を生み出すからだ。

もう一つは、交際していたＧＩとの想い出を、そっと胸の内に秘めておきたい、という気持ちがおんなたちの胸の内に存在し続けているのではないだろうか。

次の二枚の写真を見てほしい。

これらの写真は、東京渋谷に昔あった恋文横丁（左）と、現在の恋文横丁跡（右）の写真である。

秋尾沙戸子はこの恋文横丁について、つぎのように語っている［秋尾 2011］。

> ある古着屋の主人が女性たちから頼まれて米兵へのラブレターの翻訳や代筆をするようになっていた。代筆を請け負っていた「菅谷」という男性は、昭和二三年からその路地で商いをはじめていたが、アメリカ高級将校の日本人の恋人に頼まれて、英文恋文の代筆を引き受けたのが最初だった。
> 彼のインタビューが渋谷区発行の冊子に収録されている。
> 〈恋文の代筆をするときはまず彼女たちに最初に目的をはっきりいいわせます。金か、結婚か、恋愛を楽しみたいのか？　それによって文案を練り、作戦を授けてやるのです。昭和四〇年頃には結婚を望む女性がほとんどにな

恋文横町周辺（読売新聞 1957 年 11 月 23 日朝刊）

恋文横町跡（2014 年 7 月 22 日、筆者撮影）

りました。彼女たちはみな、真面目で真剣だったので、多くの人が幸せな結婚をすることができました『渋谷のいま』〉［秋尾 2011:273-274］

秋尾が紹介している恋文横丁は、東京だけに限らず、日本各地にあったと思われる。恋文横丁の数の数だけ、あるいは恋文横丁にたよらなかったおんなたちのことを考慮すると、占領期当時ＧＩと恋愛していたおんなたちが大勢いたことを物語っている。彼女たちの中で、ＧＨＱの厳しい審査をくぐり抜けたものたちは、ＧＩと婚姻を結ぶことができたし、そうでないおんなたちの中には、ＧＩが日本にいる間の恋人や愛人だった者もいるだろう。また、ＧＩと別れた後、日本人と結婚したおんなたちも大勢いるだろう。

彼女たちが占領期にＧＩと親密だったことを考えると、彼女たちもまた、パンパンという名の下に、キャッチの犠牲となったかもしれない。

自らパンパンと名乗るおんなたちにしても、後述するように、ＧＩの恋人という意味でパンパンを名乗っている者もいる。また、傍から見るとＧＩとの関係が金銭のみの関係であるかのようにみえても、実のところ当人しかわからない。当人自身の気持ちが揺れているときもあるからだ。にもかかわらず、彼女たちのことを売春行為をしているという側面のみに焦点をあわせ批判する、あるいは相手のＧＩこそ買春行為をしていて、彼女たちはキャッチという性暴力の犠牲者であると主張してしまうと、結局、なにが良いのか悪いのか、といったジャッジの落とし穴にはまってしまいかねない。すると、ジャッジの枠からこぼれ落ちてしまうものがある。あるいは、軍や基地を保有する米国対占領された国日本といった国家間の関係でパンパンとＧＩを見ることも、やはり、こぼれ落ちてしまうものがある。そのひとつに、彼女たちがＧＩと過ごした親密な時間が挙げられる。たとえ、金のみの仲に見えても、だ。

田中雅一の、「支配する側の極に位置する米軍のヒエラルキーを考慮するなら、パンパンを相手にしてきた米兵たちを、支配する側としてまとめるわけにはいかない。かれらもまた、軍の組織においてどちらかというと末端に位置する独身男性なのである」〔田中 2011:204〕という指摘のように、「可能態としての軍部批判者であり、（黒人兵の場合）人種差別批判者であり、さらには未来の脱走兵」〔田中 2011:204〕〔引用文の傍点とかっこはすべて引用文のまま〕であるＧＩとパンパンの関係は、「一局面からのみ解釈できるような単純な存在ではなく、さまざまな時間に異なる姿をみせる」〔青木 2013:182〕関係だと、本書でもとらえている。

そこで本書では、パンパンといわれたおんなたちが発する声に注目することにより、これまで「語られなかったもの」〔古久保 2001:13〕を浮かび上がらせると同時に、キャッチの被害者がいまだに沈黙を守っている点について、キャッチという性暴力を被ったおんなたちは、同時にある瞬間は、ＧＩとの親密でかけがえのない時間をも経験していたかもしれない、アンビバレンスなおんなたちだった、という両側面から考えたいとおもう。

4．おんなたちが手を結ぶには

親しくしている友だちから、こんな事をいわれたことがある。

「なぜ、性別をひらがなで書くの？　読みにくいんやけど」。

このときわたしの答えは、こうだった。

「別にいいやん。わたしはひらがなを好んでいるから」。

まったく、答えになっていない返答をしていた。

この当時のわたしは、性別のひらがな表記にこだわりながらも、その理由を説明できなかった。説明できないながらも、ずっと性別のひらがな表記にこだわってきた。日常やりとりする携帯のメールでも手紙でも、いつも性別をひらがな表記にしてきた。友だちから再三、読みにくいといわれても、ひらがな表記にこだわってきた。それはなぜか？

このようなわたしの思うように言語化できない――どう伝えていいのかわからない――こだわりを、言語化するヒントを与えてくれたのは、コンタクト・ゾーン［Pratt 1992,2008］という概念だった。

メアリー・L・プラットによればコンタクト・ゾーンとは、植民地のような、支配／被支配という非対称的な関係が存在するなかで、異質な文化が互いに出会い、衝突し、格闘する場のことをいう［Pratt 1992,2008］。この概念をわたしの文脈にあてはめて考えたとき、性別をひらがな表記にする理由をはじめて説明できた。

この時点でみなさんの中に、次のように感じた方がいらっしゃるかもしれない。

植民地？　昔日本がアジアを植民地にしていたのは歴史で習ったけど、植民地の話より、私には、夫の母とのこじれた関係のほうが深刻だ。

異質な文化？　生活に追われて、国内旅行すら行ったことないし。職場の人間関係にへとへとなのに。

実は妻が私に暴力を振るうのです。こんなことかっこわるくて誰にも相談できないし。申し訳ないけど、植民地だとか異質な文化は今の私には遠い話です。

植民地や異質な文化ということばになじみがなければ、たしかに、「コンタクト・ゾーンと、わたしの生活とどう関係があるの?」と感じてしまうかもしれない。

ここで、コンタクト・ゾーンという概念が、わたしたちの日常生活にどのような関わりを持つかを、わたしの例で示そう。性別をひらがな表記にこだわっている理由と、コンタクト・ゾーンという概念とがどのように関わっているか、である。

コンタクト・ゾーンという概念を知って、わたしが性別をひらがな表記にこだわっているのは、出自の異なったおんな同士、おとこ同士といった同性関係、あるいは、おんなとおとことといった異性関係を、非対称の関係でみたくないということに気づいたのだ。もっと直接的にいうと、支配する者/される者といった力関係で、人間関係をみたくないという考えのもとに、あえてひらがな表記にこだわってきた。さまざまな背景をもつ者同士が交渉し交流することによって、豊かな関係性を紡いでいくという視点で、人間関係をみたいのだ。さらに、自身を指し示すことばについてもひらがな表記にこだわる理由は、セクシャリティも含めて決定権は自身にある、という考えに基づいている。

わたしのことは、わたしが決める。

この考えは、性別にかかわりなく決定権はその個人にある、ということに繋がっている。たとえ親子や夫婦の間柄であっても、決定権はその個人にある。

このように考えていくと、たとえば出自の異なった（妻と義母のような）親子関係や夫婦関係、職場の上司と部下の関係などといった日常のさまざまな関係性はこれまで、支配する者／される者といった力関係を前提とした上で考えてきたかもしれない。そう考えると、植民地や異質な文化ということばは、決してわたしたちの日常から遠い話ではないことに気づくだろう。

ジェンダーの視点から日常の軍事化について発言を続けている国際政治学者シンシア・エンローは、「軍人の妻が、軍隊の売春婦と手を結び、女性兵士と共同行動を起こした例など、いかなる国においてもほとんど存在しない」［エンロー 2006:10］と主張する。そして政府当局が、このような「分断支配」を生み出してきたと述べる。すなわち分断支配は、軍人の妻、軍隊の売春婦、女性兵士といった異なった立場のおんなたちが、手を結んだり共同行動できずに、それぞれが当局側に支配されているというのである。

だけどコンタクト・ゾーンという視点で異なった立場のおんなたちを見たとき、力関係を前提としておんなたちを見るのではなく、さまざまな立場のおんなたちが互いに交渉し交流しているととらえたとき、互いがぶつかり合うことによって、一義的な力関係に汲みしない新たな、そして豊かな関係性を見出せるのではないか。

本書ではこのような問題意識から、コンタクト・ゾーンという視点で、おんなたちの連帯の可能性を模索している。そのため、資料から引用文を引用する以外は、性別の漢字表記は使用していない。

5．だれも知らないコウベ――交渉の痕跡はどこ？

ここで、本書を読んでいるあなたに、質問をしてみたい。

神戸をイメージするものを、三つあげてください。

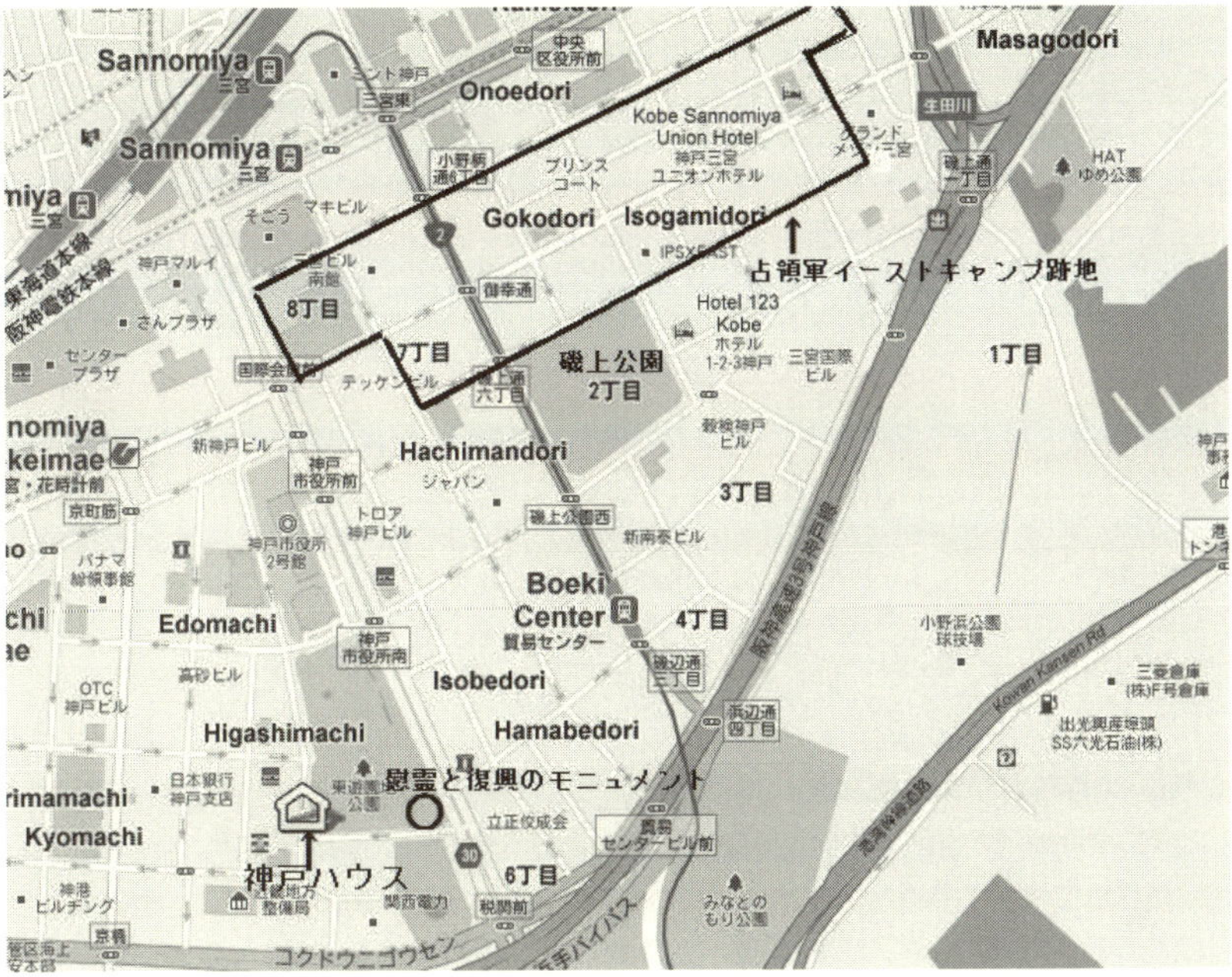

筆者作成

みなさんは何をイメージしただろうか。ひとによってその答えはさまざまだけど、たとえば、みなさんが神戸市民でなくても、異人館、旧居留地、ルミナリエはイメージしやすいかとおもう。

それでは質問を変えて、神戸をイメージするものとして、パンパン、米軍基地、日本軍の捕虜と捕虜収容所をイメージした方は、おられるだろうか。おそらく特別な想いを有しておられる方以外は、ほとんどの方がイメージしなかったのではないかとおもう。神戸市民だったとしても。

こう考えると、神戸のことを知っているようでいて、実際はあまり知らないのではないだろうか。

ここで、ルミナリエにこだわってみよう。

一九九五年一月一七日火曜日午前五時四六分五二秒。兵庫県を中心に大きな地震がおそった。いわゆる「阪神・淡路大震災」である。

その後神戸市は一九九五年一二月に、「震災の記憶を語り継ぎ、都市と市民の『希望』を象徴する行事として」（KOBEルミナリエ公式サイト）、ルミナリエという光の祭典を初めて開催した。みなさんのなかにも、参加された方もおられるだろう。

前頁の地図に注目してほしい。ルミナリエ会場のゴールは、東遊園公園（通称東遊園地）にある、慰霊と復興のモニュメントだ。この公園の西隣は、敗戦直後まで日本軍の捕虜となった連合国軍兵士たちが収容されていた通称神戸ハウスという捕虜収容所だった。現在はこの収容所跡地に、小さな郵便局が建っている。

ルミナリエ会場への順路は混雑を避けるためあらかじめ決められていて、ルミナリエへ訪れるひとびとは全員、乙仲通りといわれる電飾で飾られた通りを通って、この郵便局を通過してから東遊園地に入る。乙仲通りは、神戸ハウスに収容されていた連合国軍兵士たちが強制労働のために通った道であることや［レイン 2004］、東遊園地から徒歩五分北へ進んだ場所には（現在、そごう神戸店南側付近）、占領期には米軍の通称イースト・キャンプがあったことも、いまでは関係者以外ほとんど知られていない。

神戸港平和の碑。筆者撮影

神戸市は神戸ハウス跡地に捕虜の慰霊碑を作ることをいまだに拒んでいるため、暫定的に慰霊碑は、元町の海岸沿いにある在日華僑の方の個人所有のビルの前に、捕虜のとき亡くなられた連合国軍将兵と中国人の方々の慰霊碑が建てられている。[3] もし、捕虜収容所のあった本来の跡地である郵便局あたりに慰霊碑が建てられたとしたら、ルミナリエに参加するひとたちに、

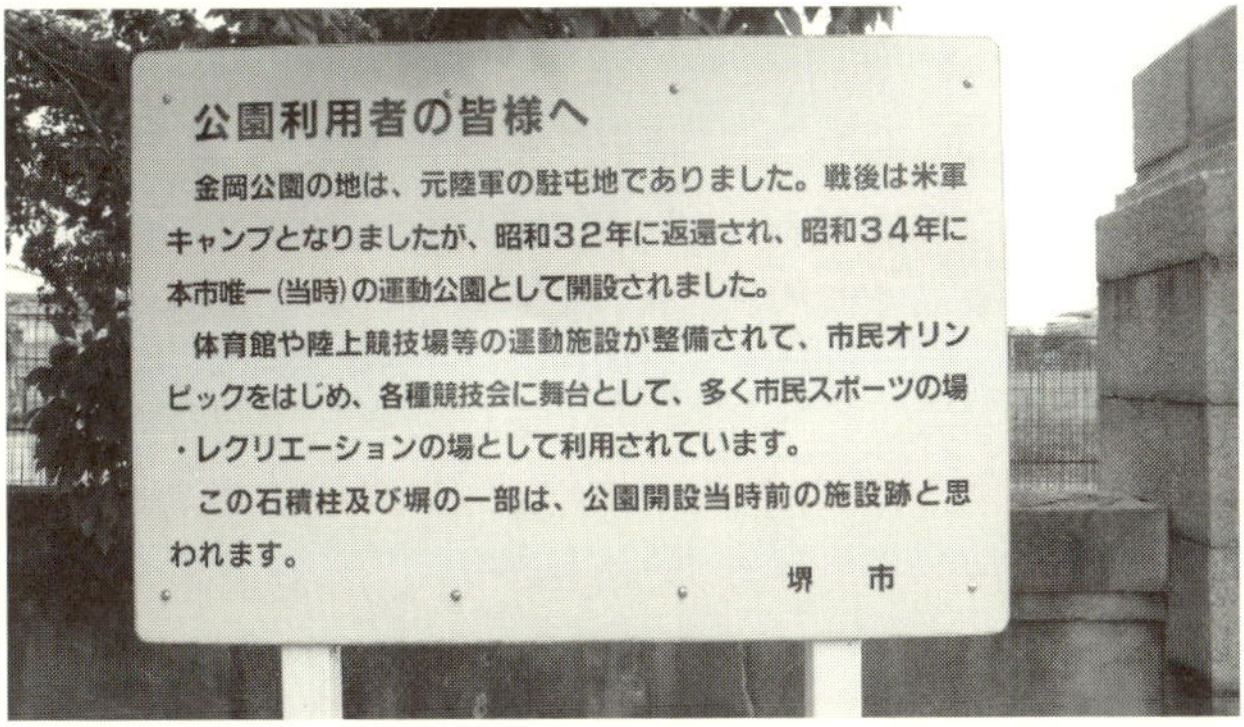

筆者撮影

かつて連合国軍捕虜の方々が存在した場の記憶を、慰霊碑が語り継ぐことになるだろう。

また、イースト・キャンプの跡地にも、跡地であることを示すものが何もない状態なので、ひとびとはイースト・キャンプがあったことがわからないのは当然だ。堺市金岡には占領期に金岡キャンプがあった。現在公園になっているその場所には、占領期に米軍キャンプだったことを示す立て看板が立てられているのと、米軍キャンプの跡地を示すものがない神戸市のケースは対照的だ。

「阪神・淡路大震災」という天災に注意が払われていても、人災という第二次世界大戦中の日本軍の捕虜収容所や、占領期の米軍キャンプに注意が払われていない状態は、一体何を意味しているのだろう。

ここで、神戸ハウスに関わって連合軍兵士たちが強制労働を強いられていた場や、イースト・キャンプ周辺でキャッチされたおんなたちが強制的に性病検診を受けさせられるために待機させられた病院の待合室といった場に注目してみよう。通常、強制労働の場、強制検診のために待たされる場は、どちらも当局側の厳重な監視下にあるという意味において、圧倒的な非対称に基づく暴力が行使されている場でもある。この場をコンタクト・ゾーンという視点でみるとどうなるか、考えてみたい。

まず、強制労働を行なう場についてみてみよう。

次に示すエピソードは、第二次世界大戦中、神戸ハウスにいた、オーストラリア兵捕虜のジョン・レインさんの手記である。レインさんは捕虜として神戸ハウスで生活した三年半もの捕虜生活のことをメモという形でしたためた記録を後年『夏は再びやって来る――戦時下の神戸・オーストラリア兵捕虜の手記』〔神戸学生青年センター出版部 2004〕と題して、一冊の本にまとめた。

我々は生き抜くことに必死の努力を払った。生きるために必要な食料が、この先も変わらず与えられることについては、明らかに疑問をもたざるを得ない。この戦争で生き抜いていくためには、盗みも辞さないことを頭の中にたたき込んだ。このような精神的葛藤状態で、生存を賭けた戦いが起こるのは当然のことだった。

捕虜側の戦いとは、あらゆる機会を利用して、手段をつくして、値打ちのありそうな品物を盗み取ることにあった。色々なことを試みて失敗しながら、我々は縁のなかった、だましや人の目を盗む技術が驚くほど上達した。〔レイン 2004:72〕

九八六名の中国人捕虜による過酷な労働と生活、飢えやリンチを含む非人間的な処遇に耐えかねて一九四五年六月三〇日に一斉蜂起した事件として知られる花岡事件〔杉原 2002〕にみられるように、飢えは捕虜にされたひとたちにとって深刻な問題だった。捕虜だったレインさんは、この飢えという暴力に抗して、捕虜仲間と団結して、盗みを行なった。この盗みは、製油会社で働かされるレインさんのグループと、製鋼会社で働かされるグループとが連携して行なった。「盗みは、我々と日本人側の知恵比べ」〔レイン 2004:72〕と述べるように、レインさんたちは盗みのチームを作って、捕虜のひとたちを管理する側と格闘していた。

こんなレインさんたちの盗みを見逃してくれる警備兵がいたという。その警備兵は、「中国でかなりの試練を経てきたらしく、そのことが、捕虜たちに対する寛容につながっているようだった」［レイン 2004:74］。さらにレインさんが強制労働を強いられている製油会社の日本人班長は、「分け前をもらえるならば、ズボンのすそに食料を隠してもよい、と申し出てきた」［レイン 2004:78］という。

レインさんたち捕虜は、捕虜を管理する側を巻き込んで、強制労働という支配者／被支配者という一見絶対的な関係性の間隙を突いて、交渉を行なっていた。

次に性病検診を強制的に受けさせられる病院の待合室のケースは、本書の第三章で詳しく述べるけれど、待合室は性病検診を待つおんなたちにとって強制検診という一方的な暴力が行使される場を待つ場所ということが、おんなたちの分断を招く場のようにみえる。だけどコンタクト・ゾーンという視点でみていくと、実はおんなたちが手を結ぶ場だったことを、ここで先に述べておこう。

このように人災を招いた場をコンタクト・ゾーンの視点でみると、抑圧される側が抑圧する側と格闘や交渉を行なっていることがわかる。この文脈で、さきほどの人災の記憶を読み解くと、人災の記憶とは、抑圧された側の交渉の証である。

ルミナリエの開催は、震災の記憶を語り継ぐことや、ひとびとの希望を象徴する行事という点では、開催の意義は大きい。その意義が大きいだけに、ルミナリエを開催している場を取り巻くように存在していた日本軍の捕虜収容所や米軍キャンプの跡地を示す公の証が二〇一四年現在もない状態は、捕虜にされた連合国軍兵士たちや、キャッチで捕まえられ病院へ連行されたおんなたちの抵抗の記憶が不問にされたまま——非対称的な力関係を内包しながら——今に至っていることにほかならない。

神戸は、奈良のように田んぼの中に突然できた米軍施設や御殿場の富士山麓にあったようないわゆる米軍の基地村ではなく、ひとびとが生活を営む街と米軍施設とが渾然一体となった場だった。米軍キャンプにまじり、外国船や外資系の会社が林立する一方で、闇市や商店街、さらには小学校という教育機関がすぐそばにあった。こうした立地は、たとえば地元以外では注目を浴びにくいのか、あるいは偶然なのか、まるでエア・ポケットが生じたかのように、占領期神戸の米軍基地に言及した、世間のひとびとの目に触れやすい資料は、当時の新聞以外は、ほとんど見かけない。

たとえば『基地の子——この事実をどう考えたらよいか』（一九五三年）という本は、「北は北海道から南は鹿児島まで、主なる軍事基地から、七六校の小中学生の作文が一三二五点集まりました。それを清水幾太郎・宮原誠一・上田庄三郎の三人の編集者に、光文社出版局の神吉晴夫・加藤一夫の二人が加わって、およそ二か月にわたって選びに選んだ作文が二〇〇点、それに写真五四点、地図二〇点をもって編集」された本だ。兵庫県からは尼崎市の中学生一名しか掲載されていないため、神戸に米軍基地が存在していた事実は、当時の関係者もしくは当時、基地を知っている年齢層でないと気づかない。猪俣浩三・木村禧八郎・清水幾太郎編『基地日本　うしなわれていく祖国のすがた』（和光社、一九五三年）においても、神戸の米軍基地の記述は見あたらない。

そこで本書では、占領期にパンパンといわれたおんなたちに焦点をあわせ、二つの方向性で彼女たちのことを注目しようとおもう。

一つ目は、彼女たちは神戸ではどのような状況だったかをあきらかにすることにより見えてくるものと、あえて神戸を離れて別の地域ではどのような状況だったか注目することによって見えてくるもの、といった両側面に意識を向ける。

二つ目は、彼女たちとＧＩとの関係をコンタクト・ゾーンという視点でみたときに、圧倒的な暴力に晒されながらも、彼女たちはＧＩたちとどのような交渉を行ない、彼女たちを駆逐および管理しようとする当局側と、どのような格闘を行なっていたかに注目する。彼女たちの交渉および格闘の軌跡に注目することは、立場の違うおんなたちが分断されている状態にあるのを見出すのではなく、抵抗の記憶をあぶり出すことで、文化背景を異にしたおんなたちが手を結ぶ可能性を見出すことに繋がっていくからだ。さらに彼女たちの抵抗の記憶をあぶり出すことは、同時に、神戸で不問にされてきた抵抗の記憶をあぶり出すことに繋がる。すなわち、二つの方向性は、交差している。

なお、第二次世界大戦中の日本軍の捕虜と、占領期の米軍キャンプとの関連性を考える必要性を感じているが、別の機会に譲りたい。(4)

6．本書について

本書を、いろんな方々に読んでいただきたいと願っている。とりわけ、強制的性病検診という性暴力の犠牲になり、尊厳を奪われたまま、いまだに沈黙を守っているお姉さまがたや、占領期や朝鮮戦争時期にＧＩと親密な関係を過ごした想い出を外部の手で傷つけられないよう、今も胸の内にそっと大切にされているお姉さまがた、そして現在、あらゆる風俗業に従事している姉妹のかたがたに、本書を読んでいただけたらと、願っている。

本書は二〇〇七年三月二三日に博士号（文学）を授与した、大阪大学大学院文学研究科博士論文『パンパンとは誰なのか——「あこがれ」と「欲望」のゆくえ』を、大幅に加筆修正したものだ。幅広くいろんな方々に読んでいただきたいことや、とりわけキャッチの被害にあわれたかたがたに読んでいただきたいという願いから、なるべく専門用語を使わないように、注釈も最小限にとどめるよう意識している。

注

（1）本書では、パンパンということばおよび同じ意味を表すことば（ヤミの女、夜の女など）をかぎ括弧をつけずに用いる。また、のちにでてくるバタフライ、オンリー・ワンやオンリーも同様に、かぎ括弧をつけず用いている。

（2）西川論文のことをご教示いただいた田中雅一先生（京都大学人文科学研究所教授）に感謝します。

（3）神戸港平和の碑のとなりには、「非核神戸方式」の碑が建てられている。この碑も神戸市は寄贈の要請に応じていない（二〇一四年六月現在）。

（4）戦前の強制労働の話と占領期の話の関連性を考えることは重要なので、今回、本文で強制労働の話に触れている。

第1章　はじまりは闇の女の登場から

1．朝の連ドラ「おしん」にも登場するパンパン

「おしん」という、テレビドラマがある。ある回の話では、第二次世界大戦でおしんの長男が戦死したことを知った、長男の嫁になる予定だった初子が、おしんに置き手紙を置いて家を出た。その後住所を明かさず初子は、おしんたち家族のために東京からたびたび大金を送金してきた。不審に思ったおしんが調べると、初子は東京でＧＩに体を売っていた、という内容だった。初子のようにＧＩに性的サービスを提供するおんなたちのことを世間では、パンパンと言った。彼女たちは、田村泰次郎の『肉体の門』（風雪社、一九四七年）、松本清張の『ゼロの焦点』（光文社、一九五九年）、森村誠一の『人間の証明』（角川書店、一九七六年）という作品で重要な役割として登場し、これまで何度も映画やＴＶドラマなどで再生産されてきた。パンパンは、占領期を扱ったドラマのなかに、必ずといっていいほどＧＩとワンセットで登場し、今でも再生産されている。

第1章では、占領期に一世を風靡したパンパンは、どういう経緯で登場し、世間のひとびとにインパクトを与える存在となっていったかを考えてみよう。彼女たちは占領初期、関西では闇の女、関東では夜の女という名で登場した。本章では、これまで明らかにされてこなかった神戸市のケースを中心に取りあげよう。

2．ＧＩ専用慰安施設の魅惑的な求人広告

みなさんのなかには、第二次世界大戦中の日本軍の慰安所のことをご存じのかたもいらっしゃるだろう。占領期になって米軍が日本を占領すると、今度はＧＩたちのための慰安施設が日本各地で作られた。この話を詳しくお話ししようとおもう。

日本が第二次世界大戦で敗戦を迎えると同時に、日本各地で直面した問題が、ＧＩ専用慰安施設の設営だった。ＧＩ専用慰安施設とは、日本に上陸するＧＩのために性的サービスをおこなう施設のことをいう。もちろん、性的サービスの他にダンスホールやレストランといった慰安施設もあるけれど、日本が戦争に負けて日本政府が一番あわてたのは、日本の治安、とりわけレイプのことだった。

アメリカ軍が上陸してきたら先ず婦人たちに乱暴するだろう。そして食糧をかき集めては「出勤におよばず、逃げろ」と通達、大急ぎで多可郡社町へ逃してやった。〔岩佐 1966:33〕

このようなデマが神戸市のみならず日本各地に広まった。

一般の善良な婦女子をオオカミのような占領軍から守らねばならぬ。〔兵庫〕県警察部は中央の指示でその防波堤として慰安所の設置を急いだ。プロやセミプロの女性に犠牲になってもらって大部分の女性を救おう。苦しい大義名分だった。米軍相手の〃女郎部屋〃をつくるのだ。それも警察がその世話をするのだ。泣くに泣けない情けない気持ちだった。良家の子女を守るために。〔傍線筆者〕〔岩佐

1966:41]

傍線部分に注目すると重要なポイントは、まず、一般の善良な婦女子の貞操を守るという大義名分で施設が設置されたこと、次にこの施設設営には日本政府と警察が深く関与していること、最後に戦争の影響等で戦前の接客婦たちが集まらなかったため、一般の婦女子が多数、慰安所の「慰安婦」となったことにある。

他府県によって慰安施設の設置状況は異なる(他府県の慰安所設置の特徴については、[早川 2007] が詳しい)が、兵庫県の場合、兵庫県警(これ以降、県警と表記する)は、一九四五年八月一八日に内務省が発した、「占領軍の進駐時に間に合うように進駐軍将兵用慰安施設の設営を急げ」という緊急指令を実行するために、同年八月二二日、前年の一九四四年二月に廃止した保安課を復活させた(『兵庫県警察史昭和編』これ以降、『兵庫県警察史』と略記)。そして県警保安課の渉外係が接遇係となって、「米軍用慰安婦の世話に走りまわった」[岩佐 1966:200]。

保安課長以下警部五名、警部補一〇名のスタッフは、「総務・設営第一(地域建物関係)・設営第二(資材関係)・接遇第一(芸妓公娼関係)・接遇第二(その他)の五チームにわかれ、慰安施設という名の遊女屋を主体とする娯楽施設の設営作戦を展開」した(『兵庫県警察史』五一三頁)。そして「ほかの役所がやらないのだから警察が世話役をやるしかない」[岩佐 1966:41]、と戦前からの接客婦集めに奔走する。その結果、一九四四年末は県下一一地域二二七件に娼妓一三七七人存在したのが、空襲でそのほとんどが焼失、終戦時の神戸市では長田区の二葉新地と丸山地域二〇件に娼妓一五〇人が細々と営業を続けている状態を把握した。

保安課は山手組合・料飲組合・福原三業組合・関西舞踏連盟の四団体に内務省からの緊急指令を説明して、ただちにGI専用慰安施設の準備にあたらせ、目標一〇〇〇人の「慰安婦」募集をさせている。保安課の命を受けて、福原三業組合はすぐに組合員を召集し、ダンスホール側も大々的にダンサー、ジャズバンドマン等の募集を開始した（『兵庫県警察史』五一三頁）。

業者は、「強制はしない」、「あくまで自由意志」に基づいて、「慰安婦」を「カフェーの女給や芸者、ダンサーにも呼びかけた」［岩佐 1966:41-42］。この意図のもと、一九四五年八月二六日付『神戸新聞』にはじめて、ダンサーや女給募集の求人広告が掲載された。

「急募　ダンサー（百名）　女給（百名）　ジャズバンド（数名）給料待遇其他諸条件は面談の上決定す、本人来談のこと」として面会日時と場所が明記されているが（図1）、この時点で働く場所はまだ掲載されていない。翌日の同新聞には別の求人広告が掲載された（図2）。

この広告には働く場所や労働条件は明示されているものの、ダンサー大募集となっているだけで、何名のダンサー募集なのか、明らかにされて

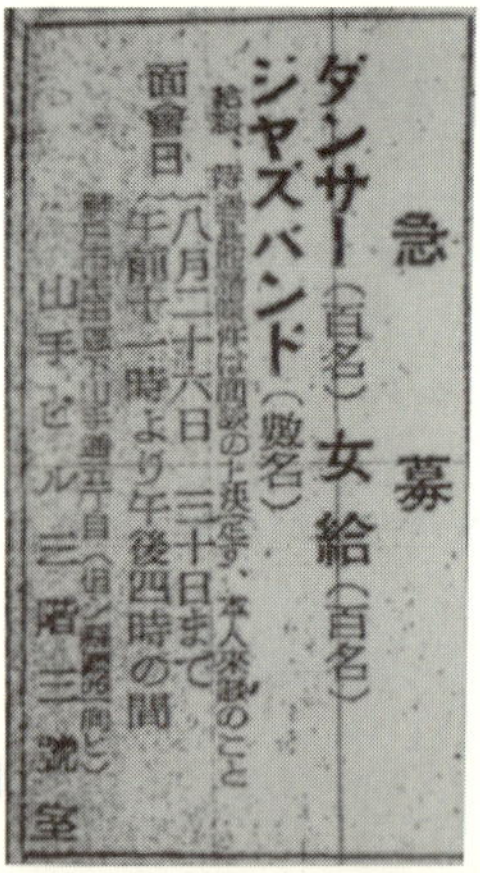

図1

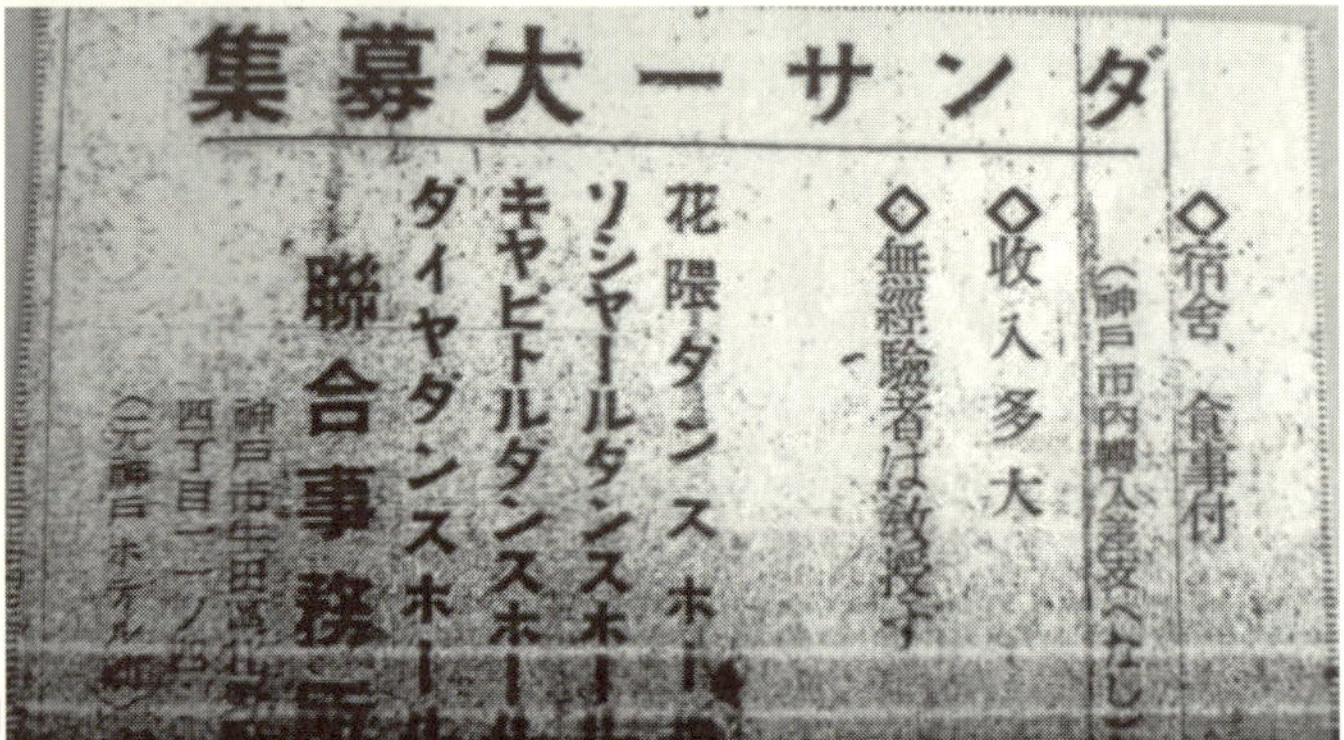

図2

いなかった。神戸市内各ダンスホールのオープンが九月二六日であることを考えると、保安課から一〇〇〇名もの「慰安婦」を短期間で探せ、といきなり丸投げ状態で注文を突きつけられた業者たちの狼狽ぶりがうかがえる。

これ以降、ダンサー募集の求人広告は体裁を整えていくが、二六日のオープンまで残すところ四日しかない九月二二日付『神戸新聞』ではあいかわらず、二〇〇名ものダンサーを急募する求人広告が掲載されているところから、「慰安婦」にさせるダンサーを集めるのにかなり苦労していることがわかる。

と同時に、この二二日から、これまでの求人広告と異なり、一風変わった求人広告も度々登場する（図3）。この求人広告は、ダンスホールがオープンしたあともしばらくの間、新聞に掲載されるが、一風変わっているというのは、急ぎで多数のダンサーや女給を必要としているにもかかわらず、美人であることをあえて採用条件にしていることにある。美人である条件さえクリアすれば、経験不問で衣服、食事、宿舎、身の回り品も支給され、なんといっても月収三〇〇〇円が保証されるのは魅力的である。一九四六年の東京都の巡査の初任給が四二〇円（『朝日クロニクル週刊20世紀　1946年』第2号三二頁）であったことを考えると、その一年前の敗戦直後の一地方都市の三〇〇〇円は、かなり価値があったといえる。節約すれば、一年間働かずに暮らせるほどの月収が保証されるのだ。ダンサー募集のさまざまな求人広告が掲載される中、明確な月収の金額を明示したのは、この広告のみだった。となると、この募集に飛びつく者も、かなりいただろう。さらに、この求人募集に採用されると、「戦勝国兵士相手の仕事だから、美人が要求されるのだ。そしてわたしが、選ばれた」と、おんなたちの自尊心をくすぐる工夫が凝らされて

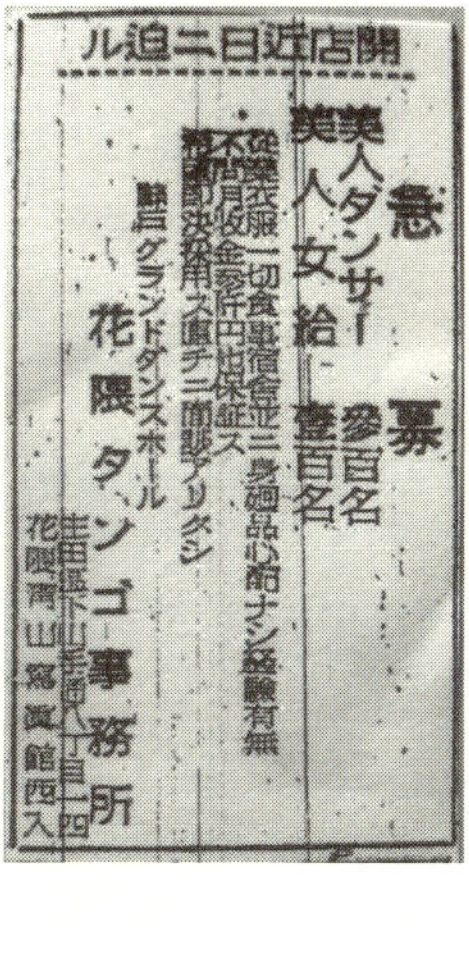

図3

いる。

このような「魅惑的」な求人広告が掲載される一方、八月二三日付『神戸新聞』では、「心の武装を解くな　婦女は特に身だしなみに注意せよ」と題して、進駐前後の心構えが掲載される。とりわけ「進駐後の心構え」六項目のうち半分が「婦女子」に向けた心構えだった。その内容は、「とくに婦女子は日本婦人としての自覚をもって外国軍隊に隙を見せるようなことはいけない／婦女子にみだらな服装させぬこと、また人前で胸をあらわにしたりすることは勿論である／外国軍人がハローとかヘイーとかあるいは片言まじりの日本語でよびかけても婦女子は相手にならず避けること。とくに外国軍隊駐屯地付近の婦女子は夜はもちろん昼間でも人通りの少ない場所に一人歩きはせぬこと」、というものだった。

この記事は、二二日内務省警保局から各地域へ隣組を通じて回覧、十分徹底させる事項として、『神戸新聞』のみならず八月二三日『朝日新聞』大阪版でも同様の記事が掲載された。内務省警保局が、「外国兵に隙をみせないよう」おんなたちに呼びかけている時に、その下部組織の県警保安課では、GIのために性的サービスを行うおんなたちを、業者を通じて一般の婦女子をも含めて集める準備を進めていた、ということになる。

保安課は彼女たちの米や衣料を集めるために、特別に優先配給の手続きをとり、慰安施設にするビルの明け渡しの交渉、水洗トイレやベッド、夜具集めといった、「それぞれの業者を集め血マナコになって昼夜兼業」した。ここでも保安課は、表だったことは業者にまかせている。その結果、約三〇〇名ものおんなたちがつめかけた［岩佐 1966:42］。

GI専用慰安施設は、遅れることなく予定通りオープンした。

2．慰安施設のオープンと「慰安婦」たち

『兵庫県警察史』には「進駐軍人慰安施設設置状況」の表が掲載されているが、この表を元に神戸市内に絞って図式化したのが下のマップである。

このマップでヤミ市エリアは、省線（現ＪＲ）三ノ宮駅から神戸駅へと続いていた。さらにウエストキャンプと神戸駅の間の通称「地獄谷」という地域は、占領期バーやスナックが建ち並び、街娼も大勢いたという（宮崎みよしさんから聴き取り二〇一二年四月一九日）。イーストキャンプの敷地面積は九五〇〇〇坪で、ウエストキャンプ（三一〇〇〇坪）のほぼ三倍だった。上記マップの①～⑥が神戸市内のＧＩ専用慰安施設となった。

①そごう別館　神戸市葺合区小野柄通八丁目
　慰安婦数　二二五名
②神戸ビル　神戸市葺合区磯辺通四丁目慰

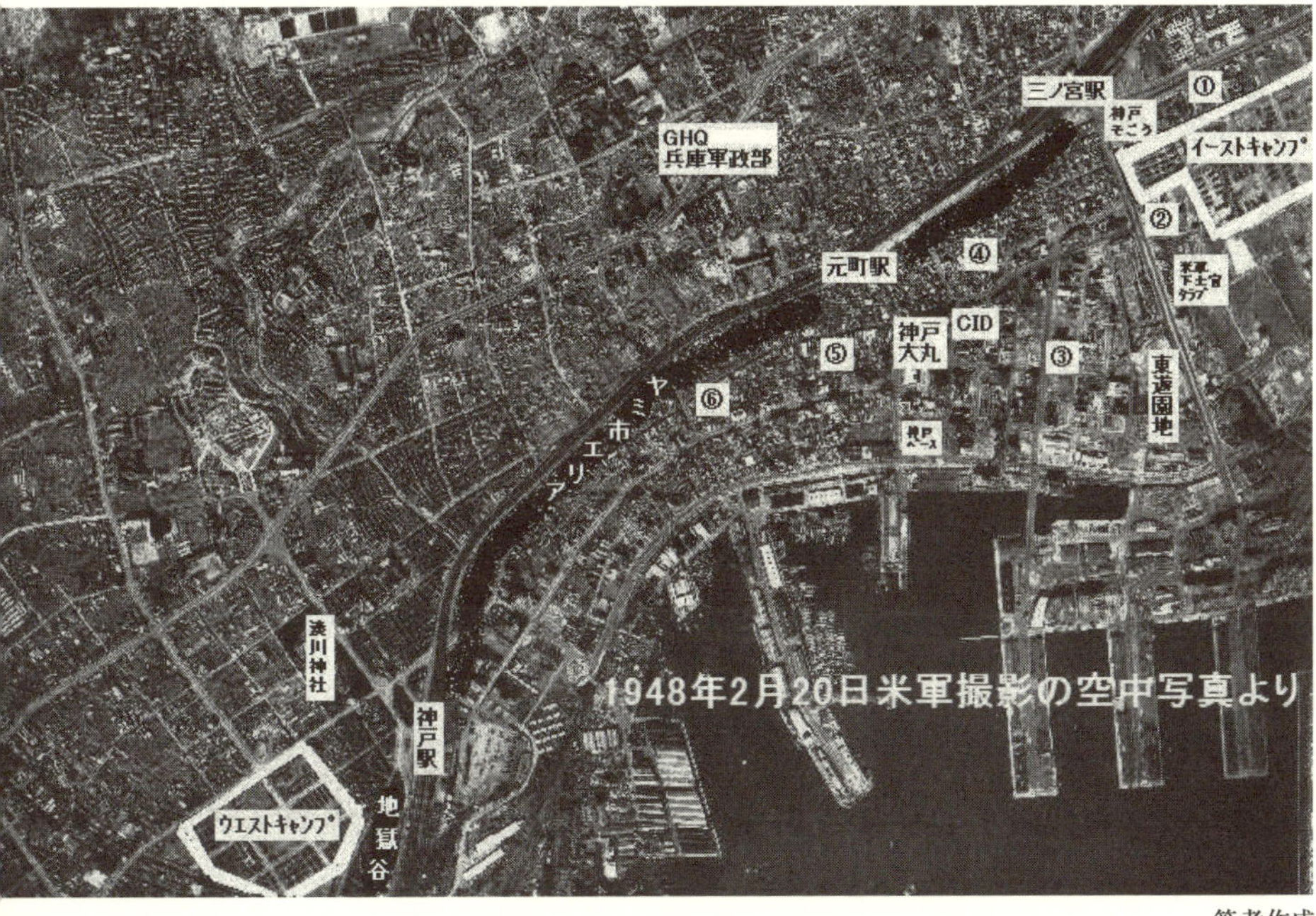

筆者作成

安婦数不明（図4）
③日本ビル　神戸市生田区京町 慰安婦数 一六三名
④パウリスタ　神戸市生田区三宮町二丁目慰安婦数 四〇名
⑤西日産館　神戸市生田区栄町二丁目慰安婦数 二六〇名
⑥機帆船ビル　神戸市生田区栄町四丁目慰安婦数六九名

ここで慰安婦数に注目してみよう。上記の慰安婦数は慰安施設発足時の人数である。たとえ目標の一〇〇〇人に達しなくても、少なくとも七五七名以上の「慰安婦」が揃った。戦前の接客婦たちに「慰安婦」の勧誘をしようとしても、離散等で圧倒的に足りなかった人数を保安課は業者に命じ、一般の婦女子で穴埋めをすることによってこれだけの人数の「慰安婦」を、短期間で揃えることができた。結局保安課は、守るべき一般の善良な婦女子を「慰安婦」にしてしまったのである。

さて、GI専用慰安施設は、第三三師団憲兵司令部から「日本の商業設置に対する規則」という命令が発せられ、営業に対し次のような事項が定められた。

営業時間は午後一〇時三〇分まで。営業所内における酩酊の禁止。
代価の制限：慰安婦三〇分三〇円。一時間六〇円。オールナイトは禁止。
ビール一本四円。ウイスキー一杯三円。

図4『神戸新聞』1945年9月13日

この条件にもかかわらず、「慰安施設は押すな押すなの大盛況であった」（『兵庫県警察史』五一五頁）。

〝慰安施設作戦〟も成功した。米兵は着剣したままのブッソウな姿で列を作った。白人兵、黒人兵、将校たちを問わず女性に飢えていた。おとなしく並んで順番を待つ米兵を見て警察も胸をなでおろした。慰安施設の従業員（慰安婦）たちも初めはこわがっていたが笑いをとりもどした。日本の男性と違って意外に紳士的でやさしかった。――中略―― ともあれ一般婦女子への乱暴は避けられた。悲しい犠牲者たちの秘められた功績であった（傍線筆者）。［岩佐 1966:43-44］。

引用文で最初の傍線「白人兵、黒人兵、将校たちを問わず」に注目してみよう。東京では、東京都民政局予防係長であった与謝野光が、GHQの軍医総監ウェブスター少将の、将校用と、ホワイト用、ブラック用と三ヵ所に遊ぶ場所を分けてくれという指示にしたがって、GI専用慰安施設を三ヵ所に分類したことを数十年たって明らかにしている。

「白人と黒人を分けるのはトラブルを起こさせないためだ」

与謝野はそうウェブスター少将から言われたという。［与謝野 1990:133］

神戸市の慰安施設に関しては、東京のように兵士たちの人種によって慰安所の分類があったかどうかはわからない。ここで、図5に注目してみたい。この広告は、一九四五年一〇月一四日の『神戸新聞』に掲載された求人広告である。「進駐

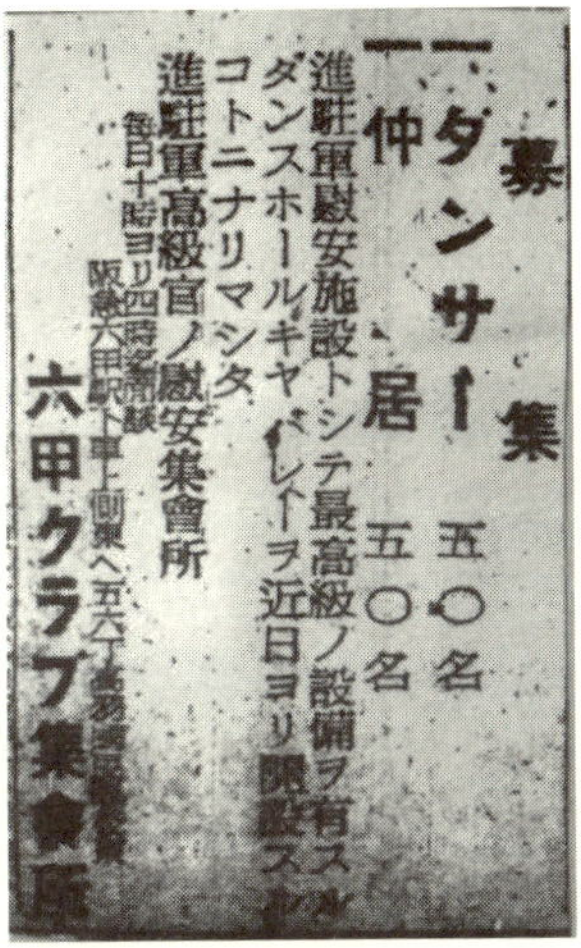

図5

軍慰安施設トシテ最高級ノ設備ヲ有スルダンスホールキャバレーヲ近日ヨリ開設スルコトニナリマシタ
進駐軍高級官ノ慰安集会所　六甲クラブ集会所」という内容で、ダンサー五〇名、仲居五〇名を募集しているので、この六甲クラブ集会所が占領軍将校専用慰安施設の可能性は高い。
さきほどの引用文で二番目の傍線の警察に注目すると、慰安施設作戦に警察が絡んでいるということがわかる。

三番目の傍線のように岩佐は述べる一方で、「素人の〝良家の子女〟まで応募してきた」、「家を焼かれ家族を失い食べるのに困った末、ついに最後の生きる道を慰安婦に求めたのだ。悲しくも哀れな敗戦の落とし子たちであった」［岩佐 1966:42］と言及している。岩佐が考える一般婦女子とは一体誰なのか。

一九四五年九月二八日付『朝日新聞』大阪版では、九月二六日に神戸市内各地でオープンしたダンスホールについて、「〝和やかに享楽〟ダンサーから見た米兵気質」と題し、訪れた兵士達たちは親切で清潔で行儀正しく、中には気前よく四〇円、五〇円とチップを置いて帰るものもいるが煙草やチューインガムを振る舞ってみんなを喜ばせる兵士が多く、踊り子や給仕女が異口同音に〝いや立派です〟と、ダンスホールやキャバレーにやってきた占領兵たちのことを好意的に報じている。

慰安施設は大盛況であったにもかかわらず、一九四五年一二月一五日にGHQからGIに対し慰安施設への立入禁止命令が発令され、慰安施設は三か月足らずで閉鎖となる。兵庫県の場合、慰安施設立入り禁止命令は、翌年の一九四六年一月二二日GHQが発表した日本における公娼制度廃止の前提措置であるとし、「一〇〇〇人をこえる慰安婦は失業し、次第に街娼化していった。いわゆるパンパンガールの出現である」、と『兵庫県警察史』には記載されているが、もともと保安課により「慰安婦」が募集されたのであるから、GHQの立入禁止令が発令されたとたん、一〇〇〇人をこえる「慰安婦」は失業したのではなく、失業状態に置かれてしまったのだ。

この突然のＧＩ専用慰安施設が閉鎖したことで、失業状態に置かれてしまった「慰安婦」たちは、どうなっていったのだろうか。

４．慰安施設閉鎖と闇の女の登場

神戸市では慰安施設が開設から三か月足らずで閉鎖になった理由として、公娼制度廃止の前提措置以外にも、後述するように神戸市では他府県に比べて性病対策が遅れているため、慰安施設で働くおんなたちならびに利用者（ＧＩ）の間で性病が蔓延したという理由も考えられる。というのも、神戸市衛生局の「昭和25・26年月別患者届出数比較図」によると、戦後は一九四五年一〇月が一番性病患者の届出が多く、これ以降減少しているからである。

立入禁止命令が発令されて三日後の一八日夜、神戸市生田署がＭＰと合同で、おんなたちの一斉取り締まりを行なった。このときの状況は二日後の二〇日付『神戸新聞』で報道される。この報道ではじめて、闇の女ということばが登場する。興味深いことに、当初関西が闇の女と新聞の見出しに掲載されるのに対し、関東では夜の女という表現が見出しに使われていた。どちらもＧＩに性的サービスを提供するおんなたちのことを指し示すことばである。その後夜の女、闇の女という表現は、関西関東にかぎらず新聞の見出しに広く使われていく。

さて、神戸市で闇の女ということばが登場した、一九四五年一二月二〇日付『神戸新聞』の該当記事をみてみよう。

挺身隊　成れの果ては闇の女　一斉取締りの網に良家の子女も

終戦後神戸の闇に●○街の女が急激に増加したが、進駐軍当局でも衛生懸念から慰安施設の方は完全に防止しえてもこれら自由●●の女を食い止めなければと、○○の取り締まりを厳重にし、一八日夜生田署員、M・P協力で三宮から元町、神戸駅に出没するこれら闇の女やポン引き、さらに私娼窟にすでに手をのばして一斉検挙を行った。

連行された女三八名でダンサーがやはり多いが、なかには素人娘、良家の子どもが含まれており、いずれも金回りのいいのに釣られたもの、戦時中勤労挺身隊として働いているうちに堕落したものが多く、なかには好奇心からという不埒なものもある。今後さらに厳重な取り締まりを行い、この種業者を一掃する方針をM・Pでは明らかにしている。

（●は印字が潰れて判読不能。○は字が消えて判読不能―筆者）

この記事で、三点注目したい。

(1)GI専用慰安施設が閉鎖されて三日後に当局とMPとで一斉に、おんなたちを対象に取り締まりが行われていること。

(2)この取り締まり状況を、取り締まりの二日後に報道する新聞紙上ではじめて、闇の女ということばが使われていること。

(3)この報道は、ダンサーがGI専用慰安施設で働く「慰安婦」であったことを、はからずも暴露しているということ、である。

まず(1)の占領軍の慰安施設閉鎖三日後の一斉取り締まりについては、慰安施設を閉鎖した時点でGHQは、施設閉鎖のため職を失ったおんなたちが、街角に立ってGI相手に客をとるであろう、と予想していたと考えられる。

次に(2)の闇の女ということばについて、取り締まりに遭ったおんなたちには素人娘や良家の子どももいる、ということから、一斉検挙で連行されたおんなたちは、すべて闇の女として報道されているということだ。いいかえれば、もともと闇の女が存在して当局側が彼女たちを取り締まるのではなく、当局側が取り締まったおんなたちが闇の女となってしまうのだ。取り締まり理由として、金回りのいいのに釣られたもの、堕落したもの、好奇心からとあるが、この記事では、彼女たちが誰と接触していたか明記されていない。

三宮から元町、神戸駅周辺というのは、神戸では繁華街とヤミ市とが渾然一体となった地域で、通常でも人で賑わっている。一斉検挙された時期は年末に近い時期であるし、クリスマス前であることを考慮すると、GIたちで通常よりかなり活気にあふれていたことだろう。こういった状況を考えると、取り締まりにあった三八人は、GIたちと関わっているときに捕まったと考えられる。

通常新聞報道では、取り締まりされた三八人は誰と接触していたかを明記するはずである。だが明記できない理由があった。

それは占領期当時、日本の新聞や雑誌はすべてGHQの検閲を受けていたからだ。すなわち占領期は、GHQによる言論統制が行われていた時期にあたる。言論統制とは、たとえばわたしたちが目にする新聞、雑誌、あるいはテレビやラジオのニュースは、わたしたちに届く前にそのニュースを世間に公表していいかどうかのチェックを行なうことを意味する。

占領期当時、連合国軍の審査官による報道監視は一九四五年九月一〇日に、SCAPIN16「言論および新聞の自由に関する覚書」によって開始された。出版検閲でCCD（民間検閲部隊）は、プレスコード違反を示す処分理由一覧として三〇項目ほど挙げていて、その中に「GIと日本人との（男女の）親密関係描写」があった。この親密関係の描写が禁止されているため、日本に住んでいるおんなたちとGIの親密な描写は、明らかにすることはできなかった。

占領期当時、米軍MPのジープに同乗し、通訳警察官として市内パトロールを行っていた、通称MPライダー原田弘は、当時の新聞検閲について次のように語っている。

> 米兵が強盗を働いても新聞記事にはならなかった。かりに記事になったとしても「犯人は背が高く、色が黒かった」としか書かれない。犯人は米兵であったと書くと、プレスコード〔Press Code 新聞検閲規定〕にひっかかってしまう。だから、死者の出るような大きな交通事故が起き、新聞記者が現場に駆けつけても、それが米軍関係の事故とわかると、取材をあきらめてさっさと帰ってしまうことが多かった。（中略）米兵の不祥事、犯罪が起こるたびに警視庁は「こういう場合はどうしたらいいか」と、いちいちPMO〔Provost Marshal's Office 憲兵司令部〕に問い合わせてきた。米兵の強姦を制止するため、ピストルを使用してもいいかと聞いてきたこともある。するとPMO側は、「強姦を制止するためにピストルを使用するのはかまわない。ただし現在、日本は占領下である。またアメリカは世論の国であるから、その点を十分考慮して使用されたし」などと返答していた。それでは使うなというのも同然だ。講和以前の日本警察は、事実上、進駐軍将兵には手出しができなかったのである。〔原田 1994:97-98〕

占領期は、米軍の占領下にあるため、GIたちの起こす事件はどんな事件でも新聞報道できなかった。原田も述べているように、たとえおんなを強姦したレイピストがGIだとわかっていても、新聞にその事実を掲載することができずに、あいまいな報道にならざるをえなかった。これが、GHQの言論統制だった。

先ほど引用した記事に関しては、三八名のおんなたちが取り締まりにあった際、日本の警察のみならずMPが絡んでいることや、捕まったおんなたちがすべて闇の女と表現されていることから、当局側から、GIたちに売春を行なっているとみなされたおんなたちが取り締まりの被害に遭っていることがわかる。ここで注意したいのは、実際に売春をおこなっているかどうかに関係なく、当局側から「あのおんなは、GIに売春しているに違いない」と一方的に判断されたら捕まってしまうのだ。

最後に(3)について、この報道で取り締まりに遭ったおんなたちは、ダンサーがやはり多いという部分に注目してみよう。たんにダンサーが多いという表現であれば、取り締まったおんなたちの中にダンサーが多く含まれていた、と理解できる。だが、ダンサーがやはり多いという表現になると、この記者は最初から取り締まるべきおんなたちは、ダンサーであるとみなしていたことになる。

図6は当時神戸市にある三宮高架下の電柱に貼られた「ダンサー女給」の求人広告だ（写真の丸囲みと文字は筆者。図7は広告部分の拡大画像）。三宮高架下といえば同時は大きなヤミ市もあり、神戸市の中では繁華街として賑わっていた場所だったので、求人広告は容易に誰の目にも止まった。早急に働かなければならない状態に陥ったとき、壁の求人広告をみて、「面接くらいなら」とダンサーや女給の面接に行ったおんなは、いただろう。物が欠乏している時代に乗じたかたちでおんなたちをダンサーや女給へ誘う道は、あらゆるところに用意されていた。

面接会場に行けば、自分と同じような境遇のおんなたちに出会う。生活がかかっている切迫した状態で、不安な気持ちを抱えて面接会場にやって来たとすれば、こうした出会いはどれだけ心強かっただろう。だからこそ、ダンサーや女給になったおんなたちも大勢いただろう。

図6

図7

図6と7〔中山 1965〕 図6の◯枠と「求人広告」という説明は筆者

だけど彼女たちがダンサーや女給になったとたん、「慰安婦」の道が用意されていた。このことから世間でも、「慰安婦」はダンサーが多い、ということは暗黙の了解だった。

当時GHQ公衆衛生福祉局長のクロフォード・F・サムスは、戦時中軍需施設で「勤労挺身隊」として働いていたおんなたちが、占領期に売春婦にならざるを得なかった状況を、このように説明している。

戦争中は、何千人という若い女性が、軍需産業などで働くために農村地帯から都会へ連れてこられ、寄宿舎に入れられた。戦争末期には戦災による被害もひどくなり、多くの軍需産業施設は破壊された。また都市への爆撃の結果、彼女たちの家族は殺されたり、離散したりして、住む家もなくなってしまっていた。戦争が終わったとき、彼女たちは働く場所もなく、生計をたてるために売春婦にならざるを得ない人たちも多くでた。それゆえ、日本の性病対策には、重要な社会的、経済的問題がからんでいたのである。〔サムス 1986:188〕

戦争中お国のために軍需産業施設で働いていたおんなたちは、サムスが述べるように、社会的、経済的な事情で戦後、売春婦にならざるをえない者も大勢いたことを考えると、GI専用慰安施設の「慰安婦」として働いていた者もいただろう。新聞はそんな彼女たちに、「挺身隊　成れの果ては闇の女」と、侮蔑的なまなざしを向ける。

やむにやまれぬ状況で「慰安婦」として働かざるをえなかった彼女たちは、慰安所の立入禁止命令で、突然仕事を失ってしまう。暮れも押し迫った時期に、日銭を稼ぐすべを失う状況に追い込まれたおんなたちは、どんな心境だったのか。

これ以降神戸のみならず日本各地で、MPと日本の警察との合同で闇の女の取り締まりが行なわれていった。この取り締まりは、闇の女だけでなく、あらゆるおんなたちを震えあがらせる取り締まりだった。

I部

パンパンをめぐって

第2章　GIとつきあうおんなたちへのまなざし

1．脅威のおんなたち――神崎清の場合――

(1)　目隠し入りのポートレイト

『夜の基地』（河出書房、一九五三年）、という本がある。著者は、神崎清。この本の表紙をめくると、裏表に写真が一枚ずつ掲載されている。一枚はカメラの前で微笑むおんなの写真で、もう一枚は大勢のGIたちの前で真っ裸にされ立ちすくんでいるように見えるおんなたち三名の後ろ姿の写真である。この本を初めて手にとったとき、この二枚目の写真のインパクトに圧倒された。正直なところ、ぎょっとした。『夜の基地』は、沖縄を除く日本本土における占領期から駐留期にかけての米軍基地の諸問題のなかで、おもに「基地売春」に焦点をあて詳細な調査を行なった神崎清という評論家の著書である。本の二枚目の写真には、次のようなキャプション（説明書き）が添えられていた。

この写真は平和新聞（昭和二八年六月一一日）に掲載されたもので新聞説明によれば、《立川基地で朝鮮出動前の米兵が日本の女をハダカにしている。下にある洋服はさかれ、立たされたうえ、手を上にあげろとおどかされている》ということになっている。この説明だけでは立川基地内の出来事と断定するわけにはいかないが、作為的に作られたモンタージュ写真とも思えない。いつ、どこで、だれが、なんの為にこのような陵辱行為を女性に加えたか――確実な証言者の出現を望んでいる。

このキャプションを読んで、ますますこの二枚目の写真のことが気になり、一枚目の写真のことはすっかり忘れてしまった。神崎はその後、『決定版・神崎レポート売春』（現代史出版会、一九七四年）に二枚目の写真を再び掲載し、「その後の調査で、実際には朝鮮で朝鮮人女性をハダカにしたもの」というキャプションがつけられていた。このキャプションから知り得たことは、場所が立川基地ではなく朝鮮半島であったということと、裸のおんなたちは日本人ではなかったことだけだった。それともうひとつ、この写真の二度目の引用の仕方で、図らずも神崎自身のこだわりが垣間見えた。どんな理由でおんなたちがハダカにされているのかは依然としてわからないのに、たった一行の簡単なキャプションしかつけられていない。神崎の関心は、日本のおんなたちにしか向いていないようだ。

先日、『夜の基地』を久しぶりに手に取った。長い間見逃していた、一枚目の写真に気づいた。あらためてじっくり眺めると、とても綺麗な人である。

両腕を後ろに組んで、カメラに向かって微笑む彼女。きちんとルージュを塗った口元からは整った歯並び。微笑むとえくぼが少し見え、綺麗にカットされたマユ、健康そうな容姿は、ＧＩたちの目を引くには十分な美しさを兼ね備えている。また当時流行なのか、きつくパーマをあてた肩にかかるかかからないかの縮れたヘアをおしゃれなピンで留め、大柄の水玉模様のへそだしブラウスを着ている。フレンチスリーブなので肩の露出はない。現在なら、なんら違和感はない。二〇代のようにも見えるが一〇代かもしれない。撮影場所は、横須賀だった。写真撮影は、一九五八年の殺人事件の捜査に二〇日間密着して刑事を撮影したことで、後年フランスで脚光を浴びることになる、渡部雄吉氏だった（初出『日本』

一九五八年。A Criminal Investigation Éditions Xavier Barral 2011,『渡部雄吉写真集　張り込み日記＝Stakeout diary』Roshin Books 2013)。神崎は、腕のいいフォトグラファーを選んでいた。

六〇年以上も前のこのモノクロ写真には、「検診カードかお守札か?」というキャプションがつけられている。検診カードは、当時GIと交際するおんなたちに課せられた性病検診のカードを意味する。このキャプションを読めば、へそを隠すようにスカートに挟んでいる四角いものが検診カードだと気づく。

彼女の顔には、プライベート保護のつもりなのか、目隠しが入れられている。だがこの目隠し写真は、彼女は、パンパンに違いないという暗黙の了解を、写真をみた者に与えてしまう暴力性を感じてしまう。丁寧に撮影された写真だからこそ、目隠しがなければいいのに、とおもってしまう。神崎はどのような心境で、このような写真を掲載したのだろうか。他の本で、目隠しなしの彼女に出愛《であい》たかった、とおもう。

カメラをみて微笑む彼女は、後日、自身のポートレイトがパンパンを批判する本に目隠しで掲載されることになるのを知った上で写真撮影に応じたのか、とても気になってしまう。渡部氏のレンズは、彼女から日常の生活感を感じさせない瞬間をとらえていた。彼女がその後、どのような人生を歩んだのかはわからない。彼女にしても、自身の写真がどのように扱われたのか、いまだに知らないでいるかもしれない。

ここで気に留めてほしいのは、彼女を見るまなざしに偏見や悪意がなく、パンパンと言うのはかまわないということ。わたし自身ある程度親しくなった人から、「ぶっちゃけ、何人《なにじん》?」と言われることは、全く問題ないのと同じように。「ぶっちゃけ、何人《なにじん》?」と尋ねる相手からは悪意が感じられず、むしろ親しみを感じるからだ。

そうではなく、侮蔑的な目線でパンパンと名指しすることが問題なのだ。とりわけ、パンパンと名指しする者が、世間に影響力のある知識人だった場合、より深刻だ。

この問題をまず、神崎清という知識人から考えてみたいとおもう。当時パンパンを批判した知識人は大勢いる中で、神崎には際だった特徴があるからだ。

神崎は、『売笑なき国へ』（一燈書房、一九四九年）を皮切りに、『娘を売る街——神崎レポート』（新興出版社、一九五二年）、『夜の基地』（河出書房、一九五三年）、『戦後日本の売春問題』（社会書房、一九五四年）、『決定版・神崎レポート売春』（現代史出版会、一九七四年）とタイトルを変えて、パンパンにたいする批判をまとめてきた。

神崎が他の知識人たちと違って特徴的なのは、日本の敗戦からしばらくの間一世を風靡したパンパンたちの姿がほとんど身近に感じられなくなった一九七〇年代においてもなお、パンパン批判を行なっていることにある。

一九七四年に出版された『決定版・神崎レポート売春』（これ以降『売春』と明記）の、「はしがき」に注目しよう（＊本章で引用文中の（　）は原文のまま、〔　〕は筆者の補足説明）。

彼ら〔日本の全土を占領した米軍将兵〕は、日本の上流家庭にスキャンダルを持ちこみ、PX〔Post Exchange/米軍関係者専用のショップ〕で働く若い女性をオンリー・ワン（洋妾）と称してもてあそび、帰国に際しては、多数の混血児を置き去りにした。無数のバタフライ（街娼）を発生させておきながら、イエロー・ストゥール〔黄色い便器〕という侮辱的な表現で、人間を道具視していたのである。日本警察のパンパン狩りも、該当の売春婦を消毒して米兵に提供する恥ずべき業務であった。マスコミも、かなり鈍感で、BG（ビジネス・ガール）を職業婦人と誤訳して、それが商売女を意味することに、長い間気がついていなかった。女性の尊厳、民族の独立の必要性を痛感した著者は、そのころ年がまだ若く、全国の基地を飛び歩いて、つぶさに惨状をルポして、警鐘を鳴らし続けた。ただし、問題の山積する沖縄には、渡航申請を米軍当局に拒否されて、ついに渡ることができなかった。小説化の誘いを断ったのも、ノンフィクションの大道を確立したかったからである。時に応じ、求めに応じて書き散らした文章のうちで、今日的な観点に立って役立つものを一冊の本にまとめて、旧稿の旧仮名使いをすべて新仮名使いに改めて、現代史出版会から発行することにした。『売春』という題名は、より正確にいえば戦後売春である。

神崎の著作はそのどれもが、これまでの占領期の女性史研究でも引用されるほど、当時のパンパンに関するデータは豊富であるし、小説化の依頼も多かったと推測できる。

もともと神崎は、おもに児童文芸書やおんなたちの伝記を執筆していた作家である。戦前は島本志津夫という本名で、『少女鼓笛隊』(実業之日本社、一九四二年)、『女学生時代』(国民社、一九四三年)といった児童文芸書を執筆していたし、神崎清という名で、『女学校ものがたり』(山崎書店、一九三九年)、『現代婦人伝——私の歩んだ道』(中央公論社、一九四〇年)、『吉岡弥生伝』(東京連合婦人会出版部、一九四一年)、『少年白虎隊』(学習社、一九四三年)などの作品がある。戦後も、『姉の結婚』(東和社、一九四九年)、『ダリアの少女』(湘南書房、一九四九年)といった作品を発表していた。

神崎なら自身が集めた豊富な資料をもとに、その気になればいくらでも小説が書けただろう。だけど神崎は、ノンフィクションにこだわった。神崎自身亡くなったのは『売春』を出版した五年後の七四歳のときであることを考えると、ノンフィクションという観点から神崎がどうして戦後ずっと、おんなたちのセクシュアリティに強いこだわりを示してきたのかを考えてみたい。

(2) 性暴力を不問にした語り

神崎がGIと交際するおんなたちをどうみていたか、立川基地のルポ二例と呉のルポ一例の記述に注目してみよう。これらのルポは加筆修正されることなく、一九七四年の『売春』に収められていることから、神崎にとってずっとこだわり続けてきた事例といえる。

まず一つ目は、「まけていない女——タチカワ」(初出一九五三年八月。掲載雑誌は不明)を取り上げよう。このルポで神崎は、先夫とわかれて一児の母でオンリー・ワンとして身を立てるおんなを紹介している。彼女は同棲している米軍軍属(米軍に雇われた民間米人)から結婚を何度申し込まれても断るが、その彼が軍部から持ち帰る俸給の一〇万円(当時)を全て取り上げ、その中から二万円を彼に支給し、彼が休みの日には箒を握らせて家の前を掃除させている「旦那をアゴで使うような倒錯関係」である。彼女が国際結婚を拒否していることについて神崎は、「日本の女のとびつきたがる国際結婚に対してきわめて慎重で冷静かつ多角的な検討を加えている点は大いにまなぶべきものがあろう」と賞賛する一方で、「センチメンタルな日本の女は、愛情とか、信頼とか、うつくしい言葉によっぱらって、みずからの幻想におぼれやすいという不幸な性質を持っている」と、日本のおんなと米国のおとことの国際結婚には否定的なまなざしをむける。そして、国際結婚を拒否するおんなに対し神崎は、次のように肯定的な評価を下す。

〔米国のおとこの身元については、当人の話以外になんら具体的かつ客観的な資料をもたないで不用意な結婚にとびこんでいこうとする日本のおんなにくらべて〕いささか打算的にみえるかもしれないが、相手の性格、病歴、家族、生活能力などをよくつかんで、幸福の予想されない結婚生活をさけようとしている。彼女は、感情におぼれないで自分を守ることのできる女である。アメリカ人と同じような、あるいはそれ以上のリアリストである。(一九四頁)

もう一つのルポ「黄色い便器――米軍の排泄都市タチカワ(立川)」(初出『真相』一九五四年一月号)では一転して、GIに「利用」されるおんなたちについて批判している。パンパンのことを、GIの間で「黄色い便器」と呼ぶことがはやっている、と神崎は現状報告する。「『日本の女を安く買った』とか、『ロハであそんだ』とかいうのが、兵隊のあいだでの手柄話になっている」と神崎は、立川のパンパンたちが便器としていかにGIたちに粗末に扱われているかという側面をルポする。

神崎は、オンリーと愛人とを分けて使っている。神崎にとってオンリーとは、GIたちの「専用の便器」であり、次のように説明している。

精神的にいえば、とおく異郷の日本にあって、みたされぬ家庭的な雰囲気と休息の場所を求めているのであろう。が、オンリーの女が、日本的な純情をささげていても、兵隊同士の言葉でいえば、「黄色い猿を檻に入れている」にすぎないのである。相手は、基地のなかではたらいていたタイピストやPXの売り子、外国商館につとめていた女事務員が多いようである。相場は三〇ドルから一〇〇ドル〔一〇八〇〇円~三六〇〇〇円〕まで。ちかごろは、だんだん「黄色い猿」にやるドルの「餌」がへってきて、オンリーが悲鳴をあげている。(二〇〇頁)

また神崎は、愛人について、次のように語る。

もうすこし精神的か、あるいは安あがりをねらう兵隊は、ベース〔基地〕の女と契約して、「愛人の関係」をむすんでいる。一週間に一回つきあって、土曜、日曜に自動車で遠出する。この「愛人」の方なら月に二〇ドルまたは三〇ドルの手当で、ときどき品物を買ってやればそれですむ。すこぶる経済的である。もっと経済を考える兵隊は、ほかで関係のできた「愛人」やオンリーを、逆にベースのタイピストや売り子につとめさせて女にかせがせている。（二〇一頁）

このように神崎にとって、ＧＩと同棲して経済的に依存しているおんなをオンリーといい、ＧＩと愛人の関係をむすんで基地に勤めるおんなのことを愛人という。そしてオンリーには、基地に勤めていたおんなが多いと述べている。

これらの神崎の語りで特徴的なのは、神崎はパンパン以外に、基地に勤めてＧＩとつきあっているおんなたちのことも愛人と名づけて批判していることにある。

神崎は、立川基地でＧＩとつきあう日本のおんなたちのことを、次のようなことばでしめくくる。

アメリカの兵隊にとっては、排泄用の「便器」かもしれないが、私どもにとっては、大切な日本の娘である。（中略）アメリカ兵の汚物にまみれた彼女たちは、みずから「黄色い便器」たることを恥じ、いきどおって、もとの「人間」にもどる決心ができないものであろうか。日本の社会もまた彼女たちの心身を洗い清めて、正しく生きていく仕事をあたえていく力がないのであろうか。（二〇二頁）

神崎にとって、GIにたよるおんなは人間以下であるようだ。神崎はGIをアゴで使うおんなのことは賞賛する一方で、GIに安い金で性的な側面を利用され黄色い便器とよばれるおんなには、そのことを恥じいるよう求める。神崎が立川のおんなたちを、「私どもにとっては大切な日本の娘」というのであれば、彼女たちがGIたちから黄色い便器扱いされている状況こそ、問うべきではないか。

当時、立川基地で働くおんなたちにたいして性病検診が実施されていたことが人権蹂躙問題だとして国会でとりあげられた。この事件では、立川基地に勤めるあらゆる日本のおんなたちが検診という被害に遭った。にもかかわらず神崎は、米軍将校宅のハウス・メイドだけが強制検診に遭ったかのような記事を書いていた［神崎 1954］。

この強制検診は、福田昌子（左派社会党）によって一九五三年二月二八日、同年三月一一日の衆議院外務委員会で問題化された。

福田は、国会で次のように述べた。

> 立川におきまして最近PXとか食堂とか、あるいはまたアメリカの方の独身寮に勤めております日本の女子従業員に対しまして、身体検査が行われているという。その身体検査が非常に常軌を逸脱いたしました局部検査までなされておるということが伝えられておりますが、私どもは、こういうPX、食堂またはアメリカの兵隊さんの独身寮に勤めておられる女子に、こういう局部検診までするということは、どういうわけでなさるのかということを了解に苦しむのでございます。（第一五回衆議院外務委員会議録第二一号、一九五三年二月二八日）

一九五二年一二月四日から一日二〇～三〇名ほどの立川基地に勤めるおんなたちに局部検診が行われすでに五〇〇名に達したことや、この検診は拒否する自由があるにもかかわらず、実際に拒否した一人は解雇されたらしいということを福田は報告した。

さらに一九五三年三月一一日の外務委員会でも、帆足計（左派社会党）によって、福田が人権蹂躙と訴えるほどの局部検診の実態が明らかにされた。

立川におきまして、一〇〇名以上もメイドの人が従事いたしておりますが、最初は人目に比較的つきやすいところで強制検診がなされた。最近は密室の中に入りますけれども、男の山形某という外科のお医者様が一人で看護婦もつき添いせずに、ドアもかぎを締めてしまって、娘たちの強制検診をいたしておるというような実情で、労働組合その他から反省を促しましても、一向受付けなさらぬという不幸な事態であるのであります。（第一五回衆議院外務委員会議録第二三号、一九五三年三月一一日）

医師でもある福田はこのような検診に強く異議を唱えて、次のように主張した。

性病予防の意味から、性病診断のために必要であれば、何も局部検診をする必要はないのであります。日米合同委員会におきましても、医者の一人でも入っておれば、そういうばかげた検診の方法を妥当とは認められないと思います。どうかそういう医療関係の面においては、現代医学というものを尊重した形において主張していただきたいと思います。私は日本女性の名において、こういう日本女性を

侮辱するような検診方法は、断固として了承できない。（同前）

福田の主張に対し、外務次官（国際協力局長）伊関佑二郎は次のように答弁した。

この検査は、メイドが売春をするからという検査ではございません。これは子供を扱う、それから食事をつくる、それでメイドが病気にかかっているために子供に害が及んだ実例がありましたために、ある主婦からの要請でもって、こういう検査が始まったというふうに聞いております。ですから問題は売春ではないわけでありまして、そういう観点から、どの程度の検査をするのが必要かどうかという点を今検討をしておるわけであります。（同前）

神崎はこの国会の報告のことを、「メイドの強制検診は、日本女性の人権侵害問題として、婦人代議士がいきり立ち国会でとりあげたが結局、竜頭蛇尾におわったようである」［神崎 1954:54］と言っているけれど、福田はメイドだけではなく、立川基地で働くおんなたちのことを取り上げている。にもかかわらず、神崎はメイドのことしか取り上げていない。

さらに神崎は、「［立川で］パンパンに落ちたメイド一九二名のうち、二割強の四〇名が、使用主の暴行と、強制検診を転落原因」という知人の調査を参考にしながら、「強制検診をたびたびうけていると、大切な羞恥心というものがこわされ、メイドとパンパンを区別する垣根がくずれていくらしい」［神崎 1954:55］と述べる。当時パンパンであってもなくても、米軍基地に勤めていてもいなくても、あらゆるおんなたちが性病検診を受けさせられる危険性があったし、また多くのおんなたちが性病検診の被害に遭っていた。神崎の語りは、そうした現実を不問にしたうえで、ハウス・メイドだけを取り上げていた。

もしかすると、日本のおとこよりもむしろＧＩを好む傾向にあったおんなたちのことを、神崎は脅威に感じていたのではないか。この脅威は、「われわれ」日本のおとこたちの「所有物」であったはずの日本のおんなたちが、ＧＩの「所有物」になってしまった脅威だ。彼女たちが自らの意志でＧＩと交際することを選んでいたなら、なおさらだ。

神崎目線で考えると、ＧＩからのプロポーズを拒否し俸給をとりあげるおんなは、ＧＩを拒絶していることになる。結果的にこの拒絶は、「われわれ」日本のおとこたちの「所有物」であるはずの日本のおんなが、「われわれ」のために貞操を守っているという安心感だ。たとえ彼女がＧＩと同棲していたとしても、ＧＩのプロポーズを拒絶しているかぎりは、彼女は日本のおとこたちのために、自分を守ることのできるおんなだからだ。

神崎がハウス・メイドをパンパンに結びつけようとするのも、もはや「われわれ」日本のおとこたちには手に負えない「文化」を身につけたおんなたちという意味で脅威を感じ、パンパンに結びつけようとしているのだろう。ハウス・メイドたちは、「アメリカ的生活様式のなかで、自然に英語もおぼえれば、洋食のつくり方も覚える」［神崎 1954:53］おんなたちなのだから。そう考えると神崎にとってハウス・メイドとパンパンの違いは、ＧＩと性交渉があるかないかであって、彼女たちは共に戦勝国の文化を身につけたおんなたちだということが、神崎にとっては家父長制をおびやかす脅威になったのだ。

だけど神崎は気づいていない。神崎が賞賛する、ＧＩのプロポーズを拒絶し、ＧＩをアゴで使うおんなは、じつは、神崎にとって危険なおんなだということに。ＧＩをアゴで使うふるまいこそ、家父長制を解体する可能性をはらんでいるのだから。

(3) 基地に勤めるおんなとおとこ…そして神崎の欲望と

神崎は、次に見るように英連邦の駐留基地に勤めているおんなたちを批判しているけれど、基地に勤めるおとこたちのことは批判していない。そしてここでも、おんなたちが性暴力に晒されている側面を不問にしている。

この例として、広島県呉市における英連邦基地のルポを挙げよう。占領が廃止され占領軍から駐留軍にかわった一九五二年四月、呉にはカナダ、ニュージーランド、オーストラリア、英国本国の兵士で構成された英連邦軍が駐留していた。神崎は英連邦兵士たちの性暴力にさらされていたパンパンたちの現状を問わず、ここでも立川同様、父の立場になり代わって「われわれ」の娘である呉の若いおんなたちが、英連邦駐留軍基地にあこがれを抱かないよう警告している。

「船上のマーケット—クレ(呉)」(初出は『改造』一九五三年五月号)で神崎は、呉のパンパンは朝日会、乙女会、白鳥会と大まかに三つの組織に分かれていることを紹介している。朝日会は旧遊郭からうまれた特飲街〔特殊飲食店街〕の団体で、基本的に日本人相手(業者五〇軒、おんな二〇〇名で構成)であったのが、占領期以降ショートタイム二〇〇円で外国兵にサービスを行なっている。乙女会は市中にちらばった散娼の団体で、日本人と外国人両方を対象(業者八二軒、おんな三〇〇名)にしている。そして白鳥会は、外国兵専門の団体(業者二〇軒、おんな一〇〇名)であるという。

神崎は、「お客の払うべき遊飲税を納税義務者ではないパンパンに払わせるのは、あきらかに違法であるし、パンパンから所得税をとりたてている町は、呉のほかに聞いたことがない」と、パンパンが不当に搾取されている事実を明らかにする。

パンパンが搾取されている状態をパンパンになり代わって語る神崎の視線は、問題をはらんでいる。神崎は、当時パンパンと外国兵の仲介役を強引に引き受けていたポン引きや、基地周辺で外国兵相手の水商売などで利益を得ているおとこたちのことは不問にしているからだ。神崎の関心は、性暴力の危険にさらされているパンパンの現状を引き合いにだしつつ、駐留軍基地で働くおんなたちを批判することにあるようだ。その一方で、神崎は駐留軍基地で働くおとこたちのことは批判していない。その上で、これ以上基地勤務にあこがれを抱くおんなたちが増えないよう、警告しているのである。

呉では一九五二年四月二八日から七月初旬まで、連日にわたり英連邦軍の「暴虐」を『中国日報』が報道していたことを、『婦人公論』の依頼で呉をルポした当時同志社大学法学部教授の岡本清一は述べる［岡本 1952］。岡本は、パンパンたちが外国兵の暴力にさらされていることを明らかにしている。彼女たちへの暴力は、「夜の女を買ったが、帰りがけにはいまさき自分が与えた金はもちろん、彼女の腕時計まで強盗する」、「バーの女給のほっぺたにかみついて傷をおわせる」、「二人で一人の街の女を半死半生の目にあわせておいて、あとでＭ・Ｐに訴えられるとこまるからといって、殺害を計画する」といったものだった。

神崎が呉にきたときは岡本のルポの翌年五月であり、英連邦政府に対して駐留軍労組の呉支部が政府雇用と賃金値上げのゼネ・ストを行なっている最中だった。パンパンたちが性暴力の対象になっていることを神崎は、「リュックサックにいっぱい米や麦をつめて朝日町のハウスにたどりつく手順でしばしば外国兵におそわれてひどい暴行をうけた者があったらしい。だれも恥かしがって、被害を訴える者がなかったが、焼け跡の空き地をうずめたぼうぼうたる雑草が、数多くの犠劇をおおいかくしていたのである」と指摘するだけにとどまっている。そして、「パンパンだろうが浮浪者だろうが相手かまわず、また土管のなかだろうが橋の下だろうが、ところかまわず、目をおおいたくなるような排泄行為がおこなわれていた」と述べる。

外国兵の性暴力にさらされているパンパンたちよりも、駐留軍基地に勤めるおんなたちに関心を示す神崎は、「若い娘は『兵隊に接触して、収入の不足分を個人的に解決しようとする傾向』があって、こんどのストにもあまり熱意が感じられぬ」といった、組合幹部の話を無批判に引用する。組合幹部にしても、若い娘がストに関心を示さない理由を、兵士と個人的に金品のやりとりをしていると結論づけるまなざしがあったのだ。さらに神崎は、「だらしなく混血私児をうむ母親」が、駐留軍勤務のおんなに多いことや、同棲してオンリーとなり、すてられてパンパンへの転落コースも繰り返されていると主張する。

たとえ不当に搾取されていようとも、彼女たち自身が転落コースとみなしていたかどうかはわからない。だが神崎は、不当に搾取されているパンパンを一方的に転落コースと名づけた。さらにこの主張は、パンパンたちへの性暴力を不問にした主張である。ここに、当事者になり代わって語り尽くしてしまうという暴力があることを、わたし（たち）はこれまで見逃してきたのかもしれない。

さらに知識人の立場から世間に広く発信することのできた神崎の発言は、同意する読者たちも加担することで、神崎の意図に関わらずさらに発言力を得る。そう考えると神崎の痛烈な批判は、おんなたちへ向けられた、ことばの性暴力といえる。

このようなことばの性暴力が、一九七四年の神崎の著作まで繰り返されたということに注目すると、神崎自身がノンフィクションという観点からＧＩと交際するおんなたちのセクシュアリティにこだわり続けたのは、綺麗に着飾ったおんなたちの視線が、彼女たちの意志でＧＩたちに向いていたことにたいする脅威ではないか。彼女たちのセクシュアリティを、容易に支配できないことを神崎は敏感に察知したのだ。彼女たちは、自らのセクシュアリティを自身で決めることのできるおんなたちだということに。自分のことは、自分で決める——そんな彼女たちを米軍とワンセットで批判し続けることで、神崎は、おんなたちをなんとかコントロールしようという欲望にかられているように、わたしにはおもえてしまうのだ。

2．グウタラで働くことが大きらいなおんなたち—福田昌子の場合—

(1)　ヤミの女に扮したお医者さん

医師であり同性の敏感さから福田昌子は、立川基地で勤めるおんなたちに行なわれた局部検診を人権蹂躙だと国会で問題化した。神崎が、おんなたちへ振るわれていた局部検診という性暴力を不問にしていることを考えると、福田には神崎にはない視点を有している。だけどこの福田の問題提起は、パンパンとそうでないおんなたちを区別した発言だった。

メイドさんであれ、PXに勤める女の人であれ、特に駐留軍の独身寮に勤めておられる女の人であれ、これは一つの明朗な勤務の形で勤めているのでありまして、何も肉体を売ることの副業を含んだ勤めの契約じゃないと思うのです。よくアメリカの人たちで、日本の国は売春国であり、日本の女を見たら売春婦と思えというようなことを吐かれることも聞き及んでおりますし、新聞にもそういうことの記事が出ておりますが、これははなはだ日本の国を軽蔑した、また日本の女性を軽蔑した人権蹂的〔人権蹂躙的〕な言葉だろうと思います。そして駐留軍に勤めている売春行為を目的としておりません女子の労務者に対して、こういうような検診をするということは日本の女性に対する人権侵害だと思いま

す。（第一五回衆議院外務委員会議録第二三号、一九五三年三月一一日）

福田は、売春婦ではない女子の労務者にたいして局部検診を行なうのが、日本の女性に対する人権侵害だと述べている。この福田の発言から、二つ疑問が浮かび上がる。

・売春婦なら局部検診を実施してもかまわないのだろうか。

・どうして福田は、売春婦を擁護しないのだろう。

この疑問を解くヒントは七年前の一九四六年頃の福田自身の体験にある。

福田は、衆議院議員になる前に医師だったときに、ヤミの女いわゆるパンパンに扮し彼女たちの実態調査を行なった。一九四七年一一月一〇日付『夕刊新大阪』では、「ヤミの女に立ちまじって　福田昌子代議士の国会報告」と題して詳細に報じられている（＊なおこれ以降、『夕刊新大阪』と記しているのはすべて一九四七年一一月一〇日の記事）。

新聞記事によると福田は、福岡ではヤミの女に扮し、大阪の難波病院と東京の吉原病院では本来の職業の医師として、ヤミの女たちにアプローチした。吉原病院と難波病院はどちらも当時、性病専門病院だったため、強制的に性病検診を受けさせられるおんなたちが大勢いた。

ヤミの女たちにアプローチする手段として、ヤミの女に扮した福田と通常の医師としての福田という二つのパターンについて、詳しくみてみよう。

福田は、ヤミの女に扮して彼女たちにアプローチを試みた。

福岡ではヤミの女に化けて汚い木綿のワイシャツに黒のズボンをはきノーストッキングといういで

たちで深夜の博多駅や東公園、天神町一帯をさまよった。東公園では日蓮さまの銅像下で待っているとそれらしい一団がやって来た。私は思い切り近寄って「チョット、ネエさん」ときまり悪げに聞いた。一味はぎょっとしたらしく「誰？」と警戒する。

「私はこまっているのよ、お金がなくて」

「……」

「ねえ、仲間に入れて下さらない？」

「だめだよ」

姐さんらしい一人がすげなく断る。この一味に入門するには腕にいれずみしなければパスされないそうで〝入門〟だけは思い止まった。事実彼女等の腕には桜の花や英語の頭文字がほりつけられていた。

この体験を読んでみて、福田が扮したヤミの女と、実際の彼女たちの間にズレがあると感じないだろうか？　ズレというのは、服装のズレだ。

福田の扮したヤミの女は、汚い木綿のワイシャツに黒のズボンをはきノーストッキングといういでたちだ。だけど…ＧＩ相手のおんなたちは、こんな格好をするだろうか。敗戦国の日本のおんなたちが金を持っているＧＩたちの目にとまるには、おんな度をアピールする格好をしていたはずである。汚い木綿のワイシャツではなく清潔な上衣を、黒のズボンではなくワンピースかスカートを身につけていただろう。本書の第３章と第４章で詳しくみるように、ＧＩと交際するおんなはたいてい二〇代前半が多い。このとき福田の年令は三六歳（実年令三四歳）であったことを考えると、「それらしい一団」のおんなたちが福田をみてぎょっとしたのは、福田のいでたちが何を生業にしているかわからなかったのではないだろうか。ヘアスタイルや化粧も、本来のパンパンと異なっていたかもしれない。そうなると福田は、GIとパンパンを仲介することで彼女たちの利益をピンハネしようとする客引き（ポン引き）にみえたのかもしれない。

『夕刊新大阪』の福田の記事を初めて読んだとき、福田はパンパンのことをよく知らないとおもってしまった。だけど記事をよく読むと、「それらしい一団がやって来た」と彼女たちにアクセスしていることから、福田自身はパンパンがどんな格好をしているのか知っている。だけど福田は、GIたちが敬遠するような格好に扮し、彼女たちに近づいた。

一方で福田は、彼女たちから重要なことを聞き出すことに成功した。それは、性病検診を強制的に受けさせるために不意打ちで行なわれたキャッチ（検挙）がいつ実施されるのか、彼女たちはその情報を事前に入手していたことや、キャッチが行なわれるときは外出しないということだった。さらに福田は、彼女たちは警察に出入りする浮浪児から情報を入手していることまでつきとめた。

福田はここで、重要な点に触れていない。もしパンパンたちが、あらかじめキャッチが行なわれる日は外出しないのだとしたら、実際にキャッチされたおんなたちは、キャッチの日を知らなかったおんなたちということになる。とするとキャッチされたおんなたちは、パンパンになってまだ日が浅く情報が入手できないおんなたち、あるいはパンパンではなくミス・キャッチ（誤認検挙）されたおんなたちのどちらかだ。少なくとも、常連のパンパンたちではない、ということを意味している。福田はこの点について、なにも語っていない。

（2）本音を語らないおんなたち

次に、大阪の難波病院で福田は医師の立場で彼女たちと一か月間寝起きをともにした結果、彼女たちは福岡で出逢ったおんなたちよりもたちが悪いと述べる。

「ほんとに改心しました」とポロポロ涙を流しながら買物にやるとおつりをゴマ化したり、ペニシリンやズルファミド剤を配給すると自分は使わずにヤミに流す、彼女たちはその大半がグウタラで働くことが大きらいらしい。なんでもいいからオシャレが出来てごちそうを食べて楽に暮らせば天下太平という連中でこれは全国共通である。大阪では彼女と洗濯や針仕事をして自然に導いて行ったが結局私の手に帰ったのはユダの悲しい裏切りしかなかった。

このように彼女たちに批判的なまなざしを向ける福田も、当初は彼女たちに批判的ではなかったということを、国会で語っていた（第一回衆議院厚生委員会議録第二八号一九四七年一一月六日の発言）。福田は難波病院で、「患者を鉄柵の中へ、しかも地下の一階の非常に汚い、採光の悪い部屋に押し込めておくことは、非常にいけないことではないかということを、私がそのときの院長に言って、三階に移させたにもかかわらず、患者たちは三階から逃げたという。そのうち一人が三階から飛び降りて足を骨折した。骨折した彼女自身の口から彼女が一家を支えていることを知り、福田は彼女の家を訪ねた。すると病気で寝ているはずの父が出て来て、「あなたの方で煮ようと焼こうと勝手だから適当に処分してくれ。とにかく家には要らない娘だから」と、娘を引き取ることを断られた。そして、「いわゆるパンパンガールでもしようかという、しかも二回三回と繰返して病院にはいるパンパンガールなる女性が、いかなる女性であるかということを十分認識して、その処置を考えていかなければ間違いができると考えておるのであります。そういう意味において彼女らに魂の教化——勤労精神を吹き込むことが最も先決問題である」と、福田は国会で主張した。

福田はパンパンたちと寝起きを共にし、洗濯や針仕事も共にしたにもかかわらず、彼女たちに裏切られたと述べているけれど、彼女たちがどういう経緯でパンパンになったかについては触れていない。彼女たちは、キャッチという性暴力を被って病院に来ている。その点に注目すると、国会での発言も含め医師としての福田の「気配り」は、彼女たちの目にどのように映っていたのだろうか。

福田は、さらに同じ記事で五一歳（実年令四九歳か五〇歳）のパンパンについて、このように語る。

もう小じわがよって染めて金髪には白いものまでまじっていた。「あなたの娘がもしこんな商売をしたらどんな感じがするの」と聞いてみたところ、「娘もいっしょにしとるさかい、親子共かせぎで楽しみですわ」と平然たるもの。なにかしら冷たい壁のようなものに突き当たった感じだった。

おんなの金髪は、GI相手に効率よく商売するために、少しでも自身を魅力的に見せるための武器だ。この点で金髪のおんなは、プロ意識に徹しているといえる。たとえ金髪に白いものまでまじっていたとしても、おんなはGIの目にとまるように工夫しているのだ。

このような彼女を老パンパンとみなす福田に、金髪のおんなは本心を語っただろうか。「娘もいっしょにしとるさかい、親子共かせぎで楽しみですわ」という返答も、本心とは別の語りかもしれない。どこまで福田は彼女たちの本心にコンタクトできたのか、疑問におもう。

東京の吉原病院で医師としてパンパンたちにアプローチした福田は、東京の彼女たちはすでに企業化していると述べる。

ラク町（有楽町）ブクロ（池袋）やノガミ（上野）やジュク（新宿）などのサカリバにはそれぞれナワバリがあり、大将株には「ジープのお静」「関東お辰」「ボルネオ忠」「アラビヤお絹」（全部仮名）などのソウソウたる連中が、「オース」「コンチー」とハバを利かせている。彼女らはローズを通さない（渡りをつけない意）素人のオフィス・ガールやよその場所の者が縄張りを荒らすと〝ヤキをいれる〟と称して男でも顔をそむけるリンチを加えるらしい。

福田のこの語りは、当時世間で注目をあびていた田村泰次郎の小説そのものだ。ジープのお静、関東お辰、ボルネオ忠という仮名は、「肉体の門」に登場するおんなたちのニックネームに由来していることや（「ジープの美乃」「関東小政」「ボルネオ・マヤ」、「リンチを加えるらしい」という語りにしても、「肉体の門」のエピソードに登場する。

小説「肉体の門」（初出『群像』一九四七年第二巻第三号）は、占領期、廃墟ビルで集団生活する、「自分で客を見つけ、自分を売る」［田村 2005:30］売春を生業にしているおんなたちの物語である。田村が発表した時期はGHQの検閲があったため、売春の相手がGIたちであることは物語ではあきらかにできなかったけれど、この物語がGI相手のパンパンたちを主人公にしていることは、当時の読者ならすぐ察しがつく。物語では、客とはタダで寝ないという掟があって、その掟を破ったおんなたちはリンチされてしまう。このリンチシーンは多くの読者にインパクトを与え、田村の「肉体の門」はその後またたく間に各地で芝居として上演され人気を博した。福田が新聞紙上でパンパンたちのことを語る八カ月前なので、福田が東京のおんなたちにコンタクトした時期は、おんなたちは芝居ですでに「肉体の門」を知っていたのだろう。

もしかしたら福田は、田村の「肉体の門」を知らなかったのではないか。

この疑問に関わって、今一度考えてみたい。福田は、ヤミの女のことを把握しているにもかかわらず、である。福田がヤミの女に化けるのに、どうしてGＩが敬遠するような格好をしたのかについて、今一度考えてみたい。福田は、ヤミの女に扮して彼女たちにアプローチを行なった福田を、とても骨岡では医師という立場ではなく、ヤミの女に扮して彼女たちにアプローチを行なった福田を、とても骨のあるひとだとおもう。調査のためとはいえ、当時ここまでする者は少なかっただろう。このような福田の行動力に敬意を表しているからこそ、どうして福田は、汚い木綿のワイシャツに黒のズボンをはきノーストッキングといういでたちがヤミの女だというのか。

福田は彼女たちのことを、「グウタラで働くことが大きらい」『夕刊新大阪』」と定義づけていることから、この定義をだらしなさに結びつけた結果、ヤミの女に「汚い木綿のワイシャツ」というメタファを見出したのかもしれない。

難波病院での数々の裏切りも、金髪おんなの「娘もいっしょにしとるさかい、親子共かせぎで楽しみですわ」という返答も、彼女たちを見る福田の視線に侮蔑的な暴力性を敏感に察知したおんなたちの、本音を語らなかった結果なのかもしれない。たとえ福田が彼女たちと寝起きをともにし、洗濯や針仕事をともにしていても、福田がどのような視線で彼女たちに接していたかは、当事者の彼女たちなら敏感に感じていたであろう。それは、わたしが見知らぬおとこたちからいきなり、「あいのこか?」と侮蔑的にいわれたときのような敏感さだ。周りは気づかなくても、当事者ならすぐ察知してしまう感覚。東京のヤミの女たちにしても、彼女たちはこんな福田をからかうために、田村の「肉体の門」の内容をまるで自分たちのことのように語ったのかもしれない。

問題は、医師の立場から、そして国会議員の立場から福田が彼女たちのことを、「なんでもいいからオシャレが出来てごちそうが食べて楽に暮らせれば天下太平という連中でこれは全国共通である」、「彼女らは不正な享楽の結果として〔性病に〕感染した」という福田の発言が、知識人の発言として力をもってしまうことにある。町や村でＧＩと腕を組んで歩いているおんなたちのことを、「あれが、福田さんが言っていたパンパンだ」と、世間のひとたちに了解を与えてしまう。パンパンのことをよく知らないのに、あたかも福田が述べる特徴がパンパンの特徴であるかのように、世間の人びとに受け入れられてしまう暴力性がある。

これに関わってずっと、疑問におもってきたことがある。それは、パンパンに関する語りが、いつも同じ方向を向いている語りしかないような気持ち悪さだ。ＧＩとつきあうおんなたち、パンパンやヤミの女といわれたおんなたちは、さまざまなおんなたちがいたはずで、いろんな語りがあっただろう。だけどいつも、グウタラ、浪費家、嘘をつく、黄色い便器という否定的な表現が力をもち、その否定的な、、、表現だけが世間に受け入れられているかのようだ。

わたしの感じる気持ち悪さも、ひょっとしたら彼女たちにはどうでもいいことかもしれない。異文化の、しかも戦勝国のおとこたちを相手に、自らのセクシュアリティの価値をプロモートする交渉能力を持ち合わせ、自身をマネジメントする彼女たちは、今でいうと起業家だ。パワフル・ウーマンだ。そんな彼女たちの視点でみると、福田が定義するヤミの女、そして福田の喧伝を信じる世間の人たちに滑稽さを感じ、「何もわかっちゃいない」と腹を抱えて彼女たちは笑っていたのかもしれない。

3．たくましいおんなたち——通訳警官の場合——

⑴　彼ら米兵はよく女にモテた

ＭＰライダーという職業を、ご存じだろうか。彼らは敗戦直後からＭＰのジープに同乗して、日本人とＧＨＱ関係者の関わる事件を通訳、調整する仕事をしていた警官たちだ。

原田弘という、当時ＭＰライダーとして東京都内をパトロールしていた警察官がいた。原田はＭＰライダーの任務に携わった記録を後年、『ＭＰのジープから見た占領下の東京』（草思社 1994）という一冊の本にまとめ、出版した。戦勝国の人間であるＭＰと共に行動する職務に就いている原田のまなざしは、支配／被支配を前提とした一義的な力関係を越えて、異なった背景を持つ者同士が交流し、交渉している数々の場面をとらえている。このときの驚きを、原田は率直に記述した。「あとがき」で原田は、次のように語っている。

　私は戦時下のあのものすごい空襲を身をもって体験し、戦後警察官となり、こともあろうかかつての敵将のマッカーサー元帥の警戒勤務となった。その後、英語を学び、願いかなってＭＰライダーとなることができた。（二三九頁）

原田は、敗戦直前の一九四四年消防署員として出発したが、敗戦直後の一九四五年九月に警視庁の警官となり、一九四九年に警視庁よりＭＰライダーとして派遣され、一九五九年までＭＰとともに仕事をこなした。

GIを間近にみてきた原田は、GIのおしゃれな一面を次のように語っている。

米兵のおしゃれぶりには感心した。個人のみならず、軍隊自体、気風がおしゃれなのだ。朝夕の点呼では、帽子を取らせ、髪の伸びぐあいから靴の磨きぐあいまで厳しく点検した。靴はクリームを塗ってから少量の水、水がなければ唾を吹きかけて磨いていた。米軍将兵はマッカーサー元帥をはじめ、誰もがスタイリストだった。

人形の兵隊じゃあるまいし、これでは仕事になるまいとも思えたが、彼ら米兵はよく女にモテた。私たちが彼らと同じ服装で磨き立てたとしても、モテたかどうか、正直言って自信はない。当時の短足胴長の日本人には、あのおしゃれは似合うまい。（一二五―一二六頁）

日本人のおとことして、GIたちのおしゃれぶりに驚嘆する原田の語りは、少なくとも神崎の語りにはでてこない。原田は自身のことを短足胴長の日本人であることを認めた上で、おんなたちの視線がGIに向いていることを語っている。

原田は、当時日本を支配した征服者をつぶさに観察している。米兵の上下関係についても、次のように語る。

兵士と上官の関係が親密で、勤務時間以外になると、将校と兵士が親しく話し合ったり、散歩などをする光景がよく見られた。体罰は一度も見なかった。ただ、罰で便所掃除をさせられているのを見ただけだ。下士官が兵士を殴ったり、蹴ったりするのが日常茶飯事だった旧軍〔日本軍〕とは大違いだった。
モノを惜しみ、人間を粗末にして戦争に勝てるわけがない。私は物資力、科学力以上に、人的関係でも日本はアメリカに負けていたと、つくづく思った。（一二六頁）

原田は日本の敗戦の原因のひとつとして、人間を粗末にしたと指摘する。このような視点も、神崎の語りにはみられない視点である。原田は異文化のおとこたちと仕事をしていく中で、彼らがあまりにも日本人である自分たちと違うことに、率直に驚嘆し感動している。

GIたちの食事の豊かさにも、原田は感動している。

われわれ警察官も、MPたちといっしょにキャンプ内の食堂メス・ホールで、同じものを食べることが許されたのだ。軍隊では食堂をメス・ホールと呼ぶ。MPたちはこのメス・ホールに行くときは、「レッツ・ゴー・チャウ」と言った。チャウとは食物、食事の意味だ。

終戦から六年も経ても、まだ食糧事情は貧しかった。交番時代の同僚の中には警官では食えぬと新橋のヤミ屋に転向した者さえいた。そんな時代、アメリカの豊かな食事はただただ驚きだった。いま当時のメニューを記しても誰も驚くまいが、三〇年前にはとてつもない御馳走だったのだ。

「チャウ」、なんと嬉しい言葉だったか。パン、バター、コーンフレイク、コーヒー、ミルク、オートミール、ベーコン、セロリ、タマゴ等々、当時ではめったに手に入らないものがふんだんにあった。目玉焼きも好きなだけ焼いて皿に載せてくれた。哀しいかな当初は味わう余裕もなく、食べすぎてしまった。がつがつと栄養補給のつもりで牛乳をガブ飲みしたり、パンにバターをつけすぎて腹を下した同僚もあった。

食堂の出口にはレモンが山と積んであり、いくつでも持って来られた。セロリやニンジンを生食したり、トマトをジュースで飲むこともはじめて知った。パン食というのもコッペパンをかじるくらいのことしか知らなかった。だから最初は三角に切ったパンを三枚も四枚もむやみに食べてしまい、あとのものを食べられずに残念に思ったこともある。米兵たちはパンに、氷水が浮かんでいる四角のバターをのせて一、二枚食べる程度。あとは茹でジャガイモやスープ、野菜だ。肉は私たちの常識の何倍も厚いものだった。金曜日のメニューは魚料理だったが、米兵たちは魚はあまり好まなかった。

ここでデザートというものもはじめて食べた。アイスクリームやプラム、ピーチなど素晴らしいものばかりで、私たちは大いに食べた。オーバーな言い方だが、まさに〝食べた〟のであった。（一二一―一二二頁）

この語りを読んだとき、わたしの脳裏には、メス・ホールのダイニングテーブルの上にカラフルでみずみずしい料理がずらりと並んでいる光景が鮮やかに浮かんだ。メス・ホールなんて、見たこともないし行ったこともないのに、まるで原田の追体験をしているような感覚におちいった。

「彼らＭＰの多くは日本人のガールフレンドも持っていた」と原田は述懐していることから、プライベートタイムでＧＩと交際するおんなたちの驚きは、仕事絡みでＧＩと接する原田以上であったとおもう。彼女たちは、食事はもちろん、バーやダンス、ジャズコンサート、映画、スケートなどをＧＩである彼と共に楽しんだのだから。

彼女たちは、どんなことに驚いたのだろうか。彼女たちの追体験をしてみたい、とおもった。

(2) ファッションとしての雑誌『ライフ』と英語塾を開く脱走兵

原田は、一九四九年三月四日、MPライダーとしての初勤務のことを次のように綴っている。

銀座にはPXがあったので米兵たちが大挙して押し掛け、その賑わいにつられてポン引き（客引）や闇物資買いの日本人も集まり、いくら取り締まっても、次からつぎへと湧いて出て、キリがない。丸の内も銀座も、米軍の軍服姿と原色きらびやかな衣装をまとった米軍人家族、あるいは米兵の腕にぶら下がりこれみよがしに歩く、派手な衣装を着た夜の女たちであふれかえり、対照的にしょぼくれた日本の男たちの姿は実にみじめそのものであった。

銀座教文館では、アメリカの雑誌「ライフ」や「リーダーズ・ダイジェスト」の発売日には長蛇の列ができ、若い男女が争ってそれらの雑誌を買い求めていた。そうしたありさまを見ていると、いやおうなしに日本はほんとうに戦争に負けて占領されたのだという実感が湧いてきた。

ちなみに「ライフ」を買っても、読むよりはそれを持ち歩くことがファッションだった。（六一頁）

一九四六年二月一日にNHK国際部による英会話放送が人気番組となり、日本各地にカム・カム英語勉強会が生まれたことを視野にとめると［水島 1995:112］、当時の日本国内には英会話ブームが引き起こされたのであり、おしゃれなGIにあこがれたおんなたちが大勢いてもおかしくはない。また、ファッションの小道具として米国の雑誌は使われていたのだ。

もうひとつ、脱走兵の逮捕に関するエピソードに注目してみよう。このエピソードでとりわけ注目したいのが、草深い田舎で英語に興味をもつひとびとの存在だ。

駐在所から駐在所へとガタガタ道を番地を聞きながらジープを走らせ、ようやく目的の農家に到着した。米兵は農家の二階の養蚕室を改造した屋根裏をベニヤで仕切って女性と同棲していた。アメリカ人は家にペンキを塗るのがやたらに好きで、その米兵もせっかくの隠れ家に黄色や緑のペンキを塗りたくったためにすぐバレてしまったのだ。田舎に派手なペンキの家があったらどうしたって目立つだろう。呑気なもので、彼は塾を開いて付近の人たちに英語を教えていたという。（一九八頁）

九割九分、日本のおんなたちにかくまわれていたという米軍脱走兵たちのことを、「アッケラカンとしていて、まったく気楽な感じなのだ」、と驚く原田。脱走兵が英語を教えていたということは、付近の人たちは、この脱走兵から英語を習うのを楽しみにしていたことがわかる。英会話を楽しみにしているひとたちにとって、脱走兵と同居するおんなたちへの視線は、世間の侮蔑の視線とはまた異なった視線だったのではないかとおもう。

脱走兵が教える英語塾の話は、神崎の緻密な資料には出てこない。神崎も原田もたしかに敗戦を経験した日本人のおとこに違いないが、見ている光景がこんなに異なっていることを考えると、日本人のおとこを一括りにして考えることはできない。

原田はまた、パンパンのことを擁護しない福田昌子にもない視点を有している。福田の場合、パンパンが増えた理由に言及していないが、原田はその理由について述べている。その理由のひとつが本書の第1章でとりあげた、GI専用慰安施設を利用しているGIたちに性病が蔓延したことが原因で、慰安施設が突然閉鎖されたことだ。このことを原田は東京の事例で説明している。さらに、性病検診のためのキャッチについても、「このときやりすぎて、街頭で普通の子女まで引っ立てられて問題になったこともある。案外素人の女性でも吉原病院の検診に強制的に連れて行かれてからは、ほんとうの売春婦になってしまうこともあったらしい」と、語っている。

原田も福田と同様に、有楽町にパンパンの縄張りがあるという。

有楽町ガード下から日劇のほうにかけては毎晩のように何人かの女が立っていた。

これらの女性たちにも縄張りがあるそうで、腕や股のあたりに入れ墨など入れた威勢のいいのがいて、言うことを聞かない者には私刑を加える、ヤクザ的世界があったようである。（一七〇頁）

原田にしても、おんなたちの縄張りや私刑についての言及は、伝聞の域を出ない語りだ。だけど、原田と福田との違いは、次の原田の語りに現れている。

寒い夜空の下にネッカチーフをかぶり、ガードや焼ビルのかげに風を避けながら米兵のカモを待っている姿は、じつに敗戦国の姿だと思うし、日本と同じく敗けたドイツでもこんな有り様だったのだろうかと思う。とにかく人間が生きるためのどん底の姿を見せつけられたような光景がいたるところにあった。（一七〇頁）

ＭＰに同行するという仕事上、「パンパン・ガールの取締りに立ち会うことも多かった」と述べる原田は、実際に寒空の下で立っているおんなをみていただろう。彼女たちがＧＩを待っている姿は敗戦国の姿であることを認識した上で、カモを待っている姿と言う原田は、金を持っているＧＩたちをカモとして利用し敗戦の日本を乗り切ろうとする彼女たちに、たくましさを見出しているようだ。それはパンパンを見下す福田や、パンパンたちが黄色い便器としてＧＩたちに粗末に扱われていると言い放つ神崎にはない視線だ。原田は、彼女たちの身体の自己決定権を尊重しているようにみえる。

これまでのわたし（たち）の視点は、神崎や福田のように発言力のある知識人の語り――実際は存在している語りを不問にした語り――に立脚して、占領期のことを考えてきたのかもしれない。

原田は「あとがき」で、「戦後がどういう時代であったか、その時代をわれわれはどういう気持ちで生きてきたかをすこしでも理解していただくことができたら幸いである」と述べている。さらに、「書かれている事実については、なにせ五十年近く前のことだけに、当時の日記などで確認はとったが、若干の記憶上の謝りがあるかもしれないことをおことわりしておきたい」と、原田の著書はあくまでも元通訳警察官という個的な体験を綴ったものだ。原田の本を、神崎の丹念な調査資料と比較することはできない。

それでも……。緻密な調査に基づいて米軍の非難を主張する神崎の語りには、脱走兵から英会話を習った想い出さえも、公に語ってはいけないような威圧感を感じてしまう。神崎の語りが綿密に裏付けられた「正論」であればあるほど、公に語るのをためらう記憶が増えていく。

脱走兵が英会話を教えていたという原田の語りには、脱走兵の英会話を楽しみにしていたひとたちの姿が思い浮かぶ。と同時に、世間ではパンパン呼ばわりされた脱走兵をかくまう彼女と、英会話を楽しみにしていたひとたちが交流する姿も思い浮かぶ。

威圧感を感じさせない語り。このような語りは、これまで一方的な視点で捉えられてきたパンパンたちとわたしたちの、新たな出愛《であい》の可能性を示唆しているのではないか。

第３章　調査報告書に見るおんなたちとリアルなおんなたち

１．パンパンの表象――おんなの視点・おとこの視点――

⑴　エロ本とみなされた調査報告書

ＧＨＱの検閲が行なわれていた時期の一九四九年一〇月に出版された、とても貴重な本がある。その本は、竹中勝男・住谷悦治編『街娼　実態とその手記』有恒社（これ以降『街娼』と表記）という本だ。なにが貴重なのかといえば、おもに二点ある。一点目は第1章でとりあげた、ＧＨＱが言論統制を行なっていた時期（一九四五年九月三日～一九四九年一一月一〇日）〔古川 1999:18-20〕に、ＧＩと交際するパンパンたちの調査結果を出版していること、そして二点目は、パンパンとして調査対象になってしまったおんなたち自身の生の声が集められていることにある。

〔『街娼』は〕戦後における特殊な変動によって、街娼となったものの調査であって、今度の場合は、在来の娼妓、やとな〔やとい仲居〕、特定の居所をもって売淫行為をして生計を維持するものについては、それらを除外する事。（『街娼』、一一九頁）

在来の娼妓、やとなとは、ＧＩ以外を相手にする占領期前から存在するおんなたちのことだ。特定の居所をもって淫売行為をして生計を維持するものとは、GIの立入禁止の場所でGI以外のおとこたちを相手に売淫行為をするおんなたちを指す。『街娼』では、GI以外を相手にするおんなたちは除外する調査なので、日本人や他の国籍のおとこたちを相手にしていたおんなではなく、GIを相手にしていたおんなたちの調査報告書ということになる。この調査報告書のところどころに伏せ字があるのは、GHQに検閲された報告書だったため、GIということばを使えなかったからだ。『街娼』の研究員たちは彼女たちのことを、街娼、パンパンという表現を使っているところを、本書ではパンパンということばをあてる。

『街娼』はGHQの言論統制のさなかに、GHQ軍政部厚生課長エミリー・パトナムの助言のもと、京都社会研究所が京都地区における二〇〇名のGI相手の街娼に行なった調査報告書だった。

同研究所は、緊急に着手すべき調査のうちのひとつとして、街娼の実態調査を行なった。パトナムからは、「研究調査の態度は、あくまで科学的客観的であるべきこと」と命じられ、今回取りあげるおんなたちの語りは、少しも訂正していないという。

この資料のすぐれている点は、研究員や調査員たちの視点のみにとどまらず、性病検診のために強制的にキャッチ(検挙)された二〇〇名中八九名のおんなたちの生の声が、掲載されていることにある。調査する側とされる側の視点が同時に掲載されている点において、この資料は瞠目すべきものがある。『街娼』で調査対象となった二〇〇名のおんなたちの多くは、街角か居住先でキャッチされたおんなたちだった。そのうちの八九名が、自らのことを調査員に語っていた。

この貴重な調査を社会研究所所長の竹中勝男が、『街娼』の「まえがき」で、「内容が客観的で赤裸々なるがゆえをもって、これを読まない社会の人々が巷間のエロ本と誤認しないように望む」と、『街娼』

を読まないひとたちが同書をエロ本と勘違いしないよう念を押している。『街娼』を読んだひとたちでさえも、同書のことをエロ本だと勘違いしてしまったひとたちも多いと思っているからだろう。

というのも『街娼』の資料的価値を認めた上で通読し終えたとき、わたし自身、ある違和感があったからだ。『街娼』に収録されているおんなたちの語りと、彼女たちのことをパンパンとみなす研究員たちとの間に不協和音が聞こえたのだ。その不協和音とは、研究員たちはさまざまなおんなたちをパンパンという一語でひとくくりにし、一義的な意味を付与した上で調査しているのにたいし、おんなたちの語りは、パンパンというひと言ではおさまりきれない多様性をもっていることや、彼女たちを取り巻く場における関係性は複雑だったからだ。

さらに同調査書ではパンパンを、バタフライとオンリー・ワンの二種類に分類した上で、バタフライは蝶になぞらえて、日々相手をかえ、活動家は一晩に数名と取引するおんなたちのことを指し、オンリー・ワンは文字通り、特定のひとりを相手に売春する高級街娼を指し示すことばとして使用されている。オンリー・ワンの説明もバタフライの説明も、どちらもまるで心の通っていない売春婦におもえる。

当時世間で流行ったカストリ雑誌でパンパンを題材とした痴態話に親しんでいたひとたちは、研究員たちのパンパンを見る目線に影響を受けながら、『街娼』を読んだだろう。キャッチで捕まえられたおんなたちが自ら語っていることが、エロ本のパンパンの語りという前提のもとに読まれていく。研究員たちの目線を問い直さないかぎり、竹中が『街娼』をエロ本と誤認しないようにと言っても、無理がある。彼女たちのセクシュアリティは読者に消費されたまま、今日に至っている。

調査を実施した主要研究員たちは、彼女たちのことをどのような眼差しで見ていたのか。本章ではまず、この点に注目したいとおもう。（＊引用文の括弧内の数字は、『街娼』の該当ページ。）

⑵ おんなの視点・おとこの視点

住谷悦治は、彼女たちのことをこのようにみていた。

彼女たちを街路において見るとき、その濃厚な化粧、華美な洋装、上等の装具、靴等に包まれて颯爽として人もなげに歩行している姿は、行き交う通行の目をそばだたしめるに十分である。彼女たちも、通行の人々の注目を満身に浴びていることを意識し、相当以上に虚栄心を満足せしめて、口紅や五本の指の爪のはでなマニキュアまでにも神経を震動せしめている。(二二頁)

傍線部分に注目してほしい。「わたし、パンパンなんです」と住谷に言ったおんなたちの外見を、住谷が描写しているのではなく、あのような格好をしているおんなたちは、パンパンに違いないと住谷がおもっているおんなたちの描写だ。

豊田慶治は、次のように眺めていた。

ゆきずりざま、風になびく巻髪から刺激の強い香料が流れる。どぎつい化粧の中でも一際、ルージュの毒々しさが眼立つ。血塗られたようなその唇、グリーンの日除けブラス〔グラス〕の内側にきらりと黒い瞳が光る。だがおおいかくせぬその隈ぶち、一様に肩から下げたナイロンバッグ、野生美をむき出しにして挑むようにすばやいその足取り。(一〇六頁)

豊田も住谷と同じく、街路でみかけたおんなを、パンパンに違いないとおもっている。大塚達雄は平安病院で、次のような目線でおんなたちをみていた。

　黄色人種におよそ不似合いなルージュ、かきまゆ、の顔にモダン髪をふりたて、赤青黄チェックのロング・スカートを派手なオーバーの下からのぞかせて、ナイロン靴下にダンス靴をほこらしげに鳴らしている不調和なニュルックのモデルズ。（八九頁）

占領期の平安病院は、京都市内でキャッチされたおんなたちの性病検診を行なっていた。そして平安病院には、強制的に性病検診を受けさせられるおんなたちが大勢いた。この病院で大塚は、黄色人種におよそ不似合いな化粧をして、不調和な身なりをしたおんなたちの外見でもって彼女たちを、パンパンだと判断している。

このような判断は、大塚に限ったことではない。というのも当時、京都市内外各所にキャッチの注意書きが貼り出され、平安病院の近くの街路には、松原署の名において大きく貼りだされたからだ。注意書きには、「進駐軍々人に対し、左の行為をなすものは占領目的に有害なる行為をなすものとして、軍事裁判に附されます」として、⑴進駐軍々人に売淫をしたもの、⑵売淫の手だすけをしたもの、⑶売淫の場所をかしたもの、と三点をあげ、最後に、「夜間さまよい歩く婦女子は、あらぬ疑いを受けて取り調べを受けるときがないとも限りませんから注意してください。云々」ということばで締めくくられていた。

この注意書きに従うと、平安病院で性病検診を受けさせられるおんなたちのことを世間では、進駐軍々人に売淫をしたおんなたち、すなわちパンパンであるというまなざしを向けていたのであり、大塚もそのまなざしを共有していたことがわかる。

当時は、パンパンと間違えてキャッチする、ミス・キャッチが日本各地で横行していた状況を踏まえると、大塚が描写したおんなたちは、パンパンとは限らない。

さて、住谷、豊田、大塚のパンパンの描写には、共通するイメージがある。それは、大きく分けて、化粧や髪型・服装・態度の三点があげられる。

以下その共通点を確認しよう。

化粧

濃厚な化粧、口紅や五本の指の爪のはでなマニキュア（住谷）

どぎつい化粧、ルージュの毒々しさ、風になびく巻髪（豊田）

黄色人種におよそ不似合いなルージュ、かきまゆ、の顔にモダン髪（大塚）

服装

華美な洋装、上等の装具、靴等（住谷）

肩から下げたナイロンバッグ（豊田）

赤青黄チェックのロング・スカート、派手なオーバー、ナイロン靴下、ダンス靴（大塚）

態度

颯爽として人もなげに歩行している姿（住谷）
野生美をむき出しにして挑むようにすばやいその足取り（豊田）
ナイロン靴下にダンス靴をほこらしげに鳴らしている（大塚）

占領期当時は、各地にGHQ関係者専用のダンスホールやカフェがあることを考えると、彼らがパンパンとみなしていたおんなたちは、ダンスホールやカフェの従業員かもしれない。あるいは、化粧が派手なのもGIの恋人からのリクエストかもしれない。上等の装身具、ナイロン靴下、ナイロンバッグも、恋人からの贈りものかもしれない。

住谷たちにとってパンパンは、厚化粧、派手な服装、堂々と歩くおんなたちといった固定概念を有している。だったらその逆の、薄化粧、地味な服装、うつむきがちでゆっくり歩くおんなたちなら、彼らにとってパンパンではないおんな、なのか。

同研究所助手、望月嫩《わか》は、相手がパンパンであることを理解した上で、面談を行っている。

「煙草一本頂戴」馴れた手付で火をつけると美味しそうに鼻から煙を出す。まつ毛の長い美しい人だ。つやの消えた机をはさんで始めてこの人達の生活を覗いた日の事である。はきはきした言葉遣い、態度の不敵さは始めて私の頬をあからませるがこの人々から見れば私など世間知らずのあわれな女位にしか思わぬことだろう。（一一二頁）

ここで望月の、傍線部分に注目したい。住谷たちは一様に、パンパンとみなされたおんなたちの、外見のアンバランスさを強調していたけれど、同性である望月は、パンパンを美しい人と描写する。望月の描写は、相手がパンパンであることをあらかじめ了解した上での描写であって、住谷たちの描写は、パンパンかどうかわからないおんなたちを、パンパンとみなしていることに気づく。

調査を行なう側の望月は、たとえ一瞬であったとしても、パンパンを美しいと感じてしまった。住谷たちの描写にはない視点があった。望月のこのような視点は、本書の「はじめに」部分で触れたように時代を超えて、わたしの友人やわたしがキャッチの写真をみて感じた、綺麗なひとという印象に似ている。

住谷たちにかぎらず、日本のおとこたちがある特徴を有するおんなたちを、パンパンとみなし侮蔑する視線を送っていたのは、彼女たちの装いが日本のおとこたちに向けられたのではなく、彼らを打ち負かした勝者の国のおとこたちに向けられていることが許せなかったからではないかとおもう。もしそうだとしたら、このような考えを前提として行なわれたパンパンの実態調査は、あらゆるおんなたちの多様性や可能性、さらに彼女たちの抱える問題が、パンパンというひと言に切り縮められる、あるいは不可視にされた状態で現在に至っている。

さらに住谷は調査対象になったおんなたちのことを、次のようにも述べる。

打てば響く若い女性としてのフレッシュな溌剌さを蔵し、虚無的、自暴自棄ながら、時々内省への閃きを見せ、好奇心も虚栄心もあり、経済生活の苦悩にたいして、身をもって打開しようとする意欲をもつものもあり、その欲望標準の高さにおいて、それぞれ異なっておる。(二六頁)

この時点の住谷は、住谷とは異なる文化背景をもつ彼女たちに遭遇している。でも、残念なことに住谷は、従来の了解できる範疇で彼女たちのことを分析してしまう。

〔パンパンたちは〕活気の溢れる、溌剌、粗暴であるところに、その特徴が見られる。通常の女性にはもちろん見られる姿態ではなく、酌婦においても見られない。新しい第三の性格を、第三の女性の範疇を創り出しているのである。それは、単なる不良少女とか、犯罪型女性とかいう紋切り型の烙印を捺すことはできないところの特異な女性群である。（二六頁）

せっかく彼女たちのことを新しい第三の性格と言っておきながら、既存の価値観で彼女たちのことを分析してしまったために、住谷は彼女たちとコンタクトできなくなってしまった。住谷は、彼女たちに特異な女性群というレッテルを貼って了解してしまった。

研究員の作田啓一は、オンリー・ワンのおんなたちのことを以下のように述べる。

彼女達の踏むコースが全く新しい道であるという事実は、病気やキャッチやパトロンの離反、帰国などという個々の事実がもたらす不安以外の、無意識の不安の原因となるだろう。文化は個人に生活のコースを設定してくれる。例えば見合・結婚・母というコースの中には、社会意識の変化から著しい矛盾を露呈しない限り、個人が生きて行く過程に生ずる様々の関心を満足させるだけの諸目的が含まれている。人は文化が用意した諸目的を追求し、駆り立てられ、一生を送る。与えられた位置が、個人に、好むと好まざるとにかかわらず一定の諸目的を課する。しかしコースから逸脱すれば単独で目的を創らなくてはならない。あるいは単独で目的を選ばなくてはならない。それは強い精神にとっては楽しい事かも知れないし可能でもあろう。しかし弱い精神にとっては、おそらく大部分の人間にとっては、不安が待ち受けている。（八七—八八頁）

傍線部分に注目すると作田の考えは、おんなたちはあらかじめ文化が用意した一生を送っておけば、彼女たちがどう感じようと、とりあえず忙しい日々の暮らしのなかで満足することもあると述べている。平たく言えば作田は、異文化のGIに目を向けるより同じ文化をもつおとこたちと見合い結婚し、母におさまるのが、おんなの幸せであると強調しているように、わたしにはおもえてしまう。

たしかに作田の述べるように、異文化のおとこたちと交際することは、既存の同じ文化背景をもつおとこたちとの交際とは異なった、予測不可能な新しい道だろう。予測不可能であるだけに、周りの人間からのアドバイスも受けられない、ということを作田は言いたいのだろう。だからこそ、異文化のおとこたちより、ある程度文化的背景も同じおとこたちにしておくほうが無難であるという作田の主張は、娘を見合い結婚させようとおもっている親たちも作田の考えに同意したかもしれない。

だけど第2章の通訳警官原田の語りのように、戦勝国から大挙してやってきたGIたちは、おしゃれをしたいおんなたちの心を射止めるに十分な魅力があった。まるで映画俳優のようなおとこたちが、大金や戦勝国の文化をバックに巻に溢れている状態で、英会話ブームも手伝っている。このような状況では、新しい道が精神的に不安な道であり、精神的に病気になるからやめておけと作田が言ったところで、説得力があるとはおもえない。

むしろ日本を負かした国のおとこたちに、なぜ多くのおんなたちが群がるのかを研究するほうが生産的なのでは、とおもえてしまう。

本書のとりわけ第4章でご紹介する、ひとりのGIと交際するおんなたちの語りで明らかにするように、彼女たちのなかには日本人との結婚がうまくいかなかった者もいるし、GIにレイプされていても誰からも助けてもらえず家族からも絶縁されるという経験ののち、GIと真剣な交際をしている者もいる。彼女たちの状況を考慮すると、なじみの文化が個人に生活の保証をしてくれるという考えは、じつは、おんなたちの我慢や犠牲の上に成り立っている場合もあるのだ。

そんなことを考えもしない者にとっては皮肉なことに、異文化のおとこたちとのコンタクトが、敗戦国のおんなとおとこの関係を逆転させてしまう効果があることに気づかない。敗戦国のおとこたちにとって、「われわれ」のおんなたちが異文化のおとこたちに奪われてしまったようにみえても、そうではない。敗戦国のおんなたちは、異文化のおとこたちとコンタクトすることで、自身に未知数の可能性があることや、自分のことは自分で決めることができることを知っていくからだ。もはや彼女たちは、「われわれの」おんななのではなく、敗戦国のおとこたちの理解の範疇を超えた、おんなになっていく。

(3)　パンパンは楽な商売??

大塚は、パンパンをバタフライとオンリー・ワンという「二つの類型」（大塚）に分類している。

第一は、全く金の為のみに自分の肉体を商品として売るいわゆるバタフライであり、日々相手をかえ、活動家は一晩に数名と取引する。将来に光を見出そうとしない現実的な刹那主義者には、勤労なくして稼ぐ最も安易な金儲けであり、性病知識の皆無に等しい女達には、棚ぼた式の商売なのかもしれない。儲けた金を貯金するものはほとんどなく、月二・三万円の収入を簡単に消費する。隠遁生活による配給実績がない為の闇食い、下宿先が正体を知っての法外の高い間代〔部屋代〕、浪費、等によって稼いだ金は、きれいさっぱりと手離される。（九一―九二頁）

大塚が考えているバタフライは、おんなならではのセクシュアリティを武器にするといとも簡単に、勤労なくして稼ぐ最も安易な金儲けができる、棚ぼた式の商売であるとする。これは大塚だけに言えることではなく、そのように考えているおとこたちは今でも多い。

はたして、そんな簡単に稼げる商売か？

先日、友だちを介して『ユダ』（アイエス・フィールド配給 二〇一三年）の脚本・監督の大富いずみさんと出愛《であい》、いろいろとおはなしする機会に恵まれた。『ユダ』は、カリスマキャバクラ嬢であった立花胡桃さんの原作（立花胡桃『ユダ　伝説のキャバ嬢「胡桃」、掟破りの八年間』幻冬舎）を映画化したものだ。大富さんが描くキャバクラのキャストたちは、『街娼』のなかのおんなたちの生きざまを想起させた。客とキャバクラのキャストという一義的な力関係をこえた出愛《であい》、まさしくキャバクラというコンタクト・ゾーンにおける客とキャストのコンタクトが映画では描かれていた。そして大富さんご自身も、キャストたちとコンタクトしていた。『ユダ』は、そのような映画だった。

大富さんと、キャバクラのキャストの記憶の話になったときのこと。彼女たちは、「いつも自分自身を商品として呈示して、もし商品として選ばれなかったら……選ばれてもクレームがでたら……深く傷ついてしまう」、という。大富さんの、彼女たちを見つめるまなざしは、限りなく柔らかい。さらに大富さんが、「通常のオフィスワークならここまで、容姿の価値を求められないでしょう」、と語ってくださったように、キャバクラは自身の容姿やふるまいが儲けに直結する仕事だ。大富さんは実際に映画を撮るにあたり、キャバクラのキャストを体験したという。

パンパンは体を売るという点では、キャバクラのキャストとはちがう。拒否のされ方もちがうだろう。だけど……パンパンは、金をもっているGIに、自分を選ばせることが必要だ。でないと、商売はなりたたない。そのためにまずは、GIの目にとまる容姿やふるまいが求められる。それは本書第2章の福田昌子が扮したような、汚い木綿のワイシャツに黒のズボンをはきノーストッキングといういでたちではない。たしかに福田の格好は、GIの目にとまったかもしれない。でもそれは、セックスを楽しむ相手を紹介してくれそうな――たとえば客引きのような――人物として目にとまったにすぎない。

パンパンであるということは、客のGIに金を遣わせるために、GIがなにを望んでいるか、どのようなコミュニケーションを求めているのかといった、頭と心を使う商売だ。

キャバクラのキャスト以上にパンパンは、客に身体をさらけ出すため、客のGIに拒否されると、精神的なダメージが大きい。しかも本人のわからない英語だと、どの部分が拒否されているのかすらわからない。この点を考えると大塚が考えているような、最も安易な金儲けとは言い難い。月二～三万円の収入を簡単に消費するのも、常に自身のセクシュアリティを他者に評価されるストレスをかかえこんでしまうための代償かもしれない。パンパンは、基本的にフリーで自身をマネジメントしていかなければならないのだから。恐ろしい目にあったときも、自身でなんとかしなくてはならないとなると、なおさらストレスがかかってしまう。

大塚には、彼女たちのこうした状況が見えていないのは、残念におもう。

さらに大塚は、オンリー・ワンのことを次のように考えている。

その最も初期のものとして、生活様式を異にするフェミニスト達の親切さに簡単に参ったインテリ女性達がある。その中には、彼の贈り物をもってその愛を全く保障されたかのごとくに思い、唯一人の情婦であると自負して国際結婚すら夢みるコスモポリタンもいる。しかし、相手の帰国、他の女への手出し等によって、彼女達の愛情は嫉妬に変わり、憤怒となって、やけくそで他に相手を求めてオンリー・ワンとしてつく。一回・二回とそんな事が繰り返されて、しまいには全く愛情を失った金のためのみのバタフライを開業する段階に至る。（九二頁）

オンリー・ワンも所詮、バタフライになると大塚は考えている。彼女たちがＧＩとどのような目的で交際しているのか、大塚には見えていないようだ。たしかに戦勝国のおとこたちはガールフレンドとなった敗戦国のおんなたちに、第２章の原田弘がＧＩたちの食堂で出会った数々の料理に驚嘆した以上の驚きを与えただろう。食糧のみならず、ハイヒール、ドレス、バッグ、ハンカチ、アクセサリー、ルージュなど、おんなたちのハートを一瞬にしてとりこにしてしまうような品を甘いささやきとともにＧＩたちからもらっていただろう。それらは、敗戦国日本のおとこたちからは得られないものだ。だけど第４章〜第６章を読んでいただくとわかるように、ＧＩとの別れにそなえて、あらかじめ対策を打っているおんなたちもいる。

もう一つ、研究所助手の小倉襄二がオンリー・ワンをどのように定義づけしているのかをご紹介しよう。小倉の定義は、第４章以降でとりあげるおんなたちの語りと、ことごとく対照的だった。ここまで対照的なのは、かえって興味深い。

オンリー・ワンといっても比較的長時期一人に関係しており、つぎつぎと相手をかえてゆくのである。（中略）交易〔金銭・物品の代償〕と乱淫から〝その時々をゆたかにエンジョーイさせてくれる者〟ならば相手として問題はない。ビジネスライクに遂行して貯蓄する例外者を除いて、公然と消費癖を自認するものなどもあって、多くは相手と関係する下宿の室代・食費・娯楽・服飾に費消されてゆく。無計画な生活軌道のまいしんはいわゆる堅実な〝更生〟を決定的に困難にするのだ。彼女たちに将来の希望を問うても確答は得られぬ。彼女たちが足をあらい結婚や正常の職業につくことがいかに困難であり破綻をきたしやすいことか。生活のプランを作るためには社会経済的インテレストがいささかでもなくてはならない。これは彼女たちには無縁のことらしい。（一〇二―一〇三頁）

小倉のオンリー・ワンの定義がどのように彼女たちと対照的なのかは、第４章～第６章で詳しくご紹介したいとおもう。

2．異なる光景――病院という集会と情報交換の場――

『街娼』では、性病検診を行なう病院にいるパンパンについて触れている部分がある。小倉は病院でパンパンたちのことを、次のように眺めていた。

彼女たちは濃い化粧、ぬれたようなルージュ、青いターバンを巻いて病院でさえワルツを踊っている。あつまれば食物の話、オッサンの話、身の上ばなし、ポリに対するどうどうたる憤満、ごろごろねころんで物うい下劣な単調さの中に沈みこんでいる。これでは意識のオーダーは上昇することはない。社会のノーマルな流れから強制的にへだてられたこの世界。この入院という事実がアトミッシュな街娼を〝一群〟に形づくるようにみえる。外に出ればほとんど交際はしないらしい。連鎖的キャッチに抗する消極的方策でもある。病院が、彼女たちの最も憎悪するキャッチが結果する入院機会は彼女たちの集会と情報交換の場所となってくる。（一〇四頁）

小倉の傍線部分に関わって、同時期に「パンパンの世界――実態調査座談会」と題して雑誌『改造』［一九四九年一二月号］に掲載されたパンパンたちと知識人たちの座談会の一場面を紹介しよう。この座談会は五名の自らパンパンを自明している現役パンパンたちと、知識人の聞き手五名で行なわれた。司会進行役の南博が、「グループで相談をされることは一週間に一ぺんとかあるのですか」と質問すると、パンパンの一人が「検診のときに皆集まりますから、意見を発表したり、どこか場所を決めてやったりします。大体病院でやるのです」と答えた。

この時点では小倉も座談会のパンパンたちもともに、病院がパンパンたちの相談の場であり、情報交換の場であることは、一致している。

ところが小倉が病院で見た、ポリに対するどうどうたる憤満というパンパンたちの光景と、彼女たち自身が見ている光景とは異なっている。『街娼』に掲載されているおんなたちの語りで、多数のおんなたちが人権蹂躙ともいえるキャッチ被害について語っている。数例を挙げると、「土足のまま上がり込んだり、故意にガラスを破壊したりするのは困ります」、「巡査Ｏは靴のまま上がり、私が支度するあいだハモニカを鳴らしていました」、「警察の巡査や、私服は私からみればまるで乞食です。顔さえ見れば、オイ、チョコレートはないか、煙草をくれ、石鹸をくれなど欲しがります。徹底的にいやですし、けいべつします」と、彼女たちはそれぞれ訴えている。また、本屋から出たところでＧＩから「どこへ行くのか」と話しかけられ「家へ帰る」と答えただけで、いきなりキャッチ被害に遭遇したおんなは、「〇〇にものを言ったのを見たから現行犯だ」と私服刑事にいわれ、そのままキャッチ・トラックに乗せられて病院へ来たと述べている。

彼女たちは自身の尊厳を奪うようなキャッチについて語っているのに、小倉にはその部分は見えていないようだ。小倉は、彼女たちが病院で情報交換を行なっている光景を目にしているのに、彼女たちの言動を、研究員の理解の範囲内で了解してしまった。その結果、彼女たちに振るわれているキャッチという理不尽な性暴力に対する彼女たちの怒りも、小倉の目を通してみれば、ポリに対するどうどうたる憤満にしか見えない。ＧＩとの交際でキャッチはもちろん、将兵たちに殺されたりケガを負わせられたり数々の危険にさらされているおんなたち［南他 1949:79］にとって、検診を受けさせられる病院という場こそが、彼女たち自ら危機管理を行なっている場でもある。引用文で小倉は連鎖的キャッチに抗する消極的方策として彼女たちが外で交際しないと言っている。でも、彼女たちが病院でキャッチに遭わないよう相談して対策を練っているとしたら、彼女たちはキャッチにたいして積極的方策をとっているということになる。この光景も、彼女たちを自分たちの了解する範囲内で分析している所員たちには、見えない。

パンパンたちと同じ光景を目にしながら、まったく異なった光景をみている小倉が、パンパンの調査研究に関わっているのは、とても皮肉なことだ。小倉にとっても、パンパンとして調査対象にされたおんなたちにとっても。

3. おんなたちの出愛《であい》と交流

(1) おんなたちへの分断支配とは？

性病検診を待つ空間は、GIと交際をしていてもしていなくても、キャッチされたおんなたちの出愛《であい》の場だ。

コンタクト・ゾーンという視点で、さまざまな背景をもつおんなたちを見た場合、すなわち力関係を前提としておんなたちを見るのではなく、さまざまな立場のおんなたちが互いに交渉し交流しているととらえた場合、互いがぶつかり合うことによって、一義的な力関係に汲みしない新たな、そして豊かな関係性が見出せる。

ここで、本書の「はじめに」でおはなしした分断支配について、ちょっと詳しくご説明しようとおもう。国際政治学者シンシア・エンローは、「軍人の妻が、軍隊の売春婦と手を結び、女性兵士と共同行動を起こした例など、いかなる国においてもほとんど存在しない」［エンロー 2006:10］と主張する。彼女は政府当局が、このような分断支配を生み出してきたと述べる。分断支配は、軍人の妻、軍隊の売春婦、女性兵士といった異なった文化を有するおんなたちが、手を結んだり共同行動できずに、それぞれが当局側に支配されているという。

この分断支配が、占領期日本のおんなたちに機能する場合を考えてみよう。

その前に、分断支配が機能しにくい点は、パンパンではないというおんなたちと、パンパンを自認しているおんなたちが道端や通りで出会ったときだ。パンパンを自認するおんなたちの格好を見て、羨ましく感じるおんなたちもいるのだから。この場合、お互い敵意を持たなくてすむ。

分断支配は、このような状況で起こるのではない。GHQと日本の警察当局が強制的な性病検診という大義名分にもとづいて、合法的にあらゆるおんなたちをキャッチし、パンパンという侮蔑的な目線を投げかけて性病検診を行なう場でおんなたちが出会ってしまうこと。これが、分断支配に取り込まれてしまう状況を引き起こす。

自身をパンパンではないとおもっているおんなたちは、性病検診を待つ空間では、パンパンを自認しているおんなたちとは交流しない。なぜなら、パンパンでもないのにパンパンと間違えられてキャッチされ強制的に性病検診を受けさせられる羽目になったからだ。

一方、パンパンと間違われて立腹するおんなたちの態度に、「わたしはパンパン」と言うおんなたちは、「パンパンでなにが悪い」と立腹する。このような状態だと、性病検診を待つ空間において、パンパンと間違われたおんなたちと、パンパンだと言うおんなたちが交流するのはむずかしい。交流どころか、断絶する状態を引き起こす。

GIの恋人として、あるいはGIの売春婦として、それぞれがGIに関わっている時点で軍隊に「貢献」していることになる。そして、お互いに反目しあう。これが、分断支配だ。

だけど分断支配が実際に機能する可能性は、かぎられている。それは、一義的な力関係に立脚しているときだ。調査対象になったおんなたちが、研究員たちの一義的な力関係を受け入れたときである。

おんなたちは、研究員たちの一義的な力関係を受け入れるとはかぎらない。研究員たちは、そのことに気づいていない。研究員たちは、調査対象のおんなたちをひとくくりにパンパンとみなしている。調査対象にされた彼女たちには、さまざまなライフヒストリーがあるのに。それぞれ、背負っているものが異なっているのに。

あなたと、わたしが異なっているように。

(2) 分断支配が機能しないとき

分断支配が機能していない例を、『街娼』に収録されているおんなたち自らの語りから、ひなぎく（二一歳）、芙紗（二四歳）、ふう（二〇歳）の語りに注目してみよう。

＊『街娼』に収録されているおんなたちの氏名は仮名で掲載されているけれど、どの程度の仮名か不明なので、筆者のほうであらためて仮名にしている。引用文の伏せ字は、GHQの言論統制によるもので、本書ではGIあるいは米軍という意味で引用している。

まず、ひなぎくの語りから。

私はD高女を卒業し、D女専へ入学しました。しかし家の事情もあり中途退学して、ハウス・キーパーとなり、それからTビルに勤めました。一か月の収入およそ三五〇〇円でしたが心臓脚気でやめました。二一歳の時結婚する心算の二〇歳の〇・〇と関係しました。が残念ながら急死してしまいました。その人以外には関係した事はありません。一二月一二日夕方五時半頃河原町四条を歩いている時にキャッチされました。

警官は、パンパンガールになる可哀相な女たちの、その原因も考えないで威張ってキャッチするのは、女性に対する侮辱です。憤慨に耐えません。（二四九頁）

一番目の傍線部分に注目すると、ひなぎくの恋人はＧＩだったということがわかる。そしてひなぎく自身、不特定多数のＧＩとは交際していない。

この点を頭に隅に置いて、二番目の傍線部分に注目してみよう。二番目の傍線部分を読んだとき、ひなぎくがキャッチされたトラックの中、あるいは病院の待合室でパンパンを自認しているおんなたちと、互いの身の上話をしている光景が浮かんだ。ひなぎくは自身のことを、パンパンとは思っていない。急死した恋人以外と関係していない、とはっきり述べているからだ。もし、ひなぎくに分断支配が機能していたら、ひなぎくは彼女たちと会話をしなかっただろうし、パンパンへのキャッチは、女性に対する侮辱だと憤慨しなかっただろう。

つぎに、芙紗の語りをみてみよう。

私は引き揚げて、Ｈ病院の看護婦となりましたが二二年四月にやめてしまいました。一か月の収入およそ二〇〇円でしたので。職業はすべて収入が悪くては話になりません。Ｈ病院在勤中パンパンに接して色々の事情を聴き、これぞと思い、〇国の〇・〇を相手にする事に決めました。最初に関係した〇・〇は帰国してしまいました。その人は一月に二万円をくれていたのです。その後二〇歳から二五歳、三〇歳位の〇・〇を相手にしているのですが、私の年からいっても、年をとった人の方が対象として面白いです。現在一回の収入は約五百円、一か月およそ最低五千円最高八千円位で大してよくはありません。下宿の間代に八〇〇円とられるし、食費に大部分を費やしてしまいます。今の生活はもちろん不満足ですが、自分自身の意志でやっているのだから致し方ありません。ただ一人の〇・

○につく事が望みであり、そういう人を探しています。（二五六頁）

一番目の傍線部分の語りを読んだとき、看護婦(1)である芙紗が性病検診のために連れて来られたおんなたちの「華やかさ」に、興奮気味で質問している芙紗の姿が浮かんだ。

「その服素敵！」
「このバッグ、アメリカ兵からもらったの？」
「アメリカ兵と交際するとどれくらい儲かるの？」
「看護婦の仕事は、きついのに安すぎ！　わたしもアメリカ兵とつきあおうかな〜」

芙紗自身はたった二〇〇〇円の月収で、看護婦というきつい仕事をしている。看護婦のポジションは、検診されるおんなたちとは逆のポジションだから、分断支配が芙紗に機能していたら、彼女たちとの間に線引きをして接していただろう。

でも芙紗自ら、おんなたちにアクセスした。そして彼女たちからいろんな情報を入手して、看護婦をやめてしまった芙紗に、分断支配は機能していない。

芙紗の引用の二番目の傍線部分は、芙紗自身の意志がある。

ふうの場合、ミス・キャッチで病院に連れていかれたときに、パンパンに教わってＧＩと関係した。

九月に京都に帰り、四条大宮のレッスン場の助教師になりました。収入は月約二五〇〇円から三千円くらいしかありません。そのレッスン場は、以前から〇〇〇が出入りしていた為、私は関係がなかったのにキャッチされました。一〇月がその最初です。平安病院で、パンパンに色々教わり、一一月頃から〇・〇と関係をはじめて、レッスン場は退きました。大体月に一万五千円位の収入になり、ダンス助教師よりも食う為にはよいようです。（中略）その〇・〇さんを愛しているわけではありませんが、性行為そのものに大変興味を持っていますし、金にもなるから一挙両得です。（二五三頁）

傍線部分に注目すると、ふうはミス・キャッチ自体を怒るわけでもなく、むしろ同じ性病検診を待つ空間にいるパンパンと交流した結果、〇・〇と関係したと語っている。そして実際に関係をもってみると、パンパンは自身に合っていると実感しているようだ。ふうも分断支配は機能しなかった。ひなぎくも芙紗もふうも、それぞれパンパンと出愛《であい》、交流していた。

病院の待合室は、おんなたちが分断される場では、決してない。この三人をみていると、異なる背景をもつおんなたちの情報交換や、相談の場として機能していることがわかる。あらゆる立場のおんなたちが出愛《であい》、互いに交渉したり交流したりする場、それが、コンタクト・ゾーンなのだから。病院の待合室をコンタクト・ゾーンとして見出した瞬間、さまざまなおんなたちが豊かな関係性を育み、連帯を可能にする場となっていく。

註

（1）当時の歴史的状況をふまえて、本書では看護師を看護婦と表記している。

Ⅱ部

GIをめぐって

第4章〜第6章に個別に登場する彼女たちはみな、性病検診のために強制的にキャッチ（検挙）被害にあってしまったおんなたちだ。彼女たちの語りは、本書第3章でとりあげた京都社会福祉研究所が京都地区におけるGI相手のパンパンに行なった調査報告書『街娼』に「少しも訂正していない」（一八五頁）状態で収録されている。研究所の研究員たちは、彼女たちをGIに有償で性的サービスを提供するパンパンとみなして、調査を行なっている。

ここで本書の、とりわけ第4章〜第6章のキーワード、コンタクト・ゾーンについて、簡単にご説明したい。本書ではコンタクト・ゾーンということばを、文化が異なっている敗戦国のおんなちと戦勝国のおとこたち（GI）が、互いにコンタクトしているゾーン（領域）という意味で使っている。

第4章〜第6章に登場するおんなたちの語りをコンタクト・ゾーンという視点で読んでみると、彼女たちにはパンパンというひと言でおさまりきれない多様性があった。そして、彼女たちを取り巻く場における関係性はそれぞれに複雑だったことを、これから彼女たちの語りで知っていただきたくおもう。

さあ、彼女たちにコンタクトしてみよう。

＊引用文の伏せ字は、GHQの言論統制のための検閲の結果なので、文脈にあわせて伏せ字の部分に「GI（米兵）」もしくは「米軍」ということばを入れて読んでいただきたくおもう。GHQの言論統制について詳しい説明は本書第1章を参考にしていただきたい。

下宿で１人のＧＩとコンタクトしているおんなたち23名

名　前	年令	キーワード	事　情
アイ	21	独立	交際相手のGIと別れることになったら、独立して生きる。
たまこ	19		将来が不安なので、独立を考えている。
秋子	22	仕事あり	ダンサーの仕事を続けている。
凜	34		ダンスホールと喫茶店かけもち。
アキ	17	家族援助	母に送金。
梅子	21		弟の学費援助。
エリカ	19		両親のかわりに家庭を支えている。
まり	27	心のゆらぎ	日本人と結婚する予定で結婚資金のためGIと交際。避妊を徹底していたのに、GIに気を許して妊娠してしまう。
蘭	27		米国人と結婚する気はない。でもつきあって一緒に寝ると、自然に情がうつるのは当然のこと。
しおん	18		借金返済したらGIとの交際はやめるつもりにしているけど、行為そのものが好きなのかも。自分でもよくわからない。
るり	20		GIとの間にできた子と２人暮らし。現在の生活に満足するがいやでたまらないときもある。
鈴	23	日本のおとこ	家庭の事情で遊郭に売り飛ばされ、遊郭を転々としたときにGIと遊郭で出愛、同棲。
すみれ	18		GIと交際したあと日本人と結婚するが離婚。離婚後に性病を元夫からうつされたことがわかる。
はる	20		日本人と離婚後GIと交際。GIは必要な時金をくれる。その金で妹の洋裁学校へ仕送り。
さくらこ	21	レイプ	看護婦のころ、帰宅中GI2人からレイプ。レイプが原因で父とケンカ。家を出て住み込みのハウスメイドになる。現在結婚申請中のGIの彼がいる。
あおい	17		医療関係の仕事をしているとき帰宅中GI2人からレイプ。叔母にレイプのことを言うと責められ家出。目下GIの恋人がいる。
冬子	19		住み込みハウスキーパーのとき、友人と２人で歩いているところをGI2人に車で拉致されレイプ。目下ダンサーをしながらGIと交際中。
アン	21		ダンサーのときに知り合いのGIからレイプ。そのGIと交際。経済的に困ったときだけ金をもらっている。
ナナ	20		会社員のときGIからレイプ。別のGIとその後交際。現在は妊娠中の彼女のいるGIと交際。妊娠の間のみの関係。
椿	19		銀行員と遊んでいてホテルでレイプされ３日後キャッチ被害。目下GIひとりと交際中。
ゆず	20	不動産	GIと折半して家を購入。交際中のGIと結婚したいができなかったら自活希望。弟２人に仕送り中。
ふじ	不明		洋裁店経営。結婚前提のGIがいて両親公認。GIからは服をもらうだけ。金をもらっていないしもらうつもりもない。
夏子	20	主張	GIと恋愛するのにわるい理由はない。

（注）全員仮名。実年令（調査日から生年月日を引いて算出）。出典「二街娼の口述書」『街娼』。

第4章　一人のＧＩと下宿で交際しているおんなたち
――下宿というコンタクトゾーン――

本章では、一人のＧＩと下宿で交際している二三名のおんなたちをご紹介しよう。

1．交際相手からの独立を考えているおんなたち―アイ、たまこ―

アイとたまこはどちらもＧＩと交際することで、生活の保証はされている。そして交際相手と将来別れたときのことを考えている。

最初にとりあげるアイ（二一歳）は、生活は保証され愛情で満足しているけれど、独立をほのめかしている。そのほかにもアイは、占領期の米軍統治に関して注目に値する発言を行なっている。

終戦後（昭和二一年三月に）〔カトリック系の女学校専科家政科を〕卒業して二か月ほど家にいて、その頃、学校からの紹介で東公園の○○○○のタイピストとして勤めました。給料は月三七○円で、そのころとしては良い方でした。その○○○○は技術○○で、タイピストとハウスメイドだけは日本人宿舎に入れました。その時は一二人ほど女子が寄宿舎におりました。○○○○の事務所で働いているうち、Ｗ―という○・○と知り合いになり×××に住み込んで同棲しました。室が二つあって、オンリー・ワンと認められれば、その隣りに住めました。その○・○は、電信、電気の技師であり、建築技術もでき、

タイプも教えられました。（二〇四―二〇五頁）

アイは生まれも育ちも福岡市で戦後、占領軍関係のタイピストとして九州の米軍基地で働き、日本人寄宿舎で生活していた。そのときに出会ったＷと、アイは同棲することになった。

傍線部分の「オンリー・ワンと認められれば」という部分を読んだとき、誰がアイをＷのオンリー・ワンと認めるのだろう、とおもった。文中の「××××」というのは、Ｗの住んでいる宿舎のことを指していて、二部屋でアイがＷの隣に住んでいるというのは、Ｗと同居していることを意味する。アイがＷと同棲していることに、わたしはおどろいてしまった。

ここで米軍の宿舎のことについて、すこしご説明しよう。

ＧＩの宿舎は、軍の厳格な管理のもと運営されている。なので、ＷがアイをオンリーＷン（Ｗの恋人）と認めたとしても、宿舎の権限を握っている上層部は、ふたりが正式に結婚しなければ、宿舎で二人が同居することを許さない。当時はＧＩと交際していてもしていなくても、ＭＰや日本の警官たちによって大勢のおんなたちがキャッチの被害に遭い、むりやり性病検診を受けさせられていた。それほど米軍側は、ＧＩに性病が蔓延しないよう性病に神経をとがらせていた。戦闘態勢ではない占領期であっても、兵士たちに性病が蔓延して業務に支障がきたすことになっては困るからだ。こういった状況を考えると、性病にかかっているかもしれないアイをＷの宿舎で同居させることを、ＧＨＱ側が簡単に許すとは考え難い。

だけどアイの語りから、少なくともアイのいた九州の米軍基地では、オンリー・ワンと認められたおんなたちは、すべてパートナーである兵士の隣りに住めたということになる。アイの所属基地では、宿舎の権限を握る米軍の上層部が、ＧＩとオンリー・ワンの恋人との同棲を認めていたということになる。いいかえると、アイにかぎらず正式に婚姻関係を結ばなくても上層部からＧＩの妻のような扱いを認められていた者がいるということだ。もしこれが事実だとしたら、九州エリアの上層部は思い切った措置をしていることになる。

その後Ｗの京都移動に伴って、アイも福岡から京都にでてきて、岡崎のほうでＷに部屋を借りてもらって住むことから、京都ではＷの宿舎で同棲することは認められなかったようだ。

「私は現在Ｗとの生活に愛情では満足しております」、「時が来てＷと別れることがあれば、その後は独立して生きてゆくつもりです。彼は、私の最初で、そして最後の人と思っております。独立といっても長女として弟たちの面倒も見なければなりませんから、貧困には堪えて行けると信じております」と語っていることから、アイはＷと結婚できなかった場合、他のＧＩの恋人を探すことは考えていない。この点は本書第3章でとりあげた研究所の小倉襄二が、「オンリー・ワンといっても比較的長時期一人に関係しており、つぎつぎと相手をかえてゆく」と言っているイメージからアイは遠い。

次は、アイと同じく生活は保証されているたまこ（一九歳）のケースをみてみよう。彼女はパンパンと呼ばれることを忌避している。

生活は保証されているが、Ｔが逢いにくる日のほかは、退屈であり、宿のおばさんの手伝いしたり、買い物に一緒に出たり、宿の小さい子供の相手になって遊んだりしている。道を一人で歩くとパンパンだなどと呼ばれそうなので、外出するときは、いつも宿のおばさんと一緒に出ることにしている。××と結婚することは困難であるし、将来どうなることか心配である。なにか手芸を覚えて、勤めて自活したいと思っている。このままズルズルの生活をしていると、度々キャッチされるのがいやだし、私は性病はないのに、このように、しばしば、何日何時キャッチされるかわからないから、毎日、検診に出頭して、病気のないことの証明書をもって、安心して日々の生活をしたい。（二六七頁）

たまこの場合、パンパンであることを自認してパンパンと呼ばれたくないのか、あるいはパンパンではないのに間違えられたくないためにパンパンと呼ばれたくないのか、この口述だけではわからない。だけど傍線部分に注目すると、Tとの生活は、ズルズルの生活だとたまこは感じている。「私は結婚できないと言ってやった」と語っていることから、たまこはTからプロポーズを受けているようだ。だけどなぜ結婚できないのか、たまこは語っていない。たまこの場合は手に職をつけて、交際相手と対等な付き合いをしようとしているかもしれない。

研究員たちはたまこのことをオンリー・ワンと分類している。けれど、自活する道を考えているたまこは、小倉が述べるような、「無計画な生活軌道のまい進」をしているはずの、オンリー・ワンの定義にはあてはまらない。

2. 仕事を続けるおんなたち──秋子、凜──

秋子と凜の二名はGIと交際しつつ、仕事を続けている。彼女たちはいずれも自らのことを、オンリー・ワンと述べている。

秋子（二二歳）は、一年半ほど交際し帰国してしまった元彼から紹介されたGIと交際している。彼女は、ダンサーの仕事を続けている。

東山ダンスホールで知り合った○○と親しくなって、交際をつづけていたが、一年半ほどしてその○・○が帰国したので、その紹介によって、現在の○○、五八歳ほどの△△をオンリー・ワンとして交際を続けている。ダンサーとしての収入は最初のころは月四千円、現在は七千円か八千円ほどである。（中略）○・○からは月々、日本貨で補給として必要なだけもらっている。（二〇六頁）

秋子はダンサーの収入で足りない分、交際相手から日本円で必要経費をもらっている。

つぎに凜（三四歳）は、ダンスホールと喫茶店と両方かけもちで働いている。

ダンスホールで○○と知りオンリー・ワンとして交際をつづけていたが、○○は本年（二四年）一月三日に○○○○へ帰国したので、京都へ来て、Hダンスホールへ出て四条の喫茶店にも勤め、現在の宿に下宿しつつ通勤していた。オンリー・ワンとして同棲した。○○からは、月一万円ほどもらっていた。（二六一頁）

凜は父が行方不明で、継母(実の母が亡くなった後に来た母親)に仕送りをして継母を養っている。また、GIが帰国して、新たに別のGIのオンリー・ワンとなり、仕事を二つ掛け持ちしている。この理由については凜はなにも語っていない。

秋子も凜も仕事を続けている点で、「街娼においては生活史の上から見ると、ダンサー・タイピスト等、比較的収入の大なる前職業から転落した者が多く」と述べる、京都大学医学部精神科教室の萩野恒一・

鈴木義一郎・杉本直人たちの見解と異なっている。彼女たちは、仕事を続けながらＧＩと交際しているからだ。また、小倉が述べる、「無計画な生活軌道のまい進」にも当てはまらない。

３．家族を援助するおんなたち―アキ、梅子、エリカ―

アキ、梅子、エリカの三名はいずれも、交際相手からもらう金の一部を家族に援助している。アキ（一七歳）は交際する手段として事前に英語を「練習」したり、部屋を借りたりするなど、交際相手を獲得するための計画性の高さが注目に値する。アキは、交際相手のことをオンリー・ワンと述べている。

〔内職の収入では〕お金が足らないため、〔友人にパンパン・ハウスへ連れて行かれ〕去年一二月から○○と関係しました。（中略）あとで自棄気分になり、○○と交際する気になり、英語を練習し室を一室借りました。友人に紹介された○○をオンリー・ワンとし、室代は一〇〇円支払い、自分の手には五〇〇円とりました。（中略）お金やいろいろの物をもらうのが一か月七千円から八千円で、そのうち二千円を母へ送金しています。（二二四頁）

パンパン・ハウスというのは、ＧＩ相手の売春宿のことを意味する。生活のためにパンパン・ハウスで働いていたアキが、○○と交際する気になり英語を学び、部屋を借りて事前準備を行なっている。その後、友人の紹介で交際相手をみつけていることから、計画的に交際相手を獲得していることがわかる。交際相手を獲得するために英語を練習し、交際相手からもらう金の一部を母に送金しているアキの生活は、小倉が述べる「無計画な生活軌道のまいしん」とは言い難い。

梅子（二一歳）は、交際相手に弟の学費を出してもらっている。彼女は、弟からパンパンと呼ばれている。

そこ〔東京〕で親しい〇〇が出来たので、その人が転勤で京都へ行くことになり、それについて入洛したのです。（中略）彼は愛情ますますこまやかになり、結婚する意思を示し、私は彼への恩義とも言うべき意味で二二年二月一一日に遂に身体を許しました。（中略）弟は最初、パンパンをするなら学校をやめるといっていましたが、最近は〇・〇に感謝しながら通学しています。〇・〇は一ヶ月およそ二万円位くれます。服、菓子等を持って来てくれるし、又日用品等は、彼の家から送って来ます。（中略）弟の事だけ考えています。学校を卒業して一人前となった時、私は死んでもよいと思います。（二三九頁）

梅子が交際相手の求婚に恩義で応え身体を許したのは、梅子の弟の学費を交際相手から援助してもらうためだった。梅子は弟が一人前になったら、死んでもよいと語っている。この点に注目すると、研究所員の大塚達雄が、「彼女らの生活の根底をなす性行為は、愛情を伴わぬものであり、金の為であり、極めてすさんだ性行為であるがゆえに、いきおいその心情を荒くし、心情の荒廃は逆に放縦な性生活に油を注ぐ」ような性生活を、梅子が行なっているとは言い難い。

恩義を感じながら、結果的に梅子は交際相手から金を引き出していることになる。梅子にとって恩義と経済的援助は、交際相手にとって愛情と経済的援助であり、両者の間には複雑なズレがみられる。

ひとりのＧＩと交際するエリカ（一九歳）は、自らをパン助と名乗っている。

友人に紹介されて二二歳の○・○と知己になった。そして全く金のために本年六月に初めて関係した。それ以後一週間に三回くらい関係し一か月約一万円、衣服等をくれるので大体やっていける。（中略）今のところ堅気になってパン助をやめる心算はない。（二五四頁）

エリカは二人の弟と父母を養う必要があり、「父母は私の現在の仕事を心配し反対しているが、自分が稼いで金を出さねば暮らしていけない」と、交際する動機がはっきりしている。家族を支えるためにパン助をやめる心算はないのであるから、研究所長の竹中勝男が、「彼女らはこの時代の苦悩の中心に生きながらその苦悩を回避しつつ自暴と自棄におち、ただ無目的な反抗と破壊と放浪のその日に生きる社会的放心者である」というパンパンのイメージから、エリカは遠い。

4. 揺らぐおんなたち──まり、蘭、しおん、るり──

まり、蘭、しおん、るりの四名は、ＧＩとの交際で、内面の感情に揺らぎが見える。
まり（二七歳）は自身の性病対策に注意深い。

相変わらずパン助をやっているのです。（中略）今私と同年の二八歳〔数え年〕の指輪工場をやっている人と結婚する心算で、八月二七日に式を挙げる予定です。その事もあり現在つきあっている○・○は二か月で帰国しますので、それまで金を作って、それ以後きっぱり止めてしまいます。（二四二頁）

まりは、「パン助をするとき、性病の恐ろしさをしっていた為に必ずサックを使わし一度として、ペアでやったことはありません。また看護婦にきいてからは、薬で消毒することも知り、それも実行しましたのでいままで六回キャッチされましたが、一度も病気のあったことはありません」と、性病にかからないよう気をつけていることや、「パン助をして○・○に対しては全く不感です。今度結婚する人にはキスだけでもボーッとする位ですのに」という発言に注目すると、GIとの交際は結婚資金を準備するための関係だったようだ。

ところがこの調書がとられた翌日の一九四九年三月一日にまりはキャッチされ、病院の診察で妊娠していることがわかった。「あの○・○さんと遂に気を許して、サックなしでやったため」だという。性病にかからないようにサックと消毒を徹底し、結婚相手と楽しい愛の家庭を持ちたいと語っていたまりの行動は、たとえどんなに金の為とおもっていたとしても、遂に気を許してしまう瞬間があることをものがたっている。

蘭（二七歳）もまり同様、ひとりのGIと交際しているけれど、交際相手とは結婚するつもりがない。蘭は自身のことを、オンリー・ワンとは言っていない。

> 六畳一間千円で下宿しているのですが、やはり辛い生活です。一か月およそ二万円位はくれるし、色々の品物も持って来てくれますが。八千円以上で雇ってくれる職があったら、現在の生活にあっさりおさらば致します。（中略）□□□□人と結婚しようなどという気は全然ありません。つきあって一緒に寝ていれば、自然に情がうつるのは当然のことですが。（二四七―二四八頁）

三年間の結婚生活を送った後、故あって離婚した蘭は結婚前、キャバレーのダンサーをしていた。ここで傍線部分の蘭の語りをみると、小倉が「ビジネスライクに遂行して貯蓄する例外者」と表現するような、たとえ恋愛感情を一切含まない金銭目的のみの交際であったとしても、ＧＩと交際を続けていくうちに次第に情が移る、心の揺れがみえる。心が揺れている状態は、相手が金のみの売春相手なのか、恋愛感情をともなった売春相手なのかという境界すら揺らぎがでてくる。この揺らぎは、「街娼という範疇とアメリカ兵と交渉をもつものという範疇の境界の曖昧さが存在している」［古久保 2001:13］曖昧さでもある。

しおん（一八歳）は、借金返済という目的があってＧＩと交際している。しおんは自身をオンリー・ワンと言っている。

彼は毎日下宿へやってきます。（中略）一か月におよそ五千円しかくれないのですが、服装、食糧等をあわせれば一万円くらいになるでしょう。下宿代には五〇〇円とられます。最初の愛人のために借金がありそれを返し終えたら今の生活はやめる心算ですが、男を変えてまで、ついているのは、行為そのものが好きなのかも知れません。自分にもよくわかりませんが。（中略）〔〇〇〇〇人と〕矢張り別れて日本人の真面目な二四、五の人と結婚したいと思います。（二五三―二五四頁）

しおんの借金返済とは、処女を捧げた愛する〇・〇との交際のときの借金のことだ。借金を返済したら今の生活をやめ、真面目な日本人との結婚を希望していることから、借金返済の為に現在のＧＩの彼と交際していることになる。

しおんの語りには、ＧＩとの複雑な関係が存在する。交際相手がしおんに渡す金は、しおんがかつて愛したGIとの交際でできた借金返済に当てている点で、交際相手はしおんに利用されているともとれる。だけどしおんにしても、最初の愛人に利用されていたかもしれない。借金返済の原因になった最初の愛人は、しおんのことがたとえ大切な存在であったとしても、（しおんに借金があることを知らなかったにせよ）しおんに借金を残して帰国してしまったからだ。帰国した彼は、「愛を名乗ることで契約金などを払わずに」［田中 2011:201］、しおんを専属オンリー・ワンにしていたのかもしれない。

傍線部分は、交際相手との関係を、金だけの関係とは必ずしも言い切れない、しおんの心の揺らぎが垣間見える。

るり（二〇歳）は、結婚届けをして同棲をしていたGIが闇物資のために検挙されたので、他のGIと交際するようになった。

妊娠してしまったのでやむなく実家に帰ったが猛烈な反対にあい（…日本人の子供ならば仕方もあるが混血児ではという家族の思惑のため）現在子供と二人ぐらしである。子供には愛情が移って離れがたい。けれども子守をやとっているので月三千円ほどの出費になる。その○○と結婚したくもあり、現在の生活がいやでいやでたまらなくなる時もある。この矛盾した気持ちの処理に苦しんでいる。月に約一万円の収入がある。自分としては将来他の職業につくとしてもこれ位ではとうてい暮らしてゆくことは出来ない。自分にははっきり自認しているくらい浪費癖がありとても華美な生活をしている。（二六〇頁）

傍線部分の、るりが矛盾した気持ちに苦しんでいるのは、「混血児」の存在とわが子の父である交際相手という二つの不安定な関係が大きいとおもわれる。戦勝国のおとこの子どもを持つのは、実家の理解が必要になる。実家の理解も得られない孤立無援の状況で「混血児」の子育ては大変だ。

「混血児」自身のその後の体験を想像すると、わたし自身の体験が甦ってくる。わたしの体験は、本書の「はじめに」の部分で語ったように、たとえ日本人の両親から生まれた日本人であっても、日本人には見えない容貌のため、一九九〇年代頃まで、通りを歩いているときにいきなり「あいのこ」という言葉と冷たい視線を投げかけられていたという体験だ。「あいのこ」という言葉を発していたのは、占領期のパンパンを実際に見ていた年代のおとこたちだった。こうしたわたしの体験を考えると、るりが調査員に語った一九四八年一二月一日の時点では、想像を絶するほどの周囲の差別的な視線の中で、るりは一人で「混血児」のわが子を育てていたことになる。今で言うシングルマザーだ。実家の家族からの心の援助もあてにできない状況を考えると、月一万円のうち子どもの子守代に三〇〇〇円を差し引くと残り七千円でやりくりして生活しないといけない。七千円の中からさらに部屋代、食費、子どものための衣類や雑費、るり自身の衣類などを差し引くと、たとえるりが浪費癖がありとても華美な生活をしていることを自認していても、ぎりぎりの生活状況がうかがえる。また、孤立無援で「混血児」のわが子を育てているシングルマザーであることに注目すると、消費癖というのは、現在のストレスなどからくる買い物依存症を想起させるものがある。一九四八年当時の七千円は、小学校の教員の初任給（基本給）が一か月二千円だったことを考えると（『戦後値段史年表』：一〇二頁）、るりはその三倍以上の生活費で生活していたことになり、まわりからぜいたくな生活だといわれていたかもしれない。だけど、「混血児」の子どもがいることが原因で、実家と絶縁している。実家と絶縁しているということは、書類上の居場所がないため、配給も受けられないので物価の高い闇物資で生活することになる。部屋代もパンパンということで足元をみられ、一般のひとたちが借りるより高い家賃をとられてしまう。さらにＧＩの恋人からの愛情をつなぎ止めるには、ある程度外見を整える必要がある。「混血児」の子どもを手放して、元の生活に戻るという選択肢もあっただろう。だけど、るりはそうしなかった。るりは、わが子を一人で育てるという選択を選んだ。

研究員の住谷悦治は、「華美な服装好みで、享楽的・ぜいたくな生活をしていることよりして、生活費の要求が過大であることは、彼女等が一般勤労女性のごとき、困苦に堪えても生活労働に組織されて行くということには甚だしく不的確であることを示している」と、GIと交際するおんなたちと、一般勤労女性とをぜいたくな生活という分類で機械的に区別している。住谷はGIとの間にできた子どもを育てている、るりのようなシングルマザーについて、どのように思っているのか語っていない。当時、「混血児」を語ることはタブーだったので〔加納 2007〕、住谷が「混血児」の子どもをかかえる母について何か語ったとしても、GHQの検閲で削除されたかもしれない。その状況は考慮したとしても、だからといって、華美な服装好み、享楽的といった外側からの判断のみで、おんなたちを分類し決めつけるのは許されることではない。研究員という、世論への影響が大きいポジションについている者にとっては、とくにそうだ。

パンパンとひとくくりにされたおんなたちの中に、「混血児」をかかえたるりのようなシングルマザーが存在することを視野にいれて、わたしたちは当時の状況を考える必要がある。

5. 日本のおとこと関わったおんなたち―鈴、すみれ、はる―

鈴、すみれ、はるは、GIのみならず、日本のおとこたちとも関係していた。

鈴（二三歳）は、父が病気で仕事ができないという経済的事情と継母との折り合いが悪いという状況が重なって、遊郭に身売りされた。そのあと遊郭を転々とし、最終的に大阪飛田遊郭で働いていた。

終戦のときの二〇年の秋、当座はそこ〔飛田遊郭〕へも〇〇が来ました。そこで〇〇とつきあって廓をやめてオンリーになって吹田の×××で一室を占領して二年間一緒にいました。必要品はすべて備えてくれましたから困りませんでした。（中略）日本人と結婚しようとも思っていません。将来も結婚しようとは思っていません。（二五七―二五八頁）

鈴は貴重な発言を二点おこなっている。

(1)　ＧＩ専用の慰安施設の設備が整うまで、ＧＩたちは遊郭を利用していた。

(2)　鈴が交際相手のＧＩとつきあうことで、遊郭をやめることができた。

(1)については、当時、人身売買で遊郭に売られてしまい、なかば監禁状態で性奴隷として働く彼女たちにとっては、金回りの良い戦勝国のおとこたちの目に止まることは、性奴隷から抜け出せるチャンスを意味している。(2)は、交際相手が鈴を身請けしたことが考えられる。(1)と(2)の状況を踏まえると鈴の場合、戦勝国のおとこに身請けさせる力の持ち主だといえるし、オンリー・ワンのおんなたちの中には鈴のようなおんなたちも多くいた可能性を、鈴の語りはほのめかしている。

さらに傍線部分で、鈴が日本人と結婚しようと思わないのは、遊郭を転々としていくなかで、日本のおとこたちに失望したためかもしれない。

すみれ（一八歳）は、「堅気」になって日本人と結婚したにもかかわらず、日本人と離婚した。彼女は自身のことを、オンリー・ワンともパンパンとも言っていない。

大阪のキャバレーのダンサーになりました。派手な、華美な生活に憧れたからです。月収は約一万円でしたが、知り合いの○・○が同棲をすすめるので、二二年の四月にキャバレーを退き、北河内の下宿で同棲しました。その○・○さんは一九歳。知り合ってから約二か月で、初めて関係しました。私は一七歳〔実年令〕で、処女ではなくなったわけです。好きな人にチェリーを破られたのですから何でもありません。同棲する内に妊娠してしまいましたが、二か月で流産してしまいました。その人は二二年一二月に帰国してしまいました。二三年五月友人のすすめで舞鶴に行き、二〇歳の○・○を世話する事になりました。（中略）下宿を東舞鶴に持ち、週二回関係を続けていました。彼は大変可愛がってくれました。（中略）友人の紹介で、二三歳の○・○を知り、時々関係する様になりました。しかし、こんな生活は、辛いし、いやですので、堅気になろうと思い二三歳の日本人と結婚しました。（二五八―二五九頁）

その後すみれは、結婚相手がバクチ打ちであることがわかり離婚し、「服をもう少し作れば、錦を着て故郷に帰るべく、足を洗おうと思います」と述べていることから、離婚後、ＧＩと割り切って交際しているような発言をしている。

すみれの最初の交際相手との関係は、古久保さくらが指摘しているように〔古久保 2001:13〕、性交を売るだけの売春婦ではなかったと考えられる。すみれにとってこのときの交際相手は、「チェリー」を破られても何でもないと思えるほど好きな人だったからだ。結局、好きな人とは結婚に至らず、交際相手は帰国してしまった。

次にすみれは舞鶴で大変可愛がってくれた別の交際相手ができたけれど、喧嘩別れになった。喧嘩の原因は、晩ご飯のおかずだった。

さらにすみれは二三歳の○・○と、時々関係するに至る。こうして、「こんな生活は、辛いし、いや」と感じ、日本人と結婚したものの、日本人の夫とも結婚生活がうまくいかず別れたあと、夫から「淋病を感染させられた」と語る。

すみれは、ＧＩと交際するのが辛いので堅気になろうと日本人と結婚したにもかかわらず、日本人の夫とも円満ではなかった。結婚相手が性病にかかっていたということは、結婚相手が乱淫していた可能性もある。そのおとこと離婚したのち、「服をもう少し作れば、錦を着て故郷に帰るべく、足を洗おうと思います」という語りには、ＧＩだけでなく日本のおとことの複雑な関係が垣間みえる。

はる（二〇歳）は、離婚後ＧＩと交際するようになった。


ある人の世話で、ある男と結婚したけれど、その夫の家庭とは気心があわず、夫がかいしょうもないズルケタ人間なので、私はダマサレタようなわけでありました。それで、私の方から別れ話をもち出して、すすんで離婚してしまいました。二一年から、近くの○○○にいた○○と交際しました。（中略）収入は一か月五千円か六千円ですが、お金は、必要のとき、ときどきくれますし、給料の日などにくれますが、来るたびにくれるのではありません。（中略）そのお金のうちから妹に少しでも仕送りして、妹の洋裁の練習の費用にみついでいます。（二二一頁）

ダマサレタような結婚を自ら解消する積極性を、はるは持ち合わせている。さらにGIとつきあっても金は必要な時にもらい、その金も妹へ仕送りをしている。「過去のことを、とやかく言わないような人と結婚したい」と結婚する意思もあるようだ。だけど、はるの結婚したい相手は、GIかどうかはわからない。

人身売買で遊郭で働いていた鈴、日本人との結婚生活に失望して離婚したすみれ、はるのように、日本のおとこたちとの関係を経てGIと交際するおんなたちもいる。『街娼』の研究員たちは、日本のおとこたちの存在を不問にして研究を行なっていることが、彼女たちの口述はあきらかにしている。

6. レイプ被害に遭ったおんなたち——さくらこ、あおい、冬子、アン、ナナ、椿——

さくらこ、あおい、冬子、アン、ナナ、椿の六名は、レイプ被害にあった。さくらことあおいはともに、処女のときGIにレイプされた経験をもつ。レイプされたあと彼女たちは、それぞれGIと交際するようになる。

GIにレイプされた場合、日本人にレイプされた場合よりも、軍服や容姿等で明確に交際相手にレイピストを連想する可能性は高い。そう考えると、GIと交際しようとは思わない「はず」である。軍服を着ているおとこたちを目撃するたびに、レイプされた記憶がフラッシュバックされる危険性があるからだ。

さくらことあおいは、そうではなかった。

戦後、看護婦として働いていたさくらこ（二一歳）は、一九四六年三月仕事帰りにレイプされた。

例のごとく紺色の制服風の地味な服装、髪もパーマネントなんかはかけず、質素な様子をしていたのですが、午後九時頃、職場を出てしばらく行った所で、○・○二人に無理矢理に引っ張られました。叫び声を出して暴れましたが誰も気がついてくれません。ある家に連れ込まれ二階に引き上げられました。その家の小母さんも、救ってはくれません。清浄な処女の身体を散々に蹂躙され、辱めを受けました。（中略）相手の○・○は、一八、九歳の男でした。（中略）強姦されて以後、父との間面白からず、二一年八月遂に喧嘩家出をしてしまいました。父は潔癖で、Ｋ・Ｋ会館から籍を抜いてしまいました。
（二四五頁）

さくらこの口述から、たとえ派手な身なりをしていなくても、おかまいなしにレイプされた状況がうかがえる。そして傍線部分は、さくらこがＫ・Ｋ会館で看護婦の仕事を続けられなくなったことを意味する。潔癖なさくらこの父にとっては、ＧＩからレイプされたこと自体、娘にレイプされるだけの落ち度があった許し難いことなのであり、そんな娘が看護婦の仕事を続けるのは、恥をさらすことになる、というのだろう。さくらこは性暴力を被って心身ともに傷ついているにもかかわらず、性暴力被害を恥だと潔癖な父から責められていた様子がうかがえる。

その後さくらこは「あちらこちら、○○を漁り、稼ぎました。一二月には家に帰りましたが、依然として○・○相手の商売はやめませんでした」と述べていることから、レイプでの心の傷は、父の態度でさらに深い傷となり、○・○相手の商売を始めるに至ったことがうかがえる。

こうしてさくらこは、ＧＩたちの施設とおもわれるところで、「月給四千円のウエートレス」として働き始める。

「現在一人の愛する○・○があり、国に帰省中ですが、結婚申請中で、来年一月には帰洛してくれる由、私はそれを待っています。その人と結婚するのが最大の希望」と述べるさくらこの語りからわかることは、レイプされ救いを求めても、誰も助けてくれず実父からも助けてもらえなかったこと。そんなさくらこに結婚を前提とする交際相手ができたこと。その相手が日本人ではなく、レイプしたおとこと同国のおとこだということだ。

あおい（一七歳）も病院関係の仕事をしていた。

岡山病院で外科の見習いで勤務していましたが、二三年八月に、ある日、帰宅が遅かったのですが街を歩いていると、○○が二人歩いて来て突然、つかまりました。大声を立てたらハンケチを口の中にねじこまれ、闇の横道につれて行かれて、強姦されました。私は、処女をやぶられたおどろきとかなしみで、そのまま闇の中にひとりで二時間も座ったまま泣いていました。それから家へ帰って叔母に全部をありのまま語ったら、叔母に怒られ、お前は一人で自活しろというので、私は家出しました。（二六三頁）

あおいの場合も、さくらこ同様、レイプされたことを叔母に語ったにもかかわらず、叔母は怒り、あおいの心に傷を負わせてしまうようなことをしている。あおいの場合、同性である叔母からレイプされたことを責められている。その後あおいは、東京の知人の世話で食料品会社に勤め、友人に紹介された二二歳の○○と知り合い、オンリー・ワンの生活につく。

「私は将来のことは、何も考えていません。今の○・○は、私がはじめて知った恋人であり、私は日本人を恋した経験はなく、今のオンリーとでも結婚のことは考えていません。いよいよとなれば、岡山の国元にかえって農業をしようと思っています」と語るあおいは、さくらこ同様に、レイプされたトラウマに加え、叔母からセカンドレイプともいうべき仕打ちを被ったトラウマを、日本人ではない交際相手と一時的に交際することによって解消しようとしているようにみえる。

さくらこやあおいに共通するのは、レイプという被害を被ったにもかかわらず、父や叔母といった家族や親戚から、レイプされたのは、わが娘やわが姪の落ち度であるといわんばかりの仕打ちをされていたことや、そんな彼女たちが愛した人が、レイプした相手と同国のおとこたちだったということだ。

次にご紹介する、冬子、アン、ナナ、椿は、レイプされたことを家族が知っているかどうかわからない。ダンサー冬子（一九歳）の語りは、レイプと金を結びつけたケースもあることをあきらかにしている。

午後六時頃、友人と二人で梅田駅のところを歩いていたら、車が来て、突然止めて、私ら二人を車に乗せ手で私の目を隠して、どこか方々を走ったようであったが、どこかホテルに連れて行った。どの辺か場所はわからなかった。

室で無理に強姦されたが、こうしたことははじめてであった。それから、また車に乗せられて、元の梅田駅の前につれ戻されたが、そのとき泣きながら、友人の家に行った。その時、その友人は何も言わなかったが、あとで友人もその時、私と同じような目に逢っていたのであった。

何も知らない私は、○○にお金のことなど言うことも知らず、そんなことは言えもしなかった。○○の奥さんが、ボーイフレンドを紹介してやろうというので若い○○を紹介され、交際をはじめ、その主人と夫人とボーイフレンドと私と四人で、方々に散歩していた。（中略）ダンサーになって心斎橋

Iキャバレーに出た。その○○をオンリー・ワンとして交際していたが、ダンサーとしての収入は、一〇日に三千円ほど、月に約九千円であった。（二一六頁）

傍線部分に注目すると、冬子は歩いているところを拉致されてレイプされた。さらに、「こうしたことははじめて」、「お金のことなど言うことも知らず」という語りから、冬子や一緒に歩いていた友人のようにいきなり拉致されてレイプされたおんなたちが存在していたことや、たとえレイプであっても性行為に至った場合、相手から金を要求していた状況が浮かび上がる。

その後冬子は、オンリー・ワンとして交際を続けながらダンサーの仕事もする。冬子はダンサーの収入がかなりあることから、ダンサーの仕事を堅実に続けているということになる。冬子は、交際相手に全面的に経済的な援助を受けているわけではないし、交際相手のことをどのように思っているのか、語っていない。

冬子の語りには調査員が附記として、「知能程度低く、英会話多少出来る」とある。でも冬子の口述記録だけでは、知能程度の高低はわからないし、知能程度が低くて、英会話が多少出来るというのは、矛盾している。実のところ、レイプのショックがいまだにおおきいために、知能程度が低いとみえるのではないか。

次に、ダンサーのアン（二一歳）の語りをみてみよう。アンの場合、レイプと金が結びつき、さらにレイプ加害者と交際している。

キャバレーでダンサーをしているうち、S町の○○○○の○○と知り合いになったが（中略）キャバレーの帰りにホテルにつれて行こうというので、ついて行ったら、そこはどこかの旅館で、そこで無理やりに貞操を奪われた。そのときはそうしたことでお金などをもらうことを知らなかったし、もちろんお金をもらわなかった。その後、経済的に困ったときは、その○○からお金をもらって関係をつづけてきた。

○○は、京都のＯの○○○の○○○○で門衛をしているので、自分も京都へ来て現在のところで、その○○を only one として交渉しつづけている。（中略）平素から病気に注意し、日赤に時々行って診察してもらっているので、現在も病気は持っていない。（二二三頁）

傍線部分に注目すると、アンは相手について行ったので、冬子のように見知らぬおとこたちから目隠しされ拉致されたわけではないものの、冬子と同様に無理やりレイプされていることがわかる。そして冬子同様、このような事態に陥ったとき、金をもらうことを知らなかったと言っている。冬子とアンの語りから共通することは、レイプ被害を訴えようがないことを認識したおんなたちの抵抗のひとつとして、レイピストに金を要求したのではないか。

さらにアン自身の語りは冬子同様、交際相手のことをどのように思っているのかわからない。アンの場合は、無理やり貞操を奪った相手が交際相手だということが、関係しているのかもしれない。アンはダンサーを続け、交際相手に全面的な経済援助を受けているわけではないことや、性病にかからないように自己管理を行なっていることを明らかにしていても、どのような心情でレイプ加害者と交際を続けているかわからないし、レイプされたトラウマについても語っていない。謎は残されたままだ。

ナナ（二〇歳）は、会社員のとき、夜七時ごろ、友だちのところへ遊びにいく途中、レイプ被害に遭った。

○○○○の近くを歩いていると○○○○の○○がとつぜん私をつかまえて、近くの学校の教室へつれこみました。私はチェリーを破られました。○○につかまったとき、助けを求めて、泣き叫んだけれど、人が通って見ているのに誰も助けてくれませんでした。そのまま私は泣きねいりになりましたが、○○○に勤めているMさんという人が私のことに何とかかたをつけてやるといいましたが、そのままになっています。

そのとき、私はきかれるままに、○○に自分の住所と名前をいいましたし、その○○も名前を教えてくれました。(二一二頁)

レイプされて泣き叫んでいるナナを見ているひとがいるにもかかわらず、ナナを助けるひとはいなかった。このときナナは、レイプを眺めているひとたちのことを、レイピストの共犯者だとおもっただろう。ナナもまた、レイプされてしまったあと、別のGIと交際している。ナナは一一人家族で、家族にレイプされたことを打ち明けたかどうかはわからない。少なくとも家族ではないMさんにはレイプのことを打ち明けていることが、ナナの気丈な性格がうかがえる。

二つ目の傍線部分に注目すると、○○はナナをいきなり捕まえて処女であったナナを襲ったにもかかわらず、住所氏名を尋ね、本人もナナに名前を教えていることから、冬子やあおい同様、当時GIのなかで、いきなり襲う性行為がGIたちの中で、流行っていたのかもしれない。

というのも、その後ナナを襲ったGIは、「私にお金をやろうと思って〔私を〕追いかけた」ことをナナはあとで知るからだ。レイプされた冬子が、「お金のことなど言うことも知らず」という語りとあわせて考えると、ＧＩの中にはレイプした相手に金を払っているケースがあることが考えられる。ＧＩのほうはレイプとはおもわず、一種のゲーム感覚のように思っているかもしれない。ここに占領地のおんなたちにたいする、あるいは異人種のおんなにたいする、戦勝国のおとこたちのごう慢さが垣間見える。

そのあとナナは二度、ＧＩと交際する。二度目のＧＩは、ナナの友人の彼で、友人の「おなかが大きくなったので、その間だけ、私と関係しているのだということをききました」という語りから、期間限定で交際しているようだ。ナナは、処女のとき人が通っている傍でレイプされ、Ｍさんに相談したにもかかわらず、レイプの問題は棚上げになったままだ。このような状態でナナの友だちが妊娠している間だけＧＩと交際している状況をみると、ナナ自身も相当トラウマを抱えているのではないかと思われる。

椿（一九歳）は、銀行員に処女をやぶられた三日後にキャッチ被害に遭った。

> はじめて男を知ったのは一八歳〔実年令一七歳〕で、相手は銀行員でした。その動機は、学校友だち二人と男三人でキャバレーに遊びに行き、その夜、ホテルにつれて行かれ、（中略）何もしらないうちに処女をやぶられましたが、その三日後にキャッチされました。そのときはトラックで大勢がキャッチされたときでした。（中略）友に紹介されて○・○と知り合いになりました。英語は友だちに教えられて、少しは書けるようになり、○○とは四か月何もなくつきあいました。その○○は日本語もわかっていたし、日本字も書けました。（二六七―二六八頁）

椿はその後妊娠するものの、スケートでひっくり返り流産してしまい、交際相手からわざと流産したと誤解を受けて別れてしまう。その次に交際した相手の子を妊娠しても、今度は交際相手が持って来た薬を飲まされ流産する。薬を飲ました交際相手のことを椿は嫌いだったので、交際相手から逃げるが追い回されたという。その後四人の○○と日をきめて同時に交際したが交際相手がハチあわせてケンカをしてしまい、「いまは一人を相手にしています。一か月三万円ほどの収入があって、どうやらやっていけるので、いまのオンリー・ワンは○○○○人で大津の××××にいる○○です」と語る。さらに「好きな人があれば日本人と結婚したい」という。

椿の初体験の相手である銀行員は、おそらく日本人だろう。傍線部分をみると、処女をやぶられたことときャッチとで、椿は短期間に性暴力被害に二回遭っている。その後、二人のGIとの間に出来た子をそれぞれ流産したあと、別の四人との交際を経て、オンリー・ワンとして交際している。この語りの背後に椿自身、相当なトラウマを抱えているのでは、とおもった。

椿の語りも、前述したダンサーの仕事を続けている冬子同様、調査員が附記として、「知能程度中以下」と明記している。

平安病院の医師榎本貴志雄も、説明がつかなければ、「精神的要素」に彼女たちの言動の原因を求めている。

特に「生計楽」なのに「好きで」転落して売春業に「満足」している者には、前記のコース〔「父母がない」「家庭の失職」・「夫の離別」等「社会的原因」〕があてはまらず、その原因は精神的要素〔「意志薄弱放縦性」「性道徳の消失」「性知識の欠如」〕に求める外ない。(四六頁)

レイプされたおんなたちは、レイプされたことがトラウマになって、どのように語っていいのかわからなくなっていたかもしれない。「トラウマの記憶は断続的であって、混乱している」［Mlodoch 2012:87］[1]からだ。

だけど研究所員や調査員たちは、彼女たちのトラウマを考えていない。とくに冬子と椿の語りは調査員には理解できない語りだったため、知能程度にその要因を求めることで、調査員に納得されてしまった。研究員の大塚は、オンリー・ワンのことを次のように語っている。

> その〔オンリー・ワンの〕最も初期のものとして、生活様式を異にするフェミニスト達の親切さに簡単に参ったインテリ女性達がある。その中には、彼の贈り物をもってその愛を全く保障されたかのごとくに思い、唯一人の情婦であると自負して国際結婚すら夢みるコスモポリタンもいる。しかし、相手の帰国、他の女への手出し等によって、彼女達の愛情は嫉妬に変わり、憤怒となって、やけくそで他に相手を求めてオンリー・ワンとしてつく。一回・二回とそんな事が繰り返されて、しまいには全く愛情を失った金のみのバタフライを開業する段階に至る。オンリー・ワンの場合、その愛情は初期においてすら大体純粋なものでも根本的なものでもなく、自己弁護、自己欺瞞の道具のように思える。相手が発散する対人感情が愛情とは違うのに、愛情の発露だと思う錯覚もあろう。（九二頁）

レイプされたことを打ち明けたことが原因で、家族や親戚から絶縁状態になってしまったさくらこやあおいの心のよりどころがＧＩたちであったことを考えると、大塚の傍線部分は、オンリー・ワンのなかにはＧＩにレイプされたおんなたちもいることを考えていない発言だ。

拉致されレイプされた冬子、レイプの加害者と交際するアン、歩いているときに突然捕まえられ助けを求めても誰も助けてくれずに学校の教室でチェリーを破られたナナ、ホテルにつれて行かれ何も知らないうちに処女をやぶられ、二度も流産を経験したのち複数と交際し、最終的に一人のGIと交際している椿。レイプ被害者である彼女たちを、ひとくくりにすることはできない。

大塚は、「彼女等の生活の根底をなす性行為は、愛情を伴わぬものであり、金の為であり、極めてすさんだ性行為であるがゆえに、いきおいその心情を荒くし、心情の荒廃は逆に放縦な性生活に油を注ぐ。この相互作用が、生活をいよいよ常規から遠ざけ、頽廃の度を強め、人間性を歪曲させる」と述べる。大塚の目にはGIたちと交際するおんなたちが、ただ金の為に極めてすさんだ性行為を行なっているとみえるのだろう。

GIからレイプされ、勇気を持って家族に訴えたにもかかわらず、家族からも拒絶されてしまったおんなたちが他にも大勢いるとしたら、また、レイプされたことを訴えても受け入れてくれないことを知って、金を要求することでレイプに対する抵抗を行なっているおんなたちが大勢いるとしたら、大塚のみならず、GIたちと交際するおんなたちに批判的なまなざしをむける人々は、それでもなお彼女たちに非があると言うのだろうか。

自らレイプされた過去を調査員に語ることのできた彼女たちの背後には、レイプされた記憶を語れずにいるおんなたちが大勢存在する。このことを、わたしたちは気に留める必要がある。

7. 不動産を所有するおんなたち―ゆず、ふじ―

ゆずとふじの二人は、それぞれ不動産を所有している。どちらも交際相手との結婚を希望している。ゆず（二〇歳）は、交際相手と金を折半して家を建てた。

○○とお金を半分出し合って、二五万円で大阪にちょっとした小さい家を建てましたが、兵隊は大津市の○○○○に転任になったので、私は大阪の方の家をキャバレーの友人に貸して、家賃を月千円ずつもらうことにして、私は京都へ逢いに来て熊野神社の近くに泊まっています。（中略）○○の○○と結婚できるなら結婚したいし、現在の生活に満足しています。しかし○○○が帰ったあとのことを考えると不安になります。（中略）自活するとすれば、英語を使うような仕事。（二二五頁）

ゆずは、交際相手に経済的にすべて依存しているわけではない。さらに、「弟二人に月々五千円を仕送りし、そのほか必要なものは買ってやります」と、家族を援助している状況にある。また、交際相手と別れた場合も考えて、自活することも視野に入れている。ゆずの状況は、研究員住谷悦治が述べる、「前途のことを考えないで刹那的な、享楽的な浪費に快感をむさぼる」イメージとはほど遠い。

洋裁店を運営しているふじ（年令不明）は三姉妹で下宿していて、交際相手とはお互いに結婚を約束し、ふじの両親も結婚前提の交際を許している。

目新しい感じ、華美な生活を羨ましく思い、憧憬を抱き○○と友人になる。二三年二月下宿、初めて関係する。その○・○は現在二六歳、毎日のごとく泊まりに来る。自分自身もその人と結婚する事を希望し、その○・○ももちろんその心算である。両親も結婚することを条件としてその関係を許してくれている。

その○○は非常に真面目で闇をやらないから金銭の報酬は受けておらぬ。又自身もかかる金をもら

うつもりはない。服等をもらうだけである。（二五〇頁）

傍線部分をみると、ふじは交際相手から金をもらっていない。しかも家族公認で互いに結婚を前提とした付き合いをしている。にもかかわらず、ふじはパンパンとしてキャッチされていることに気づく。さきほど例をあげたゆずにしてもふじにしても、ミス・キャッチされたことについて騒ぎ立てたり、誰かを責めるような発言をしていないところは注目に値する。ゆずやふじは、ミス・キャッチされていることに気づいていないのかもしれない。そう考えると、ゆずやふじのようなおんなたちは結構いたのではないかとおもう。ミス・キャッチされたことを騒がなければ、世間は気づかない。沈黙しているから存在していない、というのではないことに、わたしたちは、もっと気を配る必要があるだろう。

8．自分の意見を言うおんな―夏子―

夏子（二〇歳）は、ＧＩとの恋愛ではっきりとした意見を持っている。

今度交際している〇〇はPさんという〇〇〇〇の二二歳の兵隊で、四条松原の下宿へ、日曜と土曜に来ます。たいがい午後九時頃帰ります。チューインガムやチョコレートやキャンデーなど菓子を持って来てくれますし、ビールを飲んだり、ダンスをしたりして遊びます。（中略）朝は七時半ごろ起き、食事は三度、自炊し、御飯は自分で炊いて、おかずは宿の人と一緒にします。（中略）一か月六千円ほどの収入です。必要なものは〇〇にもらいます。（中略）世の中の人は〇〇と交際するのをすぐ悪いよ

うに言うのはひらけていないと思います。○○と恋愛するのにわるい理由はないと思います。（二二〇頁）

夏子の交際相手Ｐさんは、午後九時には隊に戻ることや、夏子に渡す金が六千円であることを考えると、おそらく階級の低い兵士だろう。夏子の食事はすべて自炊で賄っていて、堅実に暮らしている。また当時配給制で物資が欠乏していた日本で、ビールを飲んだり、ダンスをしたりできる夏子は、ＧＩとの接触がない日本人にとっては、はるかに恵まれているおんなにみえるかもしれない。

でも夏子は養父母と折り合いが悪いので、家を出て暮らしている。家を出ているのに、ときには養父母に仕送りもしている。そんな夏子と、日本という異国の地での厳しい軍の規律の範囲内で、週二回土日の夜九時までのデートを楽しむＰさんの交際は、夏子が述べるように、「わるい理由」は、みあたらない。研究員豊田慶治は、「〝愛人を愛することが何で悪い〟――オンリーワンの中では昂然として放言するものもいる」と述べているけれど、夏子の語りとじっくり向き合ったのか、疑問におもう。

夏子は、自分の意見を明確に述べるおんなだ。『街娼』の調査自体がＧＨＱが関与している調査（ＧＨＱ軍政部厚生課長エミリー・パトナムが関与している調査）なので、ＧＨＱ側からすれば、「われわれの息子たち」とつきあう占領地のおんなはすべて駆除しなければならない「害虫」なのかもしれない。また、ＧＨＱの命を受けた研究調査自体、すでにＧＨＱのバイアスがかかっている調査だとしても、夏子の発言から、当時ＧＩとつきあうおんなたちへ世間がどのようなまなざしを向けていたかを知ることができる。

一九四七年時点で日本全国で一万八千人のパンパンがいたことを考えると、ＧＩたちと交際する夏子のように、ＧＩと恋愛するのにわるい理由はないといった思いを抱いていたおんなたちは、数値化されない数を合わせると、さらに大勢存在していたはずにちがいない。

註

（1）Mlodoch は、一九八八年クルド人の地域で行なわれたクルド兵士一掃のための旧フセインによる「アンファル作戦」で生き残ったおんなたちの性暴力のトラウマについて、当事者の聞き取り調査を詳しく行なっている［Mlodoc 2012］。この資料に巡り会えたきっかけをくださった、落合恵美子先生（京都大学アジア研究教育ユニット長・同大学大学院文学研究科教授）に感謝します。

第５章　不特定のＧＩとコンタクトするおんなたち
――さまざまなコンタクトゾーン――

本章は、不特定のＧＩとコンタクトしているおんなたちを、下宿、ハウス、ホテル、フレキシブルな場といった四つの場（コンタクト・ゾーン）に分けてご紹介しよう。

１．下宿を使うおんなたち

(1)　オンリー・ワンでバタフライなおんな――松子――

松子（二五歳）は、ＧＩと同棲し子どもができて、現在はそのＧＩと関係を続けながら、パンパン・ハウスで不特定のＧＩと関係を持っている。彼女の語りは、当時ＧＩと交際するおんなたちの実情をよく表している。

子供はある人に預けて、養育費は月に三千円ずつ仕送っておりますし、そのほかおやつなど、しじゅう買ってやらねばなりません。私たちには相当の家を一ヶ月いくらというように定めて貸してくれませんので、私

下宿で不特定の GI とコンタクトしている５名

名　前	年令	キーワード	事　情
松子	25	オンリー・ワンでバタフライ	GI との間に子どもあり。GI と関係しつつパンパン・ハウスで働く。
花	21	更生	毎日 GI １～２名相手。GI の子どもあり。元進駐軍の女中経験有り。女工か女中で更生を考えている。
のばら	36	主張	生活のためのバタフライで、戻ってくる夫のため日本人は相手にしない。民生委員は世間の噂だけで判断して不利。
まゆ	29	貯蓄	普通に働いても月給が安いため、パンパンはやめられない。
ミモザ	1923生	満足	今の仕事に満足だが、将来は結婚するか、よい仕事につきたい。

（注）全員仮名。実年令（調査日から生年月日を引いて算出）。出典「二街娼の口述書」『街娼』。

は三畳の小さい室を借りて下宿し、キャッチされるとうるさいから、自分の室に○○をつれて来ません。その時は別に一時室を借りますが、室代二〇〇円とられ、そこに泊まれば四〇〇円支払うのです。そんなわけで、そうした室代だけでも月に七千円の予算を必要とします。子供の養育費の三千円、そのほか、米代、薪代、炭代などどうしても五千円はとっておかねばなりませんから、二万五千円もらっても生活は楽ではありません。ことに、買い物などをするときは、私がパンパンしているというのを知って高い金をとられ、薪や炭なども高く買わねばならないときがたびたびあります。

○○をつれて来る俥屋やポンビキにはワンタイムのときは、ポンビキ三〇〇円、室代二〇〇円、あわせて五〇〇円、とまりのときは室代五〇〇円、ポンビキ四〇〇円とられます。このようにパンパン・ハウスは、私らから取れるだけ取らなければ損だ、パンパンは泥棒のように金をとっているのだからまるでどろぼう扱いをします。ことに、下宿でも室の掃除に二〇〇円くれるとか、ちょっと洗濯を頼んでも洗濯代一〇〇円くれとかいうので、私の生活はけっして傍から見て想像しているように楽ではなく、くるしいのです。

（中略）私は、去年の二月から今までに、二〇回か三〇回キャッチされています。入院すれば費用がかかりますし、病気になったときは、マファドールを使ったり、ペニシリン二〇単位一五〇〇円もかかりますから、退院しても、稼がなければなりません。

本書第4章では、GIとの間にできた子どもをシングルマザーとして育てているるり（二〇歳）をご紹介した。るりの場合、子どもの子守代三千円を含み月一万円で生計をたてていた。わたしは松子の語りをはじめて読んだとき、るりとの関係で疑問におもったことがある。二人の共通点は、お互いGIとの間にできた子どもがいて、その子の養育費に三千円かかっていることや、子どもの父である交際相手から金の援助を受けていることだ。疑問におもったのは、松子のほうがるりより多く収入があるのに（松子は月二万五千円、るりは月一万円）、なぜ松子はパンパン・ハウスで働かなければならないのだろう、ということだ。二万五千円という金額は、第四章に登場する二三人の語りでおわかりのように、ＧＩからもらう金額のなかでは高額の部類に入る。松子の場合、ＧＩとは同棲せずに、交際を続けているようだ。子どもを預けて三畳の部屋を借りて、交際相手がやってきたときは別に部屋を借りているという状況は、子どもとともに暮らしているるりと異なっている。松子が子どもと暮らしにくいのは、もしかすると、交際相手のＧＩの肌の色が原因なのかもしれない。

松子の語りは、最初から最後まで金の話ばかりで、稼げば稼ぐほど吸い取られている状況を説明するのにエネルギーを費やしている。松子の語りを最後まで読んで、やっと松子の状況が把握できた。

それは傍線部分にあるように、松子は稼いだ金を自身の性病を治すためにつかっていたから金がない。入院となると一五〇〇円の薬代にさらに入院費が加算される。松子の調査日はいつか明記されていないけれど、京都社会福祉研究所の聴き取り調査は一九四八年一二月〜一九四九年三月に行なわれていることを考えると、二〇〜三〇回のキャッチはほぼ一年間の数ということになる。すると一か月二〜三回の割合でキャッチされていることになる。性病がみつかれば、即入院ということを考えると、松子の場合、入院費を稼ぐために、パンパン・ハウスで働いているようなものだ。

松子たちの治療にあたっていた平安病院医師の榎本貴志雄は、性病治療について次のように述べている。

性病が重くなっても、その治療費は自己負担で重い借金が肩にかかる。幸い軽快しても借金返済の為又売春をなす。かくて売春―罹患―借金―売春と抜け出されぬ境遇に陥るのである。（五三頁）

榎本の指摘は、月収二万円以上の女中奉公の募集広告に応募した遊郭酌婦のケースであって、GIを相手にしたパンパンの治療については触れていない。そもそも性病治療のための強引なキャッチは、遊郭酌婦を対象にしたものというより、GIたちに性病をまき散らすおんなたちを対象にしていることを考えると、榎本が遊郭酌婦の問題点だけを指摘するのは不自然だ。パンパンたちが性病治療費に高額の金を支払っているのは、松子が明らかにしているのに。さらに研究員の大塚達雄は、「儲けた金を貯蓄するものはほとんどなく、月二・三万円の収入を簡単に消費する。隠遁生活による配給実績がない為の闇食い、下宿先が正体を知っての法外の高い闇代、消費、等によって稼いだ金は、きれいさっぱりと手放される」と彼女たちの金遣いの荒さを述べているけれど、「混血児」のことについては言及していない。第四章のるりのケースと重複するけれど、性病の高額治療費に加え「混血児」をかかえシングルマザーとして生活しなければならない状況にあるおんなたちについて、研究員たちはノーコメントだ。GHQの検閲で「混血児」に関する発言を削除されたかもしれないとしても、検閲という制度のなかで、るりや松子はGIとの間にできたわが子との生活の窮状を語っているのだから、検閲にかからない表現方法で「混血児」のシングルマザーという状況にいる彼女たちについて報告はできたはずだ。それも見当たらないということは、制度的に「混血児」の話題が禁止されているというよりも、「混血児」の話題に触れたくない何かが研究員たちのなかにありそうだ。

(2) 更生を考えているおんな―花―

花(二一歳)も、松子同様はじめて関係したＧＩとの間にこどもがいる。

○○が京都へ転勤したので、子供を母親に預けて、今年、そのあとを追って京都に来ましたが、京都で××にきくと、すでに○○○○に帰ってしまったことがわかりました。熊本で子供が病気して入院したとき、一二○○円の入院費をその○○からもらいました。○○がアメリカへ帰ったことがわかったので、深草の友人のところで一緒に下宿し、生活のために○○相手をしていましたが、面白くなく、岐阜へ行きしばらく生活していましたが、また京都へ戻ってきて、同じ生活をしていました。

毎月、一万円以上の収入がありますが、熊本の子供――実母に育ってもらっているので、三千円か四千円ほど仕送りしています。毎日、○○は一人もしくは二人を相手にし、前金として一回六○○円か七○○円を受け取りますが、多いときは千円もらいます。(中略)こんな生活をつづけたくありませんし、民生委員のあることも知っていますが、相談したことはありません。

もと、進駐軍の女中をしていましたが、いま女工でも、女中でもして更生しようと思っています。

(二一一―二一二頁)

花が松子と違うのは、花は子どもを実家の母に預けることができたことだ。なので、仕事に専念することができる。傍線部分に注目すると花は、更生しようと考えているし、民生委員の存在を知っているとも述べている。

研究所の大塚達雄は、「街娼中民生委員を知っている者は二五%(社[2])にすぎないが、これは今後民生委員活躍の余地の残されておることを示している」（六八頁）と述べている。

占領期当時、栃木県民事部福祉担当官であったドナルド・V・ウィルソンは、栃木県で民生委員の選考委員をしていたことから［秋山 1978］、当時の民生委員はGHQの人間に選ばれていたことがわかる。GIたちに性病をうつすおそれのあるおんなたちを撲滅したい意図を持つGHQが選考した民生委員だからこそ、キャッチで捕まえられたおんなたちのために動くとは考えにくい。花はそのことを知っていたとおもわれる。なので、民生委員に相談しようとしなかったと考えられる。

民生委員がGHQの配下にあるということを考えると、民生委員活躍の余地が残されているという大塚の意見は、パンパンという存在を撲滅するための活躍の余地を指している。花にとって、なんのプラスにもならない。花は自力でなんとかしようとしていて、その手段の一つとして更生を考えているといえる。

(3) 主張するおんな―のばら―

のばら（三六歳）は、夫の復員を待つ四人の子どもたちの母親で、生活のために不特定多数のGIと関係をもっている。

○○○○だけの相手です。四人の子供をかかえて、家族五人では、とてもお金が足らぬからです。収入は一回二〇〇〇円から五〇〇〇円ですが、一〇〇〇円のときもあります。その場所は深草に間借りしているところのいまの自宅です。（中略）夫はまだ帰りませんし、何日帰るかわかりませんから生きていくために、また子供を学校にやるために、このような意味での生活の保証をされている道をえらんでおります。（中略）よい婦人の補導者がほしいのです。民生委員のあることは知っていますが、積極的に世話してはくれませんし、世間の噂だけで判断してしまうので、私たちには不利です。私が支度も立派だから、収入が多いだろうといって援護金もなくしてしまったので、生活のためには、このような方法をとっているので、生活のために当然だと思っています。（二〇六―二〇七頁）

京都駅前の観光案内所に勤めていたのばらは、四人の子どもを養うために、パンパンになったという。日本人相手に、こういう生活をすると、夫が帰還してから、感情上、面白くないというのばらの語りは、夫に操をたてているようで、のばら自身、夫と異なる人種のおとこだと、セクシャル・ワークは許されると考えている。当時ＧＩと性的交渉を行なうおんなたちの中には、のばらのように、相手が異人種だからこそ、性的交渉をおこなえると考えていたおんなたちもいただろう。

のばらは具体的に、民生委員を批判している。花の事例で取り上げたように、当時の民生委員の選考はＧＨＱ関係者が行なっていたことを考えると、民生委員たちは「積極的に世話してはくれませんし、世間の噂だけで判断してしまうので、私たちには不利」と述べるのばらの発言は、面接をした調査員に事実を語っていることになる。

研究所の小倉は、「生活のプランを作るためには社会経済的インテレストがいささかでもなくてはならない。これは彼女たちには無縁のことらしい。国家政府への希望・不平・民生委員に関する事項など〝考えたこともない〟〝知らない〟が大半である」と言うけれど、彼女たちは考えている。第四章でとりあげたように、彼女たちはＧＩと交際するために英語を習ったり、ＧＩが突然帰国したときのためのライフプランを立てたりしていた。もし民生委員が彼女たちのために動いてくれていたら、彼女たちは積極的に民生委員にアプローチしていただろう。傍線部分にあるのばらの語りが、そのようにものがたっている。さらにのばらは、性病の治療についても具体的に語っている。

入院中、ペニシリンは一日四回の注射で、七五〇円、一〇万単位の薬です。二〇万単位ならば一日四回で、一八〇〇円かかります。ダイヤシンならば、六〇〇〇円で五日間飲むのですが、治るまで、病院費は、一万円から一万五千円かかります。（二〇七頁）

性病が完治するまでの費用が一万円〜一万五千円かかっていることがのばらの語りは明らかにしている。この高額な費用のため、「病院に来ている間、生活費は不足するわけで、その費用をかせがねばなりません」と、のばらは訴える。

この章の最初で、松子のことをみなさんにご紹介した。松子の場合、わが子の父でもあるGＩから月々二万五千円ももらっていながら、それだけでは足りないのでパンパン・ハウスで働いている。その理由が、のばらの語りでよりいっそうはっきりした。松子は一か月二〜三回の割合でキャッチされていることを考えると、毎月一回入院治療を行なっていたとしたら、部屋代七千円、子どもの養育費三千円、生活費五千円の計一万五千円にこの入院治療費が加わるのだから、二万五千円では足りない。治療費補填のために松子は、不特定のGＩを客にとっていた状況が浮かび上がる。

「ダンサーなら三万円くらいとれるかもしれませんが、子供もあり、在宅のままの、この生活方法を続けています」というのばらの語りを読んだとき、ライブチャットでチャットレディの仕事をしている、あきらさんの記事を思い出した。ライブチャットとは、簡単にいえばインターネットを利用したテレビ電話のようなサービス業で、在宅勤務者が多い。性的サービスがあるかないかで、アダルトとノンアダルトにわかれている。

あきらさんは、朝方までチャットの仕事をしたときに、ある女性の、画像に映ってはいけないものを見てしまったという。

その女性はベビードールの「セクシー」な服装のまま、ベッドの上で寝てしまったようです。彼女の膝下には映ってはいけないものが映っていました。彼女の子どもらしき四歳ぐらいの女の子でした。女の子はお母さんと少しでも一緒にいたかったらしく、仲良く寄り添うように寝ていました。子どもがいるから外には働きに行けない、保育してくれる人もいない、たよれるパートナーもいない……そうなのかなあ？　とぼんやり思いました。［あきら 2012:23］

この記事を読んだとき、ライブチャットで眠ってしまった彼女と、のばらがダブってしまった。松子や花は子どもを別に預けていたけれど、のばらは「××は子供の玩具など買ってきてくれます」と語っていることから、子どもを預けないで自宅で仕事をしていたことがわかる。占領期と現在は異なる。だけど、誰にも頼れる人がいない状況で、わが子のそばでセクシャリティに関わる仕事をしなければならないおんなたちがいるということは、変わっていない。

だからといって、子どものいる母親がセクシュアルな仕事をしないですむように改善する必要がある、と言っているのではない。そうではなく、子どものいる母親が外で働けない状況や、子育てに経費がかかる状況を訴えていた声が六〇年以上経た今でも、わたしたちの耳に届いていなかったことが問題だ。

のばらは現実に存在していた人物なのだから。

のばらの状況は現在も変わっていないということを、わたしたちは今いちど真摯に受け止める必要がある。

(4) 貯蓄を目標にするおんな―まゆ―

まゆ(二九歳)は父と暮らす家とは別の下宿で、パンパンを開始した。

相手は〇・〇ばかりです。一月に一万円位しか入りません。キャッチされたことは昨年五回、今年はこれで五回目です。(中略)普通に働いても月給が安いからパンパンは止められません。勤労は金をたくさんくれることが大切です。ただ金を残して今後の安定を望むばかりです。(二四三頁)

まゆはパンパンの仕事がやめられないという。一か月に一万円というのは一九四八年度(一九四八年四月~一九四九年三月)の小学校教員初任給で二〇〇〇円であることを考えると『戦後値段史年表』一九九五:一〇二頁」、普通に働いても稼げない金額だけど、のばらの語りでみたように、性病治療に膨大な金額がかかることを考えると、まゆが「一万円しか入りません」というのは、納得できる。だけどパンパンのほうが普通に稼ぐよりも稼ぎがいいので止められないという。まゆの場合、傍線部分をみると金を貯めるという明確な目標がある。なので小倉が述べる「無計画な生活軌道のまい進」にはあてはまらない。

(5) パンパンの仕事に満足するおんな──ミモザ──

一九二三年生まれのミモザは調査日が不明なため、この語りが何歳のときの語りかはわからない。調査期間が「一九四八年一二月〜一九四九年三月」(七二頁)なので、おそらく二五〜二六歳だとおもわれる。

前からの知り合いの四五歳の呉服屋さんと関係しました。それまでは誰とも関係したことはなかったのです。それがきっかけで、〇〇〇〇人、××人、日本人を相手に一晩約二千円の収入を得るようになりました。間代は一日に一〇〇円とられます。今度の検挙で三回目ですが、今まで二回淋病にかかりました。たいてい××人からうつされたものです。性病の怖いことは知っていますが予防をした事はありません。また快感を味わえるときもあります。

今のこの仕事に満足していますが、やっぱり結婚するか、よい仕事につきたいと思います。(二五八頁)

ミモザは、あらゆるおとこたちと性的交渉を持っていて、その仕事に満足していると語っている。このときわたしは、この仕事に満足なら、なぜ性病予防をしないのだろう、と疑問に感じた。性病治療は高額な費用であることを考えると、彼女はどうして性病を予防しないのかわからなかった。そこでミモザは前から知り合いの呉服屋と初めて性的関係になったということに注目すると、ミモザの語りには表れていないけれど、ミモザは呉服屋にレイプされてしまったのかもしれない。第四章でとりあげたように、パンパンになるおんなたちの中にはレイプがきっかけで、自暴自棄でＧＩと関係したおんなたちもいる。もしミモザが呉服屋にレイプされたことが原因で、複数のＧＩと関係するようになったとしたら、ミモザの体を求めるおとこたちへ性病をうつしてやるという気持ちがあるのかもしれない。それでミモザはあえて性病予防をしていないのかもしれない。調査員の附記には○稍低能の感ありとある（○はGHQの検閲で消された文字）。調査員はミモザの語りが「普通」ではないと指摘するだけに終わっているけれど、もしこれがPTSD（心的外傷後ストレス障害）の症状のひとつだとしたら、ミモザのことを、○稍低能の感ありというだけですませてしまっていいのだろうか。

2. レイプ被害経験のあるハウスのおんなたち —はまな、カンナ、実世—

はまな、カンナ、実世の三名はパンパン・ハウスで働く前にレイプ被害の経験があった。

はまな（一七歳）は、かねてからあこがれていたGIを女学校時代の友だちから紹介された。そして紹介されたGIと二人で円山公園に遊びに行って性的関係を持った。

兵隊は私を、処女の娘であると思わなかったので、私にすまなかったとあやまり、家にかえるなら、一緒に行ってお母さんにあやまるといいましたが、私はもう家に帰りたくないといったら、○○の×××につれて行きました。そこで食事だけして翌日家へ帰りました。着物が血でよごれていました。母には転んでけがをしたと言いましたので、着物は母〔養母〕が

ハウスで不特定のGIとコンタクトしているおんなたち３名

名　前	年令	キーワード	事　情
はまな	17	レイプ	GIと２人で遊びにいったとき処女とおもわれず関係。いやに思った。
カンナ	24		キャバレーで働いているときGIに無理矢理処女を奪われる。それがきっかけで日本人相手のパンパンとなる。
実世	16		見知らぬ「おばさん」に良い仕事があるからと誘われついていくと、GIと無理矢理関係をもたされ処女を失う。その後「おばさん」の家で監禁状態でいろんな日本人やGIと関係させられる。

（注）全員仮名。実年令（調査日から生年月日を引いて算出）。出典「二街娼の口述書」『街娼』。

洗濯してくれました。（中略）男と寝るというようなことは、中学生などと話をしたとき、想像していたけれど、こういうことをするものとは知らなかったので、いやに思ったのです。（二〇八頁）

いやに思った時点ではまなはレイプを受けている。でも、夜の公園に二人で遊びに行ったためなのか、はまなは養母には秘密にする。その後養母にＧＩと交際していることがばれてしまい、猛反対にあってしまう。その後養母からは「もうお前は家に立ち寄ってくれるな」（二〇九頁）といわれ、家を出て一年ほどパンパンをしている友人の宿で生活したあと、一九四七年から「ホーハウス（whorehouse 売春宿。パンパン・ハウス）」に所属。「いままでに、約五〇〇人ほどの〇〇を相手」（二〇九頁）にする。はまなは一九四七年一一月に闇市関係の仕事をしている日本人と知り合い、結婚を申し込まれる。

いつまでもパンパンをしているわけにもいかないから、結婚しようかと思ったのですが、ホーハウスの人があんなヨタモンと結婚してはいけないと反対しましたのでわかれました。（二一〇頁）

はまなの場合、ホーハウスの人にヨタモンとの結婚を止められていること、「親しくなれば、靴や靴下や下着やその他いろいろの品物をもらいましたし、お菓子や食べものももらいました」と語っていることに加えて、頻繁にキャッチされて困って相談すると、家の人の紹介で、世話人につれられて西舞鶴につれて行かれ、酌婦になっていることから、はまな自身は、ホーハウスのひとたちのことを悪く思っていないようだ。

ホーハウスの人間がはまなの結婚を止めたのは、実際に相手がヨタモンかもしれないとしても、多いときは一昼夜四人ほども稼ぐ稼ぎ手だったので、はまなが抜けられると困る、という思惑を感じてしまう。またいろいろの品物をもらえたのも、稼ぎ頭として優秀だったからだろう。だけどキャッチ被害を回避するという名目で、結局はまなは酌婦として売られてしまったことになる。

酌婦として売られてしまったこともものともせず、はまなは「四、五日いただけで、別にお金も借りないし、お客もとらず、いやなので無断で家を出て」しまう。そして東舞鶴のダンスホールで○○と知り合いになり、一か月に四万円という高額な金で生活を保証される。

はまなは、養母に絶縁されて生活の基盤をホーハウスに求めた。そしてホーハウスの人間に搾取されていても、はまなの語りは、どこかポジティブに仕事を楽しんでいるような印象を受ける。意にそぐわないとさっさと逃げて、生活を保証してくれるGIをゲットするはまなのフットワークの軽さを感じる。

カンナ（二四歳）は、キャバレーで働いているときGIにむりやりレイプされてしまった。

二〇年の一一月一九日に、友だちがKキャバレーのベッド・ルームにつれこみました。私はまだそのとき処女だったのですが、友だちの○○は常習のもので平気でしたが私についた○○は、私もそのような商売人だと思って、無理に処女を奪われました。そして五〇円をそこに投げたまま帰ってしまいましたが、私は、今でも、このようにして処女を奪われたのが口惜しくって仕方がありません。

そのために自暴自棄になったというわけではありませんが、経済的にも困るので、安井のMクラブにはいりました。その宿には商売の日本人相手のパン助が六人ほどいまして毎日、客をとっていました。

（二一七頁）

カンナの場合も、他のおんなたち同様、むりやりレイプされたあと、客をとるようになる。その後彼女はたび重なるキャッチで入院し、もうこういう商売はやめようと友人の世話で喫茶店に勤める。喫茶店で悪い仲間がしゃべったためパンパンであることがばれてその喫茶店をやめ、次の仕事先の料理屋でもばれてしまって場所を転々とした末にキャッチされ、淋病で入院してしまう。ここに、元パンパンであることを世間がどのような視線でみていたかがわかる。

カンナは、処女を奪われたことをとても気にしている。

私は〇〇に心ならずも処女を奪われたのが残念で、とりかえしのつかないことを思い、いまでも心を暗くします。この心のもだえを訴えたり、語る人が欲しいのです。（二一八頁）

カンナの語りから、レイプされたおんなたちのトラウマは世間も無関心だったことが浮かび上がる。こうした状況を考慮することなく、「街娼をやめない理由や更生後の希望収入高をみても判明するごとく、月六七千円で暮らせるものかとうそぶく放縦性、忍耐づよく一つの仕事に打ち込め得ない意志薄弱性、これこそ彼女等の更生をはばむ最大の原因である」とする榎本の意見は一面的にすぎない。

その後カンナは理解あるおとこと結婚して、調査員から「当研究所で調査したかぎり、更生へ向かった二人のうちの一人である。更生へと努力している楽しい姿を知らせる手紙が手許に届いた」と、彼女からの手紙を紹介している。その二か月後カンナからさらに手紙が届く。

前略……今の私は先生のおちえを借らねばなりません。どうしたらよいのかわからず泣き出したい様な悲しい気持ちです。……どんな苦しみも共にしてこそ真の夫婦として価値があるのだと思います……わずか三、四か月に色々の事を知りました……もう一息がんばってどうにか切り抜けられたらと願うのです。後略（八月一〇日附）（二〇九頁）

カンナからの手紙の掲載はこの部分のみで、「経済的な窮乏、あらゆる苦難に直面して切々たる心情を吐露しているが、余り彼女の私事に入りすぎるので省略した」として、具体的な内容については明らかにされていない。結婚して喜んでいたカンナの身にどのようなことがおきたのかわからない。このような中途半端な状態で、カンナの手紙を掲載する必要があったのかと疑問におもえてしまう。カンナの結婚生活の悩みがパンパンであったことと無関係であったとしても、中途半端な手紙の紹介は、「結局カンナは更生に失敗したのだ」、という世間の誤解を招きかねない。

実世（一六歳）はキャッチされるまで、「おばさんの家」でいろんなおとこたちと関係させられていた。

帰るつもりで京都駅へ出たがそこで三二、三歳ほどの知らないおばさんに逢った。おばさんは、自分に、一日千円か二千円くらいになるいい仕事があるから行かないかと言った。京都まできて手ぶらで、着の身着のままで帰ることなどしないで、着物をこしらえてから家へかえんなさいと親切に言うので、そのおばさんについて行くと、普通の家庭であった。そのとき、お金に困り、腹もへっていたのでそのおばさんの言うことにしたがって行った。そのおばさんが二人の〇〇をつれてきた。一人はおばさんにつき、一人は、自分のところへ来たが、自分はパンパンではないと言ったが、おばさんは、怒って、無理に、〇〇と寝させた。それまで処女であったので、その時五〇〇円もらって、翌日、その〇〇が二千円持ってきてくれた。そのお金は駅で受け取った。

そのおばさんは、私をはなさないので、同じ家で一緒にいろいろの日本人や○○に関係した。日本人は七〇〇円、○○は二千円ほどくれた。（二六五頁）

実世はむりやりレイプされたあと、おばさんの家で、監禁状態で客をとらされていた。わたしには実世の状況がまるで、戦時中の日本軍のために性奴隷として働かされた「慰安婦」と同じようにおもえる。「今年（二三年）一二月二日にキャッチされるまで、そのおばさんの家に住み込んでいた」（二六六頁）ということは、キャッチがあるまでは実世は逃げられなかったかも知れない。

調査員の附記には、「知恵の程度は普通　おちついている　ことばも明晰」としか記されていない。レイプされたことや監禁状態におかれていたという重大なことを語っているにもかかわらず、そのことについては、なにも触れられていない。調査員たちがバタフライとひとくくりに定義するおんなたちのなかには、実世のように監禁状態でおとこたちと関係を持たされているおんなたちはほかにもいただろう。こうした性暴力が今まで不問にされてきたということを、わたしたちは今一度再考する必要がある。

3. ポン引きと手を組みホテルを利用するおんな――桜――

桜（一九歳）は、ポン引きと組んで客と関係していることを明らかにしている。

桜は、喫茶店と掛け持ちで働いている。

〔二三年〕正月一六日にまた京都に出てきましたが、知った人もなく、四條を歩いていたとき、偶然、前に喫茶店にいたときの友人に会いました。その人は○・○と遊んでいる人でその紹介で○・○と交際しました。四條大和大路の下駄屋の向かいのK喫茶店に住み込みで勤めることにしました。昼は喫茶店で働いて、月一五○○円貰うことになりましたが、お金が足らぬので、川瀬のパブリック・ホテルのポンビキと結んで客と関係しました。泊まりで一五○○円、ワンタイムで六○○円です。六○○円のうち二○○円を宿に渡しますから実収入は四○○円です。泊まりの一五○○円のときは四○○円を室代に出しますから、一一○○円だけが自分のものになります。(二二二頁)

桜は、喫茶店の仕事では金が足りないため、ホテルを利用して客と関係している。本章最初で紹介したパンパン・ハウスを利用する松子の場合、「ワンタイムのときは、ポンビキ三○○円、室代二○○円、あわせて五○○円、とまりのときは室代五○○円、ポンビキ四○○円とられます」とのべている。松子は実収入を明らかにしていないので、松子と桜を比べることはできない。だけど松子の場合、ワンタイムでポン引きと部屋代合わせて五○○円、泊まりで九○○円支払っていることに注目すると、桜の場合、ホテルの部屋代にポン引きの代金も含まれていてワンタイム二○○円、泊まり四○○円を支払えばいいので、ポン引き代と部屋代が諸経費とするなら、桜の諸経費は松子の諸経費より半額の経費で済んでいる。パンパン・ハウスを通すのではなく、桜自身ポン引きを抱えているホテルと交渉して客を掴んでいることから、桜には交渉能力の高さがある。

桜がＧＩと関係を持つようになった原因は、叔父の存在だった。疎開先の母親の里で

ホテルで不特定のＧＩとコンタクトしているおんな１名

名　前	年令	キーワード	事　情
桜	19	ポン引きと組む	昼は喫茶店で働く。まじめな仕事をしたい。よい相手があれば結婚生活希望。

(注) 全員仮名。実年令(調査日から生年月日を引いて算出)。出典「二街娼の口述書」『街娼』。

郵便局員と親しくなって、「一年ほど交際していましたが、叔父が結婚を許さぬ」ため、桜は家出同然で京都に来た。叔父が桜の結婚をどうして許さなかったのかはわからない。それでも叔父が、戦死した父、広島の原爆で死亡した母にかわって、桜に親代わりとして権限を振るっていたことがうかがえる。

研究所の大塚は、「彼女らの生活の根底をなす性行為は、愛情を伴わぬものであり、金の為であり、極めてすさんだ性行為であるがゆえに、いきおいその心情を荒くし、心情の荒廃は逆に放縦な性生活に油を注ぐ。この相互作用が、生活をいよいよ常規から遠ざけ、頽廃の度を強め、人間性を歪曲させる」と述べる。不特定のＧＩを客にとる桜の性行為は大塚のいうように、愛情を伴わぬものかもしれない。だけど交渉能力が高く、「まじめな仕事で働きたいと思いますし、よい相手があれば結婚生活に入りたいと思っています」という語りには、「人間性を歪曲させる」ものがあるとはおもえない。

4．フレキシブルな場のおんなたち──美奈、もも、むめ──

美奈、もも、むめの三名は、どこでＧＩたちとコンタクトをとっているか、彼女たちの語りでは明らかにされていないので、本書では、「フレキシブルな場」ということばを使う。

(1)レイプ被害にあったおんなたち━美奈、もも━

美奈、ももの二名は、レイプ被害の経験を持つ。

美奈（一九歳）は、レイプに用心していたにもかかわらず、ＧＩ二人にレイプされてしまう。

昭和二一年から映画館に勤めることになり、楽しく働いていました。ある客に誘惑されて待合に連れ込まれかけましたが、その時は、うまく逃げ出しました。そんな事があっていやになり、四か月でやめ、それ以後家事手伝いをしました。結婚した姉が肋膜で寝ており、看病に行っての帰途、少し遅くなって京津電車の三条駅に向かう途中、O旅館のすぐ近くで○○○○○○の○○二人に捕まえられ、むりやりに強姦されました。一九歳〔実年齢一八歳〕でした。その姉は二三年六月一八日、三〇歳肋膜で亡くなりました。

強姦の後はやけくそでパン助を始めました。一か月の収入約一万円で、こんな生活も面白くなく不満足なのですが、致し方ありません。（二五二頁）

レイプされて「やけくそでパン助を始めました」と美奈が語っているように、当時パンパンになったおんなたちは、レイプされたことがきっかけだという者も多くいる。だけど、美奈は、「堅気になっても世間は認めてくれはしないでしょうが、いい機会があったら真面目に堅気になって働こうと思います」と語っている。調査員の附記にはレイプのことは触れずに、「煩悶しつつも、泥沼からなかなかぬけでられない様子が、顔にもよく現れている」と明記されている。『街娼』の調査報告書自体、GHQの検閲を受けているため、あからさまにGIからのレイプを批判することは許されなかったということを考慮したとしても、美奈が相当なトラウマを抱えていることは、「こんな生活も面白くなく不満足なのですが、致し方ありません」という語りから推測できる。そしてこのトラウ

フレキシブルな場で不特定のGIとコンタクトしているおんなたち３名

名　前	年令	キーワード	事　情
美奈	19	レイプ	レイプに用心していたのにＧＩ２人からレイプされ、やけくそで「パン助」を始める。
もも	18		ＧＩに憧れデートするがレイプされ会社をやめる。実家は裕福。
むめ	18	一生忘れられないＧＩがいた	ＧＩとの楽しい交際のあと、毎日不特定のＧＩ３～４人を相手にする。実家は裕福。

（注）全員仮名。実年令（調査日から生年月日を引いて算出）。出典は「二街娼の口述書」（美奈）、「一街娼の手記」（もも、むめ）『街娼』。

マが、やけくそという行動に関わっているのだとしたら、美奈のレイプの語りを聞きながらなにもしようとしない調査員も、レイプを眺めてなにもしない傍観者と同じだ。
もも（一八歳）は、はじめからＧＩにあこがれていた。

その日は弁当を持っていたので、公園へ行ってボートに乗ろうとしたら、進駐軍が二人いて乗せてくれたのです。私達は最初からスマートなアメリカの兵隊さんにあこがれていたもんですからいやおうなく乗りました。その日は無事にすみ、次の日曜を約束して四時頃大阪へ帰りました。（中略）一週間働いて、また日曜日に奈良へ行ってその人にあいました。一時間ほどボートに乗って遊びましたが、○○が公園の奥へ連れていくので仕方なくついていきました。その時にはじめて私の体をけがされたのです。私を素人の娘とは知らなかったのでしょう。○○があとから、とてもあやまりました。わたしも一時は、とても嘆きました。だけど、取り返しのつかない事とてあきらめました。会社に帰っても今までのようには面白くありませんので、八月に会社をやめて、京都の知人を訪ねて来ました。その人もやはり○○遊びをしていましたので、世話をしてくれたのです。（中略）○○達が大変可愛がってくれました。（一九八頁）

あこがれていたＧＩからレイプされたももの語りから、ＧＩたちは彼らと交際しようとする日本のおんなたちのことを、「素人娘」ではないと思っていることがうかがえる。ももが会社をやめたのは、おそらくレイプされたこととともに、レイプした相手のＧＩがももを「素人娘」と思わなかったことで二重にももは傷ついたからなのかもしれない。

その後ももは、「なんどもトラックに乗せられて病院へ行ったのです。病気がなくなって返してもらいました」（一九八頁）と語っていることから、当初あこがれのGIに近づいてレイプされたことがきっかけで、不特定のGIと関係を持つに至ったことがうかがえる。何度も病院に入れられているにもかかわらず、ももの語りには金の苦労話が一切ないことや、「今度は、本署のひとにつかまり、松原署へ行きました。だけど、私は家からきた遣いだけ帰らして私は帰らなかったのです」（一九九頁）という語りから、実家が裕福であることがうかがえる。

ももの語りからはももがパンパン・ハウスに属していたり、下宿で複数のGIと関係していたという語りはなく、東京や京都を転々としていることや、GIにレイプされるまでは大阪の会社で働いていたことに注目すると、GIにレイプされたことがきっかけで、ももは自暴自棄になっているようにおもえる。

(2) 一生忘れられないGIがいたおんな―むめ―

むめ（一八歳）には、一生忘れられないGIがいた。

○○達が写真をうつさしてくれというので、二人してうつしてもらった。それから散歩にいこうというので、おそろしいと思いながらも五時まで遊んだ。別れるとき、明晩の六時に約束して別れた。友達と電車の中で○○人て、わりあいに親切で面白いなあといいながら家についた。（中略）晩になって友達と二人が約束の場所へ行くと、もう昨日の○○が二人来ていた。煙草や、チョコレートなど、いろいろ私達のカバンの中へ入れてくれた。私についた○○は、Jという人で年は一八歳で、まだ少年のような感じのする可愛い人であった。一月間はなんにもいわなかった。七月二日の晩であった。

Ｊと二人で公園の芝生にねころんであそんでいたが、とうとうやられてしまった。その時の痛さといったらなかった。その時白いスカート（に）血がついていたのでＪはびっくりして公園の小川で洗ってくれた。それから三四日（また）にものをはさんでいるように、気持ちが悪かった。そうするうちに、九月になったが、関係したのはたった四回である。その間、服は買ってくれるし、靴は買ってくれるし、いろいろな物をいただいた。ほんとうにあの時分はたのしかった。一生忘れられない人である。それからある友達に、京都の○○とやってごらんというので、友達のやる通りに一晩に三、四人も男をかえてやるのである。その時分は一晩に五○○円ほどしかもうからなかった。それも初めは、いやであったけれどもすぐになれてきた。（中略）このごろになって、やっとお金を残すようになったが、今は一時間が二○○円、宿り（とまり）が四○○円となっているが、一時間で五○○円くれる人もあるし、一○○円しかくれないけちんぼうもある。（中略）よくただぼぼ（無料性交）をされる時がある。これからしまつをして、服をこしらえ、お金の一万円でものこして、いっぺん家へかえろうと思っているところへ、つかまえられたのである。（一八五―一八六頁）

むめは自身の最初の性交についての描写が詳しい。彼女の語りは、古久保が、「彼女にとって占領軍兵士との最初の交渉とは、痛く気持ち悪いものではあったが、彼との交流は同時に『一生忘れられない』楽しい思い出でもあった」［古久保 2001:13］と指摘するように、むめにいろんなものをプレゼントし、むめとの性交時についた血を小川で洗ってくれるようなＧＩをみて、むめは感激しただろう。

むめの語りからは、金が必要という語りがないことや、一週間の入院費についても、「お友達にたてかえてもらって、家にかえり、母の着物をぬすんで売り飛ばしてかえした」と語っていることから、実家はある程度金に余裕があるようにおもわれる。キャッチでつかまえられ性病で入院するという辛い経験をしてでも、GIとの交際がむめにとっては素晴らしい思い出であったことが語られている。

むめのようにGIとの交際を「一生忘れられない」想い出として抱いているおんなたちも多いのではないか。そう考えると、GIとのコンタクトを、性暴力を振るう者／振るわれる者、性病をうつす者／うつされる者といった二分法でみてしまうと、かつてGIと交際していたおんなたちが楽しかったことも苦しかったことも含めて、自身の経験を語るのをためらってしまうのではないかとおもう。そう考えると彼女たちが声を挙げにくい原因を作っているのは、彼女たちのことを記述するわたしたちにも無関係ではない。

註

（1）当時の歴史的状況をふまえて、本書では原文どおり、女中ということばを使用している。女工についても同じ。

（2）京都社会福祉研究所の調査によるもの。

第６章　面接現場というコンタクトゾーン
――調査員とのコンタクト――

本章では、面接現場で調査員とコンタクトしている一〇名のおんなたちをご紹介しよう。

1．処女でキャッチされたおんなたち――アザミ、ユキコ――

アザミとユキコは、処女であるのにキャッチされてしまった。アザミ（二〇歳）の場合は、処女のときキャッチされたことがきっかけで、ＧＩと交際するようになった。

〇〇遊びもしていないのに、こうキャッチされるなら、やってやれという気になり、平安病院に入院中に知り合いになった友だちの家に行って、〇〇に紹介されて交際することになりました。（中略）はじめて〇〇と関係しました。（中略）その〇〇とは三か月目に分かれまして、その後、十何人かの〇〇をかえました。今の〇〇は交際して五か月目で、Ｈ・Ｈといいます。（二一五頁）

アザミは戦死した兄の妻（アザミにとっては義姉）の住まいに同居しているとき、当時ＧＩと交際していた義姉とともにキャッチされてしまった。アザミは処女であるにもかかわらず何度もキャッチされ、そのつど局部検診という性暴力を受けていたことをあきらかにしている。

さらに、キャッチされたことがＧＩと交際するきっかけとなって、交際相手を何人も替えつつＧＩとの交際を続けているのは、アザミ自身キャッチされたトラウマを、ＧＩと交際することで解消しようとしているようにもとれる。

研究所員の住谷悦治は、パンパンについて、「彼女たちに共通と見られるいろいろの特徴があるが、羞恥心の比較的低いことは、その生活環境からも推測できる事である」と、「貞操を売って生活しているということ」を羞恥心の低さと結びつけている。「十何人かの〇〇をかえました」と語るアザミは、住谷にとって、羞恥心が「比較的低い」と分類されるかもしれない。だけどアザミのふるまいは、処女のときに強制的に性病検診を何度も被ったという性暴力の経験の延長線上になされた発言だ。

強制検診とは、衆人環視のなか暴力的に捕まえられたのち、警察署あるいは病院に集められたおんなたちが、強制的に局部検診されてしまうという性暴力だ。おんなたちが処女であるか否かにかかわらず、このような尊厳を奪われる検診をされたおんなたちは、多かれ少なかれトラウマ、あるいはＰＴＳＤ（心的外傷後ストレス障害）を抱えているといえる。アザミのみならず、強制検診を受けさせられたおんなたちが多かったことに注目すると、それだけトラウマを抱えているおんなたちも多い。

本書の第3章ならびに第5章で取り上げたレイプのみならず、強制的な性病検診やそれにともなうキャッチによっておんなたちが抱えたであろうトラウマについて、『街娼』では言及されていない。彼女たちのトラウマを考慮しないで、彼女たちのふるまいを羞恥心が比較的低いと定義することはできない。

ユキコ（一九歳）も、処女のときキャッチされてしまった。

去年の五月家違いでキャッチされ平安病院に送られましたが、処女なのですぐ帰してもらいました。

しかし恥ずかしくて憤慨して涙が出ました。六月またキャッチされましたが平安病院で処女のために帰してくれました。私の今まで何も知らなかった平安病院という所を二度ものぞいてみて、皆が美しい服を着てきれいにお化粧をしているのをみて、なんだか変な気持ちも少しは起こりました。そのすぐ後で、洋裁友達にパーティに連れて行ってもらい、ある〇〇〇〇人を紹介してもらいました。その〇〇〇〇人はコックでしたが少し仲良くなり九月五日、月経の終わった時、初めてその〇〇〇〇人の為に貞操をささげました。肉体的には苦痛でしたが、その人を相当好きでしたので、心の苦しみはありませんでした。（中略）それから、そこで彼との生活が始まったのです（中略）。ただ金のために二度目の男を持ったのですが、食糧をくれるのと一万円位もらっているのでは大変です、間代に一五〇〇円もとられるし、家への仕送りが少なくなって残念です。私は今のような生活をして、処女を失った自分を情けなく思うとともに、転落する女性が、皆、家の事、金の為にこんなみじめになるのですから国が何とかしてくれないものでしょうか。私は政府をうらみます。

面接現場で調査員とコンタクトしているおんなたち10名

名　前	年令	キーワード	事　　情
アザミ	20	処女でキャッチ	ＧＩと交際している姉とともにキャッチされる。
ユキコ	19		キャッチが原因でGIと交際するようになった。
ゆり	20	結婚	洋裁店経営。
春香	21		交際相手のＧＩの家族とも文通し互いに結婚希望。
ひめ	22		交際相手のＧＩの家族公認で結婚希望。
あさ	19	調査員翻弄	ＧＩの帰国を延長させる能力有り。調査員からは「温順」。
さつき	21		調査員から、「一ぱい食わされた」と言われている。
さゆり	19		ライフプランを立てているが、調査員は「少々ぼぅっとしておとなしい」と評価。
リリー	23		楽しくてやめられない。キャッチがないなら止めない。将来は考えていない。
ユウコ	17		ＧＩとつきあうために英語を習い行動力あり。肉体の要求もいやなときは断る。調査員は子どものようにみえ、知能は普通以下と判断。

（注）全員仮名。実年令（調査日から生年月日を引いて算出）。出典「二街娼の口述書」『街娼』。

附記　間違いでキャッチされる事二回、しかも処女なるがゆえに検診後直に帰宅を許されているが、これはゆゆしき問題、さらに病院で見聞する街娼達の悪影響は甚だしく、まことに気の毒な運命にあったといわねばならぬ。（処女であった事は院長の証明あり虚偽の告白ではない）。（二五四―二五五頁）

ユキコの口述で、注目したい点が三点ある。

(1)　キャッチで送られた病院でおんなたちに注目していること。
(2)　国の責任を訴えていること。
(3)　ユキコもアザミもともに処女でキャッチ被害にあったにもかかわらず、ユキコのみに調査員の附記が記されていること。

一点目は、本書第三章で注目した研究所助手望月が語った、まつげの美しい人というパンパンへの描写を想起させる発言だ。ユキコは病院で二度も皆が美しい服を着てきれいにお化粧をしているのを目の当たりにした。望月やユキコの語りから、美しいおんなたちの存在が確認できる。皮肉なことに、おんなたちの外見の美しさが同性から注目されればされるほど、研究所のおとこたちがＧＩと交際するおんなたちの美しさに沈黙していることが強調される。

調査員の附記には、「病院で見聞する街娼達の悪影響は甚だしく、まことに気の毒な運命にあったといわねばならぬ」とある。附記を記した調査員の性別は不明だけど、ユキコは美しい服を着てきれいに化粧をしているおんなたちのことを街娼とは言っていないし、実際、パンパンであるかどうかはわからない。

にもかかわらず調査員の目線は、美しい服を着てきれいに化粧をしているおんなたちを悪影響をおよぼすパンパンであるとみなしている。

さらに二点目の、転落する女性を救済するようユキコが国家を訴えている点について、研究所の小倉襄二が持ち合わせている、「国家政府への希望・不平・民生委員に関する事項など〝考えたこともない〟〝知らない〟が大半」、といったパンパンの定義にユキコはあてはまらない。

最後に、間違いで二回キャッチされたユキコの口述には、「これはゆゆしき問題」と、調査員の附記がつけられていることも注目に値する。調査員の目線では、「転落する女性」を自認し、そういう状況を作っている国を批判するユキコに「更生」の可能性をみて、附記を明記したのかもしれない。アザミもユキコも処女でキャッチされたにもかかわらず、「たびたび何回でもキャッチ」されたと主張するアザミは、「十何人かの〇〇をかえました」と語っていることで、アザミのキャッチ被害は調査員にとって、「ゆゆしき問題」ではないようだ。

アザミとユキコに対する調査員の目線の差異が、わたしには気になってしまう。

2. 結婚を考えているおんなたち—ゆり、春香、ひめ—

ゆり、春香、ひめの三名は、いずれも交際相手と結婚を希望している。彼女たちのことを、調査員はどのようにみているのだろう。

京都で洋裁店を経営する、ゆり（二〇歳）の場合。

大阪の女学校を出て、×・×と知り合い、一九歳〔数え年〕の時、その人のために処女を捧げました。

その人は二六歳でした。今ももちろん愛し合っています。私は現在、京都で洋裁店を経営し、月三回京都へやってきて、彼に会います。京都にもっている下宿で関係するわけです。その人は、国では運転手（自動車）をやっていたそうですが、結婚したいと思っています。新聞等は英字新聞以外は読みません。

附記　きつい性格。不利な点等しゃべらず。アイシャドーの跡あり極めて派手で、はきはきしている。

（二五六—二五七頁）

傍線部分で調査員はゆりのことを、不当な点等は話をしないと判断している。はたちという若さで、占領期に洋裁店を経営していることや、交際相手からの贈与に関してゆりはなにも語っていないことが、かえって調査員から疑いをもたれているのかもしれない。

あるいは若くして洋裁店を経営している手腕の持ち主だからこそ、きつい性格、派手、はきはきしているといった印象を調査員に与えたのかもしれない。かりに洋裁店の資金の出所がＧＩからであったとしても、資金を貢がせる手腕があったのだ。それに占領期にはたちそこそこで洋裁店を経営するには、消極的な性格では店がつぶれてしまうだろう。

ゆりのように洋裁店経営という職業を持った上で結婚したいと述べるおんなも、『街娼』ではパンパンというカテゴリーに分類され、調査員の調査対象になってしまっていることに注目すると、京都社会福祉研究所の調査そのものが、街娼の調査ではなくてＧＩと交際するおんなたちの実態調査のようにおもえてくる。

実家が裕福な春香（二一歳）は、興味がきっかけでＧＩと交際することになって、お互い結婚を約束している。

母が席貸をやっていたのでハウス・メイドの時の収入の多寡は問題にならなかった。おこづかいに使ってしまった。（中略）○○はレスリングの選手で自分と彼とははっきりした恋愛関係であり、この生活に積極的な愛着と真実感を感じている。だから今の生活には満足している。○○の○○の家族とも文通し将来結婚したいと思っている。（中略）二万〜三万の月収があり服装、酒、タバコなどは○○からはこんでくれるから暮らしは楽である。独立した一軒の家を借りている。○○が非常に好意的である。新しくきた○○のために私が選んでオンリー・ワンの恋人を紹介することもある。（中略）貯金も少しあるから結婚できないときは洋裁店の経営でもやりたいと思っている。国家には住宅難を早く解決してほしいという希望がある。

附記　なめらかな口調で、すすんで話してくれる。典型的なオンリー・ワンの生活内容を持ち積極的な恋愛関係を告白している。経済的支持がたしかだから明るい表情をたたえている。（二五九—二六〇頁）

春香は、交際相手の家族と文通をして彼女の母親も交際を認めていることから双方の家族公認の仲だ。調査員はこんな春香のことを、典型的なオンリー・ワンの生活内容と記しているけれど、春香の何をみて典型的なオンリー・ワンの生活内容なのか、はっきりしない。傍線部分の語りをみても不十分だ。

また春香は、交際相手と万が一結婚できなかった場合の対策として、洋裁店が経営できるほど貯金をしている。小倉が、「生活のプランを作るためには社会経済的インテレストがいささかでもなくてはならない。これは彼女たちには無縁のことらしい」とオンリー・ワンの特徴を挙げている。春香は結婚できないときは洋裁店を経営するという生活のプランを作っているので、小倉のいうオンリー・ワンの特徴には合わない。

さらに春香は、国家には住宅難を早く解決してほしいと訴えている。これも「国家政府への希望・不平・民生委員に関する事項など〝考えたこともない〟〝知らない〟が大半」と小倉が分類するオンリー・ワンのタイプに、春香は合致しない。

ひめ（二二歳）は、交際相手から英会話を習っている。

今年三月にある○・○と知己になり、現在、下宿で英語会話を習っていますが、その○○とは絶対に関係しません。が将来結婚する事になっており、国のその家庭からも、手紙や贈り物が来ます。（中略）附記　一二月三日に面接した時は、処女を強固に主張し、警官の横暴を憤激、しかるに虚言をろうする名人であること判明。一二月七日再調査して以上のことを聴き取る。しかし真偽の程不明。その後再入院、梅毒＋とのこと。（二五〇頁）

結婚のために英会話を習っているひめも、生活設計をしっかりたてようとしているといえる。

さらに傍線部分にあるように、交際相手と肉体関係がないことをひめは主張しているけれど、実際はひめが梅毒にかかっていたために、調査員はひめの語りそのものに疑いを抱いている。

ひめの語りは、嘘なのかもしれない。だけど『街娼』の調査そのものが、おんなたちが被ったレイプについては問題視していないことを考えると（第四章と第五章を参照）、ひめはレイプ被害にあった結果性病をうつされたということも考えられる。容姿極めて端麗、服装立派、言語明晰という調査員のひめの評価をみると、GIからもひめは注目されていただろう。レイプの可能性を考慮していない調査員の判断自体、疑わしくおもう。

3．調査員を翻弄するおんなたち―あさ、さつき、さゆり、リリー、ユウコ―

あさ、さつき、さゆり、リリー、ユウコの五人は、調査員を翻弄している。

あさ（一九歳）は、交際相手に日本滞在の延長を志願させてしまうほどの手腕がある。

現在、オンリー・ワンとして一年ほどになります。今年帰○するはずなのですが、改めて、三か年延期を志願しました。私は下宿で六畳の間を借りていますが、月に千円ほど間代を払います。一か月の収入は三万円か四万円になります。生活は保証されていますから、現在の生活には満足しております。附記 中以上の容貌、温順らし。現在の生活に満足。（二一四―二一五頁）

あさは初めて交際した相手とは結婚を約束し相手の国元から結婚許可証をもらうことになっていたけれど、許可証が来る一週間前に相手が帰国してしまい、結局結婚できなかったという経験をしている。この経験を踏まえてなのか、現在交際している相手に三年の滞在延期の志願をさせている。

GIの帰国については、あさに限らず、本論ですでに取り上げた、「○○○が帰ったあとのことは不安」、「現在つきあっている○・○は二か月で帰国」という具合に、交際相手はいつ帰国命令が出るかわからない状況にあった。そのような状況下で、あさは現在の交際相手に占領地滞在を「三か年」延長させているのだから、凄腕の持ち主といえる。

だけど附記の傍線部分をみると、調査員はあさのことをやり手とは思っていない。この点から、あさは調査員を翻弄しているといえる。

さつき（二一歳）は、調査員に一ぱい食わされたと言わせている。

H女学院卒業後、Gキャバレーのダンサー、その間に愛人出来二〇歳のとき処女を捧ぐ。二二年ダンサーをやめる。その人は二三年一一月に帰国。手を切る心算。当時は伏見で下宿、約一万円の収入。
附記　表面極めて温順そうな、素人娘らしい風貌ではあるが、その脱走方法や日常の言動について仲間にきけば、内面は非常に図太い、すれっからしだという。精神科医の言をきいては、普通人の中以上に頭が良いらしい。種々、知的な話もし、柔和らしい感情に接していた調査員としては、一ぱい食わされた形である。尚相手の〇・〇は黒人だという。（二四六頁）

さつきに対する調査員の附記の内容から、調査員はさつきに翻弄されたことを悔しく思っているみたいだ。とくに傍線部分の極めて温順そう、種々、知的な話もし、柔和らしい感情が、素人娘らしい風貌に繋がっていることから、この調査員は図らずも、どのような風貌のおんなたちをパンパンとみていたのかを明かにしている。

さゆり（一九歳）は、最初にとりあげたあさと似通ったかたちで調査員を翻弄している。

今年の六月末にキャバレーが閉鎖になったために止めて、河原町丸太町の洋裁学校に通うようになりました。私は酒も煙草も口にしないのですが、ダンサー時代はやはり○・○に愛されて、オンリー・ワンでつく様になりました。その○・○は二二歳で、下宿を一つ作っています。そこで一緒に時を楽しむわけです。（中略）ただ毎日を楽しく暮らしたいと思いますが、結婚するならやはり日本人がいいと思います。

附記　少々ぼうっとして、おとなしそうな女性。（二五一頁）

結婚するならやはり日本人がいいと述べ、洋裁学校へ通っていることに注目したい。洋裁学校の資金の出所は不明だが、実家の暮らし向きはらくな方と語るさゆりは、ＧＩと交際する一方で、洋裁学校に通っている理由が、日本人との結婚準備、あるいは経済的自立のためであるとするなら、さゆりはＧＩと毎日楽しく暮らしつつ、冷静に自身のライフプランを計画し、その実現に向けて歩んでいるといえる。これは研究所の小倉が述べる、「生活のプランを作るためには社会経済的インテレストがいささかでもなくてはならない。これは彼女たちには無縁のことらしい」という定義にあてはまらない。

だけど傍線部分に注目すると、調査員の目には、さつきが自身のライフプランを計画しているように見えていない。調査員に「少々ぼうっとして、おとなしそうな」印象を与えている点において、さゆりは調査員を翻弄しているといえよう。

リリー（二三歳）はパンパンの仕事が楽しくてしかたがないと語る。

墨染のホーハウスに下宿し、そこを根城に大久保の○○○人を相手に大久保区へバタフライに出かけます。毎日大いに稼ぎますが、一晩三人くらいが適当です。下宿でやるときは一回六〇〇円のうち二〇〇円はホーハウスの大オカミにとられますので、自分には四〇〇円位しか手に入りません。大オカミというの某氏の妾で凄い女です。「借金があるから止めるに止められぬ」というのは口実で、収入が多いからと面白いから止めないのです。（中略）仕事といえば何でもやりたい、働きたいと思います。そして夜はパン助をして稼ぐのです。酒や煙草はもちろん大好きですが、あの夜の仕事は楽しくてやめられません。性病の恐ろしいことは知ってはいますが、性感のほうが強い力を持っています。もしキャッチがないならパン助は絶対に止めません。将来の事はって？　そんなこと考えてもしかたないでしょう。（二五二頁）

リリーは、傍線部分にあるように、当時のパンパンたちの本音を語っている。こんなリリーは当初、遊郭の女中では食べていけないので、客をとった経験がある。その後女中に戻ったあとに〇〇〇人を相手にする商売を持った。この経験に注目するとリリーの場合、客がＧＩだからこそ、パン助は絶対に止めないと言っている。ＧＩに関してはレイプやトラブルがいろいろあるものの、一方でおんなたちにとって、魅力的な存在であったことをリリーの語りは明らかにしている。

調査員の附記には、「ものすごい風貌、よくあんな顔、姿で〇〇が遊びにくるなと不思議な気がする。骨の髄までパンパンになりきっている典型的街娼」とある。調査員を感情的にさせるほど、リリーの語りは調査員を翻弄しているといえる。

ユウコ（一七歳）は、調査員の評価と異なっている。

友だちがいい洋服を着て、〇〇〇〇の〇〇と歩いているのを見て、私もそうしたいと思いました。しかし英語ができないので、継母にかくれて英語の会話を勉強しに一か月通いました。あとでわかったのですが、習った英語と〇〇の英語とは異なっていて、話がわかりませんでした。（中略）私はただ〇〇〇と会話したり、遊んだりするだけのつもりでいました。（中略）〇〇は一九歳の人で、毎日遊びに来ましたが、一週間に二回くらい肉体の要求をします。疲れたときは、〝私は今日とても疲れているの〟と言います。（二二七―二二九頁）

英語ができなくても、ＧＩと交際することはできる。だけどユウコが英語を習いたいとおもって、実際に継母に隠れてまで英会話を習ったのは、異文化のおとこたちとコミュニケーションをとりたいとおもったからだろう。この時点でユウコは、ＧＩと寝ることは考えていないようだ。ユウコはその後、学校時代の友人をたよって京都にでてくる。そこではじめてＧＩと交際することを、〇〇〇と寝て、お金をとって、おいしいものを食べることだと教えられ、そのような交際をする決心をする。こうしてユウコはキャッチされ病院へ収容されたあげく、入院費がないために、仲間と一緒に病院を脱走する。そして知り合いの「パンパン家のおばさんの家」にしばらくやっかいになって、映画館の帰り、一人で歩いているときにキャッチにあい、平安病院へ連れて来られたという。

調査員は、こんなユウコを、「体躯は一八歳としては小さく、一五、六歳にしかみえぬ、知能は普通以下、言葉は明瞭であるが甘ったるし、容貌は無邪気で子供子供している」という判断を下している。調査員の目には、ユウコの言動が、大人としては思慮に欠けると映っているのかもしれない。

けれどユウコはＧＩと交際するために英会話を習ったり、ＧＩから肉体の要求をされても断ったりしている。ユウコは、自分のことは自分で決めることができる、自己決定ができるおんななのだ。調査員はユウコのこの点を見落としているため、調査員の目にうつるユウコは子どもっぽいユウコでしかない。結果的に調査員は、ユウコに翻弄されているといえる。

III部

性暴力としてのキャッチ

占領期の性暴力といえば、ＧＩのレイプ事件が真っ先にイメージとして思い浮かぶ。

本書では、パンパンと判断されたおんなたちの取り締まりをレイプ同様、性暴力であると位置づける。当時、ＭＰと日本の警察が合同で、この取り締まりが日本各地で行なわれていた。取り締まりは、あらゆるおんなたちを震撼させる取り締まりだった。というのも取り締まりにあったおんなたちは、暴力的にトラックの荷台に乗せられ警察へ連れていかれたのち、強制的に性病検診を受けさせられたからである。

このようなおんなたちへの性病検診のための取り締まりを、当時世間ではキャッチやレイドということばが隠語のように用いられていたけれど、本章では考察対象の『街娼』の記述にあわせて、キャッチということばを使用する。

ここで、キャッチがいかに人権を侵害する行為であるかを確認するためにも、キャッチがどのように行われていたかについて、簡潔に述べたい。

キャッチには、次のような二通りの方法がある。

(1)　街角でのキャッチ。
(2)　おんなたちの住まいに踏み込むキャッチ。

両者ともＭＰと日本の警察が協力して行なったが、(1)については、当局側がＧＩと接触していそうなおんなたちを探すために街角で身を潜めて待ち伏せる。そしてＧＩと接触していそうだと彼らが判断したおんなたちを捕まえると、トラックの荷台に乗せ警察署に連行したのち、有無をいわさず性病検診を受けさせる。翌朝、性病にかかっていないものは解放されるが、かかっていると判断されたものは、治るまで解放されない。

(2)に関しては、コンタクト・トレーシング（接触者調査）といい、性病罹患者を増やさないために、感染源の人間を特定して治療を受けさせることで、感染源の患者が接触したと思われる相手すべてを検診対象となる。たとえば「患者が結婚している場合は配偶者と、その配偶者の売春女性以外のセックスパートナーの検査、患者が梅毒の場合には患者から生まれた子どもの検査、先天性梅毒の場合は他の家族全員の検査」［奥田 2007:20］を行なうというものだった。

そこで第七章では街角でのキャッチについて、第八章では性病に感染したGIの接触者であるとおもわれるおんなたちの住まいに踏み込むキャッチについて、それぞれ具体的にどのようなことがおんなたちの身にきたのかということ、さらに性病検診をめぐってGHQ内部で対立があったことに焦点をあてる。

GHQの性病対策の一環として行なわれたキャッチが、占領地のおんなたちが震撼するほどのおそろしいキャッチであり、性暴力であったということを検証していこう。

第7章　おんなたちを待ち伏せするキャッチ

1．街角でのキャッチ

『街娼』によれば、一九四九年一月に、「警察によって市内外の各所」にキャッチの注意書きが公告された。強制的性病検診を行なっていた京都市内の平安病院の近くの街路には、松原署の名において、次のようなキャッチの注意書きが貼られた。

進駐軍々人に対し、左の行為をなすものは占領目的に有害なる行為をなすものとして、軍事裁判に附されます。

記

一　進駐軍々人に売淫をしたもの
二　売淫の手だすけをしたもの
三　売淫の場所をかしたもの

なお、夜間さまよい歩く婦女子は、あらぬ疑いを受けて取調べを受けるときがないとも限りませんから注意して下さい。云々

夜間をさまよい歩く婦女子と当局側にみなされたと思われるあさ（第6章—3）が、「大津から京都へ来

るとき帰りが遅くなり、一〇時過ぎになったので、〇〇〇に勤めていると云っても、九時過ぎでは認められずにキャッチされました」と述べているように、京都では、夜九時過ぎにキャッチが実施されていた。ちなみにあさはその後、下宿でキャッチされていることから、コンタクト・トレーシングも受けていたことになる。

また、「二二年八月に市内に大きい臨検があって、その時キャッチされましたが、大きいトラックに六〇人もキャッチされていました」とカンナ（第5章―2）の証言から、当時の京都市内ではトラックに六〇名詰め込められるような大がかりなキャッチが行なわれていたことがわかる。

「（京都市）三条河原町のスケートリンクの前で、午後六時半頃そこを出たとき、××二人、巡査一人にキャッチされたのですが、私たち女が三人で〇〇が一人でしたがそのうち一人は見のがされ二人だけキャッチされてきました」と証言する夏子（第4章―8）は、これが初めてのキャッチだった。その後、叔母と同居の住まいに夏子が留守中に「××が三回も来て室を検べ、私をどこかへ隠しているだろう」と叔母に尋ねたということから、夏子はコンタクト・トレーシングにもあっていることから類推すると、夏子は性病罹患者である疑いを当局側からかけられていることが浮かび上がる。夏子は大津のキャバレーでダンサーとして住み込みで働いていたことや、GIと交際していたことから、GIと接触しやすい状況にいるダンサーは、キャッチのターゲットになっていることがうかがえる。

ゆず（第4章―7）は、「〔GIの恋人に〕逢いに来て、午後八時ごろ、三條京都の駅のところに見送ってもらって、発車まで、駅の近くの輪タクのたまりの火鉢にあたっていたところを、キャッチされました」という証言から、不意打ちの一斉キャッチではなく、GIと一緒に歩いているところを目撃した者が当局側にそのことを通報してキャッチされたことがうかがえる。この通報者の存在は大きい。というのも、当局側に通報することで、キャッチという性暴力に荷担していることになるからだ。

当局側の理不尽なキャッチについて、詳しく証言している具体例を次に示そう。本書で初めて登場するあやめ（二二歳）のケースだ。

昨年（年代不明）一二月三一日午後八時半ごろ、東山二条の停留所のところでキャッチされましたが、ほんとうに無理なキャッチの仕方です。二条停留所の東に這入ったところに本屋がありますが、お風呂の帰りに洗面器に石鹸と手拭を容れて、その本屋に立ち寄り、貸本の保証金を出して本を一冊買って店を出て来たら、○○が一人通りかかって「ハロー、どこへ行くのか」というから「家へ帰る」と答えたら、「ドコ」と云った。私は「京都」と答えました。○○はそのまま、東山二条からバスに乗って行ってしまった。そこに私服の刑事がやって来て、ちょっと来てくれと云って、川端署へつれて来られた。

私は、「いま本屋から出て来たばかりで、あの兵隊とは何も交際していない」と言いましたが「○○に話しかけられるような態度をしていたらいかん」と云い「○○にものを言っていたのを見たから現行犯だ」といいます。私は定期と財布に二○○円しかもっていないのですが、警察では、すぐキャッチ・トラックを呼んで、夜中の一二時ごろ病院へつれて来られました。（二三五—二三六頁）

あやめの証言からキャッチのポイントについて二つ指摘できる。まず一つは、キャッチを行なう警察当局は、警官とわからないように私服刑事が巡回していること、もう一つは、GIに話しかけられただけでもキャッチの対象になるのであり、キャッチされた理由は、話しかけられるような態度をしていたからだという。このようなキャッチは、当局側のきわめて理不尽なキャッチと言わざるをえない。当局側の望む、ＧＩから話しかけられない態度とは、いかなる態度を言うのであろうか。

さらに、さつき（第6章―3）は友人宅からの帰途、一人で電車を待っているときに一人の警官の尋問にあい、「ちょうど×・×がやってきたので英語で答弁」したことが原因で病院に送り込まれたことから、英語で答えただけでもキャッチされる状況にあった。

パンパンを自認する、はる（第4章―5）は、あたりまえに働いていたのにキャッチされたという。さらに、「××のほうへ写真がまわっていますので、もう京都では、顔を覚えられていますから、どこにつとめても、キャッチされる心配がある」と述べる。

ユウコ（第6章―3）は、キャッチされたあと性病にかかっていたことがわかると、「××で写真を撮られるときは、名前と淋病とか梅毒とかいう病名を書いた四角の紙を胸につけて撮影される」と述べている。るり（第4章―4）は「無差別にキャッチされるのが苦痛」と訴え、「××に顔を知られると病院を出たその日にさえ又キャッチされ詳しい事情も何も調べない乱暴なとりあつかいである。写真は名前をぶらさげてとられるし、もし病気があれば〇〇〇〇中にそれをまわすことになっている。抗弁すると棍棒でこづかれたり又キャッチされる者は非常に不公平」と述べていることから、先のはる、ユウコの証言とあわせると、キャッチされ性病と診断された時点で当人の氏名、病名入り札をぶら下げるという屈辱的な方法で写真を撮られ、さらにその写真が関係当局へ配布されることがわかる。

一旦当局へ顔写真が配布されると、「足を洗って堅気の仕事についてもキャッチされる」（撫子二一歳）、「更生しようと思って田舎に帰っていたのに、たまたま街へ出てきたらキャッチされたので、そのわけを言ってもきいてくれません、このようでは更生しようと思ってもできなくなります」（木蓮二〇歳）と訴えているように、キャッチされ性病治療をしたおんなたちは、たとえ完治しても、いつキャッチされてもおかしくない状況に陥っていたことがわかる。

このようなキャッチで多発したのが、ミス・キャッチ（誤認逮捕）である。次にこのミス・キャッチについてどういう事態が引き起こされたのかみてみよう。

2．ミス・キャッチという落とし穴

キャッチのあいまいさを前章で指摘したが、あいまいであるからこそ、ミス・キャッチという問題が、ゆゆしきこととして新聞で報道された。

「パンパンではないのに、キャッチされた」、という訴えが抗議行動にまで発展したミス・キャッチとして、一九四六年一一月一五日夕方にキャッチされた日本映画演劇労働組合所属のおんなたちのケース、通称「板橋事件」があげられる［藤目 1997: 328］、［奥田 2007:22］。

一九四八年には三名のおんなたちが、『婦人民主新聞』にミス・キャッチを訴えた。彼女たちの訴えを、「ぶり返すかその本性、耐えられぬ辱め、不当検診、今度は夜の有楽町街頭から」という見出しで、「さいきんまじめな勤労婦人をパンパンあつかいにして連れてゆき、強制検診を行って、娘としてたえられぬはずかしめを与えた」と、一九四八年六月二四日に『婦人民主新聞』は報道した。

『婦人民主新聞』は、創刊時の一九四六年八月以来「婦人の解放とあらゆる差別へのたたかい」［佐多 1982］をめざしてきた新聞である。この新聞がキャッチそのものに異議を唱えるのではなく、まじめな勤労婦人がミス・キャッチされたことに異議を唱えていることに注目すると、『婦人民主新聞』のめざす婦人の解放は、どういったおんなたちの解放だったのかがあらためて問われる。

国会でも、『婦人民主新聞』のこの報道がとりあげられた。

一九四八年六月三〇日に開かれた第二回衆議院治安及び地方制度委員会第四八号で、社会党大石ヨシエ議員が「人権じゅうりん問題に関する説明聴取」として、次のような問題提起を行なった。

被害者の桐さん、蓮さん、蕗さん〔全員仮名〕の三女吏《ママ》は、言うに忍びない侮辱を与えられ、生涯忘れることができないと言っております。警察では私どもがやみの女性でないということがわかっておっても、平気でわれわれにこういうふうに侮辱を与えました。東京の女は、みんな一度はここへはいるがよかろうなどと、警察官は暴言を吐いておりました。その上病院の寝具は実に不潔で、一晩はいりますれば皮膚病に感染します。むりに連れていって、一晩二〇〇円の料金を払わされ、かつまた払われない人はお金がないので、ひとから借りてまで払ったような人もあります。こんなまじめに働く女性を罪人扱いにした事実があります。これはひとり東京のみでなく、わが選出区の京都におきましてもこういう事実があります。また大阪におきましてもこういう事実があります。われわれがパンパン・ガールと間違えられてこういう侮辱を与えられるということは、実際われわれ日本女性のために私は義憤を感ずるものであります。〔傍線は筆者〕（第二回衆議院治安及び地方制度委員会議録第四八号、一九四八年六月三〇日）

文中の傍線部に注目してみよう。大石にとって人権じゅうりん問題というのは、まじめに働く女性である「われわれ」がパンパンのように扱われたことにある。キャッチそのものがおんなたちに振るわれている暴力だという認識は、大石の発言からはうかがえない。ここに、女性議員からも擁護してもらえないパンパンの状況がうかがえよう。

同委員会で、同志クラブ（のち民主クラブ）佐藤通吉議員は、なぜ警察がパンパンでないおんなたちをすぐ釈放しなかったのかという疑問を、次のように述べる。

> Ｍ・Ｐの方から、進駐軍と会話中の女性は全部強制検診をせよという御指示があった。その指示によって警察は動いたのだ。その次にパンパンでない女性であるということがはっきりした場合には、即時釈放しなければならないという指示を受けておるということでありますが（中略）正当な身分の証明を持ち、しかも言語、挙動において。《ママ》パンパンでないという事実が明瞭となれば、なぜ警察は即時釈放されなかったかということであります。（前掲大石と同）

佐藤が述べるように警察当局が、ＭＰの方から、進駐軍と会話中の女性は全部強制検診をせよ、という指示によって動いたとするなら、検挙された桐さん、蓮さん、蕗さんは、ＧＩと会話中に検挙されたことになる。佐藤にしても大石同様、パンパンでないおんなたちがキャッチされたことが問題であって、キャッチ自体の暴力性については言及していない。

ミス・キャッチされたという三名は、ＧＩと接触する頻度が高い仕事に携わっている。というのも、桐さん、蓮さんが看護婦として勤める聖路加病院は当時ＧＨＱに接収されており、米陸軍が使用していたからである。さらに蕗さんは教会の英語教師であったからだ。このように仕事で英語を使っているおんなたちも、キャッチされていた当時の状況が浮かび上がる。

このミス・キャッチについては、サムスが、彼の回想録『ＤＤＴ革命』で重要な発言をおこなっている。

> 日本占領軍の軍司令官の中には南西太平洋の島々での戦闘を経てきた将兵たちには、「彼女たちと楽しむ」資格があるのではないかという者もいた[1]。そのためこの司令官の管区内では戦後数か月の間売春が禁止とならなかった。しかし、他の司令官たちはワシントンから、極東軍司令官に伝達された命令、すなわち憲兵を使って都市の売春婦を一掃し、売春行為を抑制せよという命令を忠実に実行しようとした。一例をあげるならば、東京・横浜地区では、憲兵が夕方、一定の時間以後に街角に出ているすべての女性を狩り込み、有刺鉄線で囲んだ場所に運び、彼女たちを検診した。そして、もしその時、性病に罹っていることがわかれば、彼女たちを日本側に渡し、隔離して治療させることにした。このようなやり方に対し、日本人から、強い非難が巻き起こった。というのは、国会の婦人議員までが、国会の委員会から夜遅く帰宅する途中で狩り込みに会《ママ》ったり、電話の交換手として働いていた女性たち、また占領軍のために働いていた女性たちでさえもがつかまったからである。アメリカ軍当局のこのような人権を無視した狩り込みは、日本人の大きな怒りを買った。［サムス：1986, 189］

上記のように、米軍当局の人権を無視した取り締まりが占領直後頻発していたため、売春行為を禁止させる措置として、一九四六年一月二二日ＧＨＱによる「日本における公娼廃止」の覚書の発令が生まれた、とサムスは述べている。ただサムスは、「日本における公娼廃止」の覚書の発令が、結果的にフリーの売春婦が巷に溢れる事態になったことについてはなにも言及していない。

戦後数か月売春が禁止とならなかった時期は、ＧＩ用慰安施設が運営されている時期に当たる。ＧＨＱはこの慰安施設運営時期と並行して、占領軍独自でＭ・Ｐを使って一定時間以降に出ているすべてのおんなたちを捕まえ、有刺鉄線で囲んだ場所、いわゆる占領軍の基地で性病検診を行なっていた。すべてのおんなたちを捕まえる、というミス・キャッチはすでにこのときから行われていた。

3. 白昼のキャッチ被害と犯罪者扱いされたおんなたち

街角のキャッチは、夜から翌日の明け方にかけて行なわれているとばかりおもっていた。当時の日本の新聞の記事でそのように記載されていたからだ。

ところが……。GHQの資料のなかに、大分県別府市で白昼堂々と衆人環視のもと、キャッチが行なわれていた事例が報告されている資料がある。このときの衆人環視は、ほとんどがおとこたちと言っていいだろう。おんなたちは年齢問わず、キャッチされる危険性があるため、キャッチのトラックを目にしたとたん、キャッチされないように逃げるか身を隠しただろうから。

キャッチされることが、どれほど恐ろしいものか、いまいちど想像してほしいとおもう。たとえばあなたが日中の二時か三時頃、街で買い物を楽しんでいるとき、急に目の前にトラックや大型ジープが止まって、腕章をつけた制服姿のMPと日本の警察官があなたの二の腕を掴んで、あなたをトラックの荷台に放り込んでしまう。トラックのまわりには、荷台に放り込まれているおんなたちを一目見ようと、野次馬が群がっている。

キャッチされトラックの荷台に乗せられるということは、キャッチする当局側から、GIたちに性病をまき散らすパンパンに違いないとみなされたことを意味している。トラックを取り巻く野次馬たちも、トラックの荷台のおんなたちは、パンパンに違いないとする当局側の視線を共有している。野次馬のおとこたちは、キャッチされたおんなたちに躊躇なく、罵詈雑言を浴びせただろう。キャッチされたおんなたちの華やかな装いは、「われわれ」野次馬のおとこたちのためではなく、日本を占領した「あいつら」GIたちのためだから。

世間ではこのようなキャッチを、パンパン狩りといって揶揄していた。当時浮浪児狩りや浮浪者狩りも各地で頻繁に行なわれていたので、ひとによっては、パンパン狩りと浮浪児狩りを混同するひともいるかもしれない。わたしも知人から、「どう違うの？」と尋ねられたことがある。浮浪児狩りも浮浪者狩りも白昼に衆人環視のもと行なわれたという意味では、パンパン狩りと変わらない。

決定的に違うのは、パンパン狩りといわれる行為そのものが、おんなたちのセクシュアリティを脅かす行為であるということ。キャッチされるということは、さらに強制的な局部検診が待ち受けている状況にある。浮浪児狩りや浮浪者狩りはキャッチされたあと、たしかに健康診断を受けさせられただろうけど、局部検診まではなされていない。パンパン狩りの健康診断は性病検診のことであって、強制的な局部検診にほかならない。

さらにパンパン狩りは、「あいつらは、局部検診させられるおんなたちだ」といった、個人のセクシュアリティを搾取するような目線で眺められることが特徴だ。野次馬たちは、GIとおんなたちが交わる場面を妄想しただろう。もはやトラックの荷台に放り込まれたおんなたちは、野次馬たちに視姦されるおんなたちだ。彼女たちをとりまく野次馬は、性暴力の共犯者なのだ。しかも、まるで獲物を狩るように、パンパン狩りという侮蔑的な名称が、いまでも使われている。

こういう状況を考えると、キャッチはたんに捕まえて性病検診を受けさせられる行為という以上の意味をもつ。キャッチから性病検診（あるいは性病治療）にいたる一連の行為は、おんなたちの身体が性暴力の傷でずたずたにされていることを示している。深い傷の上にあらたに傷が刻まれていく。

これからみなさんにご紹介したいGHQの報告書がある。白昼堂々とキャッチを実施していた状況が記載されている報告書で、一九四九年四月一日付で大分県軍政部ガイン・B・グッドリッジより、上部組織の九州地区軍政部司令官宛に、「別府市におけるMPの行動」について報告されたものだ。この報告は、大分県議会の委員会からGHQの大分県軍政部へ報告された。

キャッチの状況をイメージして、この報告書を読んでいただきたくおもう。(2) もしわたしが、あなたが、あるいはあなたの大切な人が、この時期に日常生活を送っていたとしたら、もはや他人事ではない話なのだから。

一九四九年一月一日から同年二月二八日までに、一〇五三名の街娼容疑のおんなたちが捕まえられた。この街娼容疑者の五%は、明らかに処女であった。検挙されたおんなたちのわずか一〇%が性病に感染していた。日本の警察は検挙されたおんなたちの四分の一が街娼と見積もり、保健所も検挙されたおんなたちの中で街娼である可能性は三分の一に満たないと確信している。したがって、六五〇〜七五〇人の無実の婦女子がMPの幌のないジープでまさに回り道をしながら警察署へと連行される間、公衆の面前に、売春婦（prostitutes）として陳列されるという侮辱を被ってきた。彼女たちはさらに、性病検診を受けさせられるという辱めを受けている。

キャッチに遭った一〇五三名はすべて、街娼容疑でキャッチされたおんなたちであるということや、そのうちの半数以上の六五〇〜七五〇名が無実の婦女子だった。

また公衆の面前で、パンパン（売春婦）として陳列されながら警察署まで回り道をしながら連行されるという状況は、本書第一章で述べた、ポルノグラフィー的な見せしめ効果を誘発している。幌のないジープに乗せられた彼女たちを、パンパンという目線で眺めていた野次馬が大勢いたであろうことは、容易に想像がつく。

とりわけ同報告書では、一六名がどのような状況でキャッチされたのか詳細に報告されていた。彼女たちがキャッチされた時間帯は、午後二時半～午後九時だった。当時ＧＨＱの言論統制が行なわれていた時期なので、彼女たちのことは新聞では報道されていない。彼女たちがキャッチされた時間帯に注目すると、キャッチは白昼も行なわれていたことがわかる。新聞では、たいていが夕方から明け方にかけてキャッチが行われていたと報道されているので、白昼堂々とキャッチが行なわれていたことに、わたしは驚いた。キャッチされたおんなたちは、主婦、看護婦、社員、医師などで、主婦や社員たちは、「ショッピングに別府市へ来た」、「婚約者へ会いに来た」、「観光をしていた」、「友達に会いに来た」「別府市の姉妹に会いに行く途中」でキャッチに遭遇した。

別府市のこうしたキャッチが具体的にどのように行なわれていたのか。この一六名の中から二名の事例をみてみよう。

1．桔梗（二四歳）。一九四九年二月一日、店の前で検挙される。店内にいる母に知らせようとするけれど（警察側に）拒否され、ぞんざいにジープに押し込まれ、警察署へ連れていかれた。

2．よもぎ（二五歳）。一九四九年一月二三日に検挙される。彼女は裁縫学校の生徒だと説明したけれど、そのとき証明書を持っていなかったため警察署へ連行された。裁縫学校の校長に連絡がとれ、校長は彼女が学校の生徒であると説明した。しかし日本の警察当局は、検診を受けずに彼女を釈放することを拒んだ。というのも、検挙された女子は全員性病検診を受けなければならなかったからで、その命令は、ＭＰによるものだと述べた。

桔梗の事例から、当時のキャッチの強引さがわかる。よもぎの場合、一旦キャッチされれば、どういう理由があっても、性病検診を受けなければならなかったことがわかる。

こうした一六名のキャッチについて、「民主的な権利がもっとも無視されているのは、性病予防プログラム〔性病予防法〕に関わって、ＭＰが婦女子を大量に逮捕していること」、と同報告書で報告されている。先に示した一〇五三名のキャッチの状況と照らし合わせてこの報告を読むと、重要な点が二点浮かび上がる。

一点目は、多くのおんなたちの人権を無視したキャッチが、性病予防法という名のもとに、合法的にＭＰ主導で行われていたことだ。合法的に行われている限り、別府市のような事例は、当時の日本各地でも行われていたと推測できる。

もう一点は、大分県議会側がＧＨＱの軍政部に対し問題としているのは、無実の婦女子がキャッチされ売春婦として扱われていることであって、キャッチという性暴力そのものではないということだ。ここでも本書第一章と本章で述べたミス・キャッチ同様、パンパンたちは大分県の議員たちからも擁護されていなかった。

4．性病患者は犯罪者ではない──PHWから憲兵司令部への訴え──

キャッチされたおんなたちをすべて犯罪者扱いするMPの横暴さについては、PHW（公衆衛生福祉局）も問題視していた。MPに直接命令指示している憲兵司令部とPHWとの間で、日本での性病予防プログラムについて意見の相違があったことを、エルキンスの後任の性病対策顧問医師イサム・ニエダが記している。(3)

売春と性病対策を関連づける問題は、占領軍の指揮官たちとSCAPの公衆衛生局の間の衝突だった。その結果、性病対策についての両者の協力や共同が欠如した。一つになれなかったという欠如は、日本人に対して混乱の原因となり、国レベル、地方レベルともに性病対策プログラムの適切な実施と遂行を妨害してきた。〔RG331/SCAP/9321〕

この両者間に一体どのような衝突があったのか。そのことに立ち入る前に、GHQの命令系統について簡単にご説明しよう。この命令系統を知らなければ、なぜ占領軍指揮官とPHWとが衝突したのか、あるいは、MPの横暴さをPHWが直接止めればいいのになぜしなかったのか、といったさまざまな疑問がでてくるだろうから。

まず、GHQという組織は二つある。一つは、日本の占領行政を管轄するGHQ／SCAPであり、本書でこれまでGHQと示しているのは、すべてこのGHQ／SCAPのことを指す。

そしてもう一つは、GHQ／AFPAC（US Army Forces Pacific. 米太平洋陸軍）という。GHQ／AFPA

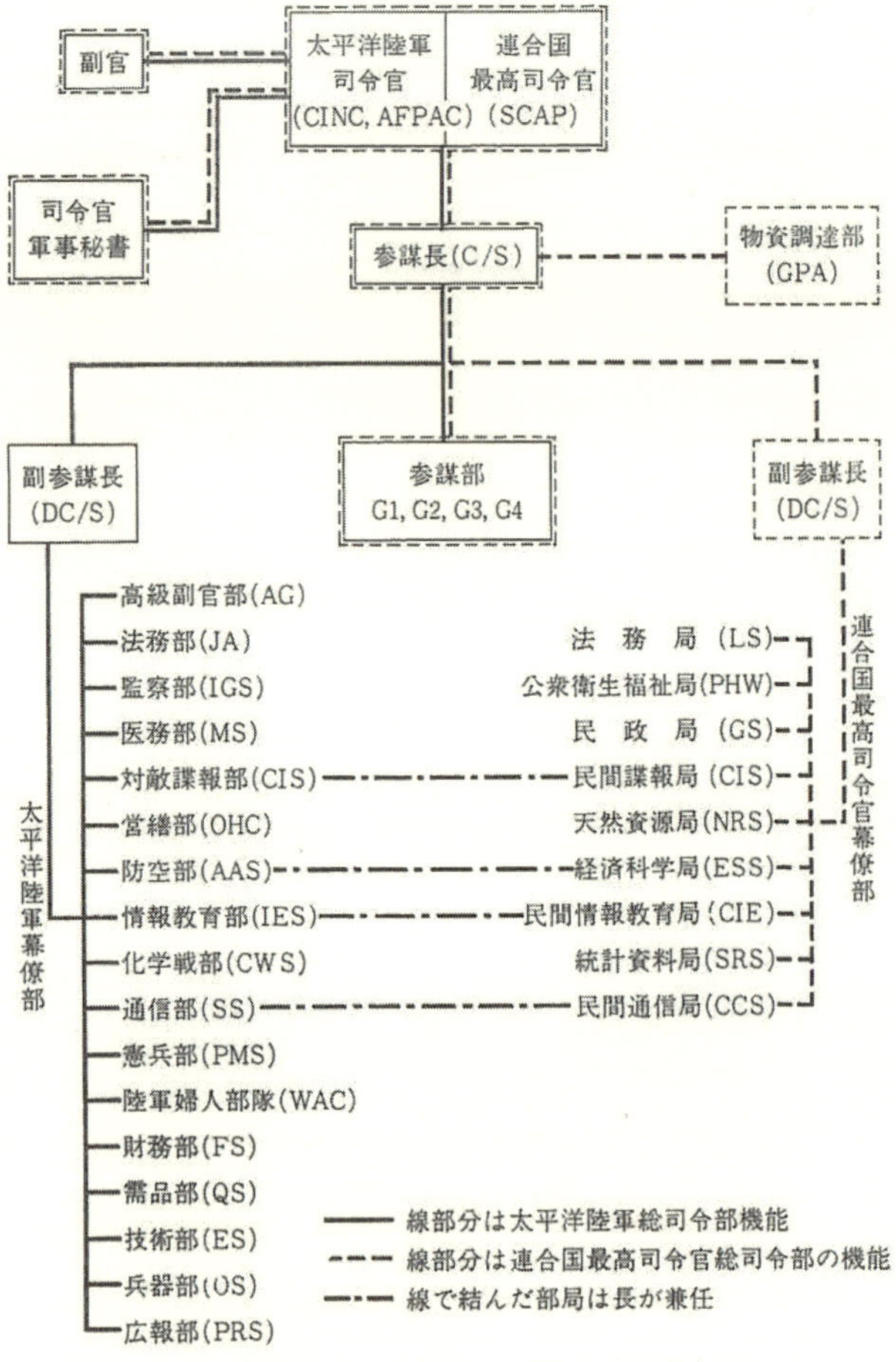

図1　ＧＨＱ機能の二重構造（1964年1月）［竹前 1983］

Cは一九四七年からGHQ／FEC（Far East Command. 極東軍総司令部）となるが、ここではGHQ／AFPACとして話をすすめることにする。

図1　GHQ機能の二重構造[4]をみてほしい。PHWはSCAPに所属していることが確認できる。そしてMPはAFPACの中の憲兵司令部（Provost Marchal Section. PMS）[5]に所属している。このように同じGHQであっても、PHWはSCAPに属していてMPはAFPACに属しているため、所属が異なる。

このように二重構造となった理由として、「GHQ／SCAPは、戦闘を基本的目的とする軍組織が、長期占領という新しい事態に対応するために設けた組織」［杉山 1995:27］だったからだ。そしてPHWのスタッフも軍人ばかりではなく、文官や民間人も含まれていた。本書の「はじめに」で登場したPHW看護課長バージニア・オルソンも、軍人ではない。

「日本に行きたいと思いませんか！」〔大石 2004:26〕

オルソンは、一九四六年第三五回アメリカ看護協会大会に出席したときに、当時PHWの看護課長だったエリザベス・オルトにリクルートされ、日本にやってきた〔大石 2004〕。軍人であるオルトが民間人をリクルートしなければならない背景として、一九四六年にPHWで人事異動が急激に行なわれたためスタッフが不足し、PHW局長のクロフォード・サムスがその年の夏、必要な軍人スタッフを確保しようとしたけれど、陸軍医務監督部人事担当官から人員補充はできないと告げられたからだった。そこでサムスは、「専門誌に自弁で広告を出したり、アメリカの医師会など専門職団体に接触して医師、看護婦、衛生工学士や福祉などの専門家を民間人から補充しなければならなかった」〔サムス 1986:66〕という。オルソンは、こうした流れの中で民間職員として日本にやってきた。オルソンに限らずPHWの欠員スタッフは、民間人で補充された。

ここでさきほどの図1の左側（AFRAC側）の部局のひとつに、MS（Medical Section 医務部）があることに注目してほしい。もともと米軍が日本を占領した時点ではPHWは存在せず、MSが占領地の医療を担当していたところへ、「占領が具体的になるにつれて民生の重要性が認識され」〔杉山 1995:51〕、その流れでPHWが一九四五年一〇月に設立された。この時点でMSの担当は、①軍事技術、②兵力維持に重点がおかれ、PHWは②兵力維持、③占領地対策に重点がおかれるようになった。両者とも兵力維持という共通点はあるものの、軍人と非軍人とで構成されたＰＨＷは性病対策をめぐって、憲兵司令部と真っ向から意見が対立した。キャッチされたおんなたちのことを、ＰＨＷと憲兵司令部とでは、まったく異なった目線でみていたことが、両者の間に軋轢を招いた。

ことの発端は、一九四七年一一月三日付で憲兵司令部のリース大佐が提出した性病対策の草案が、ＰＨＷの考えにそぐわなかったことに始まる。

リースは、キャッチされたおんなたちを犯罪者とみなしていた。

売春婦であろうとなかろうと、性病感染を被っているのを承知の上で占領軍のメンバーと性的な交際をするおんなは、占領軍のメンバー個人の安全性に損害を与える行為をしている。占領軍の安全性に対する犯罪は、軍事法廷によってのみ裁かれるべきであろう。

リースの意見にＰＨＷ側は一九四七年一一月一三日付で「同意しない理由」[6]として、次のような考えを示した。

ほとんどの場合、感染した状態を事前に知るのは不可能。（中略）そのような強調〔日本のひとたちの刑事責任を課すこと〕は、日本のひとたちのなかに性病を犯罪であると思わせることになる。もし性病が犯罪であるということが当然とみなされると、わたしたちの性病対策プログラムにおける日本のひとたちの信頼を壊すことになるだろう。性病プログラムが前提としていることは、性病は伝染病であるので、性病患者は他の伝染病患者と同じ態度で扱われなければならないということだ。

ＰＨＷ側は、性病を伝染病[7]ととらえているため、性病に罹患しているひとは、あくまでも患者であるという考えをもっている。一方、リースの考えは性病に罹患していることを承知のうえでＧＩと性交渉をもつことは、パンパンであってもなくても、ＧＩの安全性に損害を与えるふるまいを行っているため、米軍の刑事事件に処すような犯罪者であると述べる。

杉山が、ＡＦＰＡＣはＳＣＡＰとちがって、民政分野では見られない「冷酷な軍隊の論理が存在したと思われる」［杉山 1995:52］と示唆しているように、リースが提出した性病対策草案は、占領地のおんなたちのことを「われわれの大切なＧＩたち」に損害を与える犯罪者という冷酷な軍隊の論理を全面的に押し出していた。「日本における公娼廃止」の覚書（SCAPIN642）の違反者でさえも、「軍事法廷で裁いても差し支えない」とリースは提案していた。この覚書の内容は、次のとおりである。

SCAPIN642: 公娼制度は民主主義の理想に反するものであり、その存在を認める一切の法令を廃止し、売春をさせることを目的とする一切の契約は無効としなければならない[8]。

この内容に違反した者は、米軍の軍事法廷で裁いてもよいとリースは提案していたのだ。リースの提案についてＰＨＷは、次のように反論した。

SCAPIN642 の違反は、軍事法廷の犯罪に関する事柄とみなすのはむずかしい。この違反が占領軍メンバー個人の安全性に損害を与える違反行為であると解釈するのは、さらにむずかしい。

そもそも公娼制度というのは、従来の日本国家の管理売春のことをさすのであって、これを廃止したのがSCAPIN642だ。なので、これに違反したからといって、それが米国の軍事法廷で裁かれたり、ＧＩたちの安全性に損害を与えるという解釈は、むずかしいということをＰＨＷは指摘している。

さらにリースは、ＧＩたちがオフリミッツ（立入禁止）の住居、売春宿、ホテルといった施設の利用について、利用を許している日本人に刑事責任を課すつもりだったところをＰＨＷは、「日本人への刑事責任というよりも、軍の違反者を訓練する事柄であろう」と反論している。

ＰＨＷは性病患者を犯罪者扱いにしないよう、さらに強調する。

> 性病は、ジフテリアや腸チフスやほかの伝染性の病気同様、伝染性の病気であるとみなさなければならない。性病プログラムを成功させるには、わたしたちは日本のひとびとの信頼と協力を得なければならない。性病のケースは「犯罪者」ではなく〔傍線は原文のまま〕「患者」として、ていねいに受け入れあつかわなくてはならない。さもないと患者たちは身を隠し、病気をまき散らし続けるだろう。その結果、性病対策のすべての努力が無駄になってしまうだろう。[9]

原文では、as "patients" and not as "Criminals" となっていて、犯罪者ではないことを強調するようにnotに傍線がひかれ、犯罪者をあらわす単語の頭文字は大文字のCを使っていることから、患者を一括りに犯罪者扱いするのはとんでもない、とするＰＨＷの考えが表れている。

ＰＨＷの主張もむなしく、「街娼とみなされた多くのおんなたちが、日本の警官をともなったＭＰで構成された風俗取締班によって捕まえられた」［RG331/SCAP/9321］と、ニエダは報告している。さらにニエダは同報告書のなかで、「MPの監督下の性病病院は、有刺鉄線のフェンス、格子窓、警察の管理が完備された刑務所となった。これら病院のサービスを日本のひとびとに活用してもらおうとしたわたしたちの努力が失敗してしまったのは、無理もない」と述べている。

本書第4章―6で紹介したあおいも、「東京では×××を誘惑して売いんしたという理由で裁判にかかるのです」と述べていることからも、結局、憲兵司令部の意見が優先されたようだ。キャッチ被害にあったおんなたちは、性病に罹患していることがわかれば、もはや患者ではなく、軍隊の論理で、GIたちの「安全性に損害を与える犯罪者」として位置づけられてしまった。

ニエダの「病院のサービスを日本のひとびとに活用してもらおうとしたわたしたちの努力が失敗してしまったのは、無理もない」という一文を読んだとき、わたしはPHWのスタッフたちは純粋に、日本のひとびとの性病が早く治るように、そして性病にかからないようにと、病院のサービスを充実させようといろいろ考えていただろうと想像した。

当時の日本は敗戦国で、米軍に占領されていた。だけど占領側の人間のなかに、性病患者を犯罪者ではなく患者として丁寧に（courteously）扱わなければいけない、という考えのもと、行動をおこしたひとたちもいたのだ、とおもった。

本書第1章ですでに明らかにしたように、神戸市では一九四六年三月の時点ですでに、兵庫県警の保安課に一五名の特別取締班がおかれ、神戸基地憲兵司令部風紀係MPと協力しておんなたちを取り締まっていたことを思い起こすと、占領初期の時点ではPHWは憲兵司令部のやり方に同意していたことになる。この時点のPHWはまだ局長のサムスが民間人のスタッフをリクルートする前だったため、PHW

は軍隊の性格が強かったことが推測できる。その後民間人のスタッフがＰＨＷで働くようになってから、ＰＨＷは憲兵司令部の、性病患者を犯罪者として扱うやりかたに距離をとることになったのだろう。

かつてわたしは、「ＰＨＷの文書を読んでみて愕然とするのは、日本人女性に対する扱いである。彼女たちは性病の感染源として一括して扱われるだけで、ひとりの人間として見られることはない」［奥田 2007:39］、という考えに同意していた。だけどＰＨＷの、性病患者を犯罪者ではなく、患者として丁寧に扱わなければいけないという一文を目にしてしまってからは、奥田の述べていることは、ＰＨＷというよりは憲兵司令部のとった態度ではないかとおもっている。

このように考える一方で、実は、もう一つ気になっていることがある。ニエダの報告書では、性病にかかっているかどうかを調べるためのキャッチの暴力性については、触れていない。キャッチを行なったのは、軍隊の論理で動くＭＰであるので、暴力的なキャッチを行うのは軍隊の論理に叶っている。ＭＰはパンパンであろうとなかろうとキャッチするおんなたちを犯罪者とみなしているのだから、おんなたちに容赦はしない。

わたしは以前、目を覆いたくなるようなひどいキャッチの写真をみたことがある。その写真は、新聞記者がうつした写真で今は手もとにない。写真は、ひとりのおんながＭＰと日本の警官にそれぞれ両手首両足首を掴まれて、宙づりになってトラックへと運ばれるシーンだった。まるで牛や豚などといった四本足の「獲物」を運ぶような方法だった。両手両足を掴まれながらも逃げようと抵抗したのか、おんなの着衣は乱れ、ワンピースの裾は胸元までめくれ上がって下着が丸見えだった。

一度、鈴木清順監督の『肉体の門』（一九六四年）をみたとき似たようなシーンがあったので、映画の脚色にすぎないとおもっていただけに、実際そのようなことが行なわれていたことを知ったとき、慄然とした。キャッチされた彼女は、人としての尊厳が完全に奪われていた。

ＰＨＷは憲兵司令部にたいして、性病患者を犯罪者ではなく、患者として丁寧に扱わなければいけないと強く主張しているにもかかわらず、性暴力そのものといっていいくらいのキャッチのやりかたについては一切言及していないのが、とても気になっている。ひょっとしたらキャッチについても、対立していたのだろうか。あるいは、おんなたちに検診を受けさせるには、こうするしかなかったのか。もし……性病患者を犯罪者という視点でみる憲兵司令部がいなかっとしたら？　ＰＨＷはキャッチというやり方で、おんなたちを捕まえ、強制検診を受けさせたのだろうか。

註

（1）サムスは一九四五年一〇月一六日、買春宿をこれまでどおりオフリミッツにしたところで、散娼（scattering of prostitutes）が兵士と密会すると主張し、オフリミッツに反対している［RG331/UD1851/9370j］。本書のＧＨＱ資料は特別のことわりがないかぎり、すべて米国立公文書館所蔵資料を使用。資料は、Record Group（RG）/Entry/Boxの順に表記。林は、サムスが占領将兵向け買春宿の公認を支持していたことが伏せられ、サムスが日本の公衆衛生に積極的な役割を果たしたことのみ評価されていることが不可解だと［林 2005］の注51で指摘している。さらに林は連合国軍の性病対策について、西欧の公娼制や日本の従軍慰安婦制度と異なっていることも指摘している。

（2）Guinn B. Godrich Lt Col, Inf Commanding, "Military Police Activities in Beppu City, Oita Prefecture."［RG331/SCAP/9336］. 別府市の事例はすべてこの文書から引用している。

（3）Isamu Nieda, "Summary Report of Venereal Disease Control Activities in Japan October 1945 – December 1949."［RG331/SCAP/9321］. なお性病対策顧問は時期によって異なる。ジェームズ・H・ゴードン中佐（一九四五年一〇月～一九四六年三月）、P・E・M・ブーランド少佐（一九四六年三月～一九四六年九月、一九四七年一〇月～一九四七年一二月）、オスカー・M・エルキンス医学博士（一九四六年九月～一九四七年一〇月）、イサム・ニエダ医学博士（一九四七年一二月～一九四九年一〇月）。Ｍ・Ｏ・ディキンソン（一九五〇年一月～五一年六月）に関しては、［奥田 2007:15］。ディキンソンの地位は不明。

（4）竹前栄治、『ＧＨＱ』、岩波書店、一九八三年。

（5）本書では、憲兵司令部をＰＭＳと表記せずに憲兵司令部と表記する。ＰＨＷ（公衆衛生福祉局）と略号が似ているので、誤読を避けるために、このようにした。

（6）Lucius G. Thomas, Lt. Col. M.C. Chief Preventive Medicine, "Venereal Disease Control." ［RG331/E1851/9370 part2］.

（7）現在では感染症というが、当時の歴史状況を考えて、本書では伝染病と表記している。

（8）RG331/SCAPI/9321,SCAPIN ― 642.

（9）Lucius G. Thomas,ibid.

第８章　おんなたちの住まいに踏み込むキャッチ

１．コンタクト・トレーシングの問診票

コンタクト・トレーシングとは、性病にかかっているＧＩに接触したおんなたちを追跡する調査のことをいう。このコンタクト・トレーシングについても、ＰＨＷは第八軍との間に、そのやりかたにおいて対立した。

まずは、実際にどのようなことが起こったのかお話ししようとおもう。そのほうが、この対立がどのような対立だったかイメージしやすいとおもう。コンタクト・トレーシングを行なうにあたって、次のような問診票[1]にもとづいて性病にかかったＧＩに聞き取りを行ない、調査が開始される。

問診票は大まかに①（性病）患者の履歴、②接触者の履歴、③売春婦のあっせん履歴、④避妊履歴、⑤特記事項の五つのカテゴリーに分けられている。

この五つのカテゴリーでとりわけ注意が払われたのが、②の接触者の履歴の部分だった。この部分には、患者は接触した相手を特定できるか、あるいは接触場所を特定できるかどうかにチェックがつけられるようになっていて、さらに、接触者の名前、住所、職場、職業、年齢、国籍、身長、体重、目の色、髪の色、その他特徴といった欄が設けられている。

接触者の情報を得る目的は、接触者の治療および接触者が他のひとに感染させるのを防ぐためだとい

HEADQUARTERS

APO ____

SUBJECT: Venereal Disease Contact Report
(See instructions on opposite side)

TO: (The appropriate Public Health Officer)

① Patient's History:

____, ____, ____, ____
(ASN or Civ) (Organization) (Nationality) (Age)

Time and date of exposure ____
Date symptoms began ____
Diagnosis ____ Date of Diagnosis ____

② Contact History:

Can Patient identify contact ____ Locate contact ____
Name of contact ____
Address ____
(No.) (Street or Region) (City)
Place of employment ____ Occupation ____
Description: Age ____ Nationality ____ Height ____
Weight ____ Eyes ____ Hair ____ Other identifying features ____

③ Procurement History:

Type of contact: Friend ____ Pick-up ____ Prostitute ____
Other ____
Method of procurement: Own effort ____ Pimp ____
Brothel ____ Other ____
Description of procurer ____
Place of procurement: Unit Area ____ Street ____
Railroad station ____ Dance Hall ____ Hotel ____
Address ____
Place of exposure: Unit area ____ Home ____ Hotel ____
Brothel ____ Truck ____ Auto ____ Alley ____ Rice paddy ____ Other ____ Address ____
Amount paid ____ To whom ____

④ Prophylactic History:

Was soldier sober ____ Drinking moderately ____
Intoxicated ____
Type of prophylaxis: None ____ Rubber ____ Pro kit ____
Liquid pro ____ Self administered ____ Supervised pro station ____ Where administered ____
Time after exposure pro taken ____

⑤ Remarks: ____

Signed ____ MC

(LOCAL REPRODUCTION AUTHORIZED)

Inclosure 1

図は Circular No.56 "Venereal Disease Control"28 Dec. 1949,［RG331/SCAP/9370d］
図中の番号①～⑤は、筆者が追記したもの。

うことを、患者に知ってもらう必要があった。性病は感染症なので、性病患者に接触したひとを探してその人も治療を受けてもらう必要がある。そのためには、いつどこで誰と接触して性的交渉を持つに至ったのかという情報が大切だということを患者にわかってもらわなければならなかった。接触者はひとりではないことや、性病の徴候が現れる前の潜伏時期に接触した者全員に尋ねる必要性もあった。

コンタクト・トレーシングは、このように性病に罹患した患者からの情報をたよりに、その患者に接触したおんなたちを探す調査だった。

実際、どのようなコンタクト・トレーシングが行なわれていたのかを、次の節で具体例をあげてみてみよう。

2. ピンポイント・キャッチという性暴力

コンタクト・トレーシングの具体例については、本書の第一部第4章〜第6章でとりあげた資料、『街娼』の中に収録されている、性病検診のために強制的にキャッチ（検挙）されたおんなたちの記述を中心にみていこう。『街娼』は、京都社会研究所が京都地区における二〇〇名のGI相手の街娼に行なった調査報告書であることを、ここで再度述べておこう。

『街娼』の調査報告書では、コンタクト・トレーシングでキャッチされてしまったことを明らかにしているおんなたちは一四名いる。そのうちの一二名が本書の第4章〜第6章ですでに登場したおんなたちで、GIとなんらかの関係性を持っている。そして残り二名は、GIとは交際していないおんなたちだった。

街角のキャッチなら第7章で述べたように、キャッチする側が、「あのおんなは性病にかかっている売春婦に違いない」とおもってキャッチするため、誰もがキャッチされる危険性があった。

コンタクト・トレーシングは、こうした街角の不特定多数のおんなたちを対象にキャッチするのではなく、性病患者であるGHQ関係者からの情報を手がかりにピンポイントで接触者を捜し出し、キャッチする、ピンポイント・キャッチだ。

GIとは交際していないのにピンポイント・キャッチされてしまった二名（ぼたん、つつじ）の記述をみてみよう。彼女たちは、どうしてピンポイント・キャッチをされてしまったのか。

ぼたん（二三歳）は、自身の住まいの二階をダンスホールのダンサーに二週間ほど部屋を貸していた。


刑事が二度ほどダンサーを探しに来たのでこわくなって出てもらったのです。しかし、二月六日の夜中の一二時半にまた××と二人の巡査（Oと眼鏡の巡査）がダンサーを探しに来たので、もういないのに、私をつれて行くというのです。私はつれて行かれる理由がないというのに、強制的につれて行くというのです。母は泣いていました。私は〇〇に関係ないから二條の交番所の巡査に証明してもらおうとして電話をかけましたがだめで、四條の交番までつれて来られ、あそこで朝の六時まで別につれにくる巡査がくるのを待たされました。（二三八頁）

ぼたんはGIとは交際していないので、キャッチの対象になる理由がないということを、傍線部分は表している。にもかかわらず、ぼたんがピンポイント・キャッチされてしまったのは、問診票で提供された情報があいまいか、あるいは正確であってもキャッチする側が判断できなかったかのどちらかが原因で、接触者と間違えられてしまったと考えられる。さらに、性病の疑いのあるダンサーに部屋を貸し、同じ建物に住んでいたというだけで強制的なキャッチが行なわれていたことがわかる。性病は感染するので、ピンポイント・キャッチで疑われていたおんながいなくなっても、その住まいに住んでいるおんなたちはみなこのピンポイント・キャッチで強制的に連れて行かれていたことを、ぼたんの例から知ることができる。

一方、ピンポイント・キャッチの決め手が外国製品を保持していたため、というケースがある。つつじ（一九歳）は、午前二時半に二人の×・×と二人の警官に寝室に踏み込まれた。

かつて、この室に××相手のパンパンが住んでいた事と、私の机の上に外国製のタバコと石鹸があった事をもって否応なしに連行されました。（中略）その石鹸と煙草は先日、隣室の女の人から買ってくれと頼まれ、気の毒に思って買ってやったもので、そんな事が、こんな仇を作り出すとは。私は煙草はすいませんが、父のためにとっておいたのです。（二四四頁）

つつじは、喫茶店の二階に住んでいる喫茶ガールで、彼女もぼたん同様、ＧＩとは交際していない。コンタクト・トレーシングの問診票には、接触者が外国製品を保持しているかどうかというようなことは一切明記されていない。にもかかわらず、ピンポイント・キャッチを行なう側は、おんなたちの住まいに踏み込んだとき、部屋の中を調べたり探したりしている。ダンサーの仕事をしている秋子（第4章―2）は、夜ピンポイント・キャッチされた。彼女をキャッチした巡査は、土足で寝台の下や戸をあけて調べまわった。ダンスホールと喫茶店かけもちしている凜（第4章―2）も、「巡査はどしどし上がってきて、戸をあけたり、箱をとったり、寝台の下を探したりするので困る」と語っている。キャッチする側の巡査が探しているのは、外国製品だ。二人とも、GIの恋人がいる。あおい（第4章─6）は、外国品を使用しているとキャッチされる心配があるという理由でGIの恋人からもらった金で、日本製の服や靴を買っていると語っていることからも、問診票があったとしても、実際は、外国製品があるかどうかが重要な判断基準になっていたと考えられる。

アン（第4章─6）の、「警官Oはよくない人だと思います。土足のまま上がり込んだり、故意にガラスを破壊したりするのは困ります」、アキ（第4章─3）の、「O巡査は靴のまま上がり、私が支度するあいだハモニカを鳴らしていました」と、二人は日本の巡査のマナーの悪さを訴えている。

アンはほかにも二点重要なことを語っている。

平素から病気に注意し、日赤に時々行って診察してもらっているので、現在は病気は持っていない。日赤の証明書をみせたら××は自分にはわからぬから、警官のOにきけ、といってやさしく言ったのに、Oは、無慈悲にも検束してしまった。（二一三頁）

××はMPを指している。アンの主張から、病院の性病検査の証明をみせても、キャッチされていることがわかる。

二つ目は、キャッチする側がキャッチされる側に性的な交渉を促している点だ。

私の友人は、警官が、寝ようか、と言ったとき承知したら、釈放され、別の友人はそれを拒んだら、キャッチされた。（二一三頁）

『街娼』の資料自体がGHQの検閲にかかっているため、アンの言う警官がMPなのか日本の警官なのかはわからないけれど、MPの主観でキャッチされたおんなたちへの扱いが異なっていたことを示唆する資料がある。

その資料とは、広島県呉市でピンポイント・キャッチに遭った被害者からGHQ呉の民事部長あてに提出された「陳情書」[RG/SCAP/3032] だ。キャッチされたおんなたちは強制検診の結果性病にかかっていなかったにもかかわらず警察の留置場に一日入れられた。彼女たちをキャッチしたMPは別のおんなたちをキャッチしたけれど、彼女たちは検診が終わったあとすぐ釈放され、キャッチしたMPのジープで自宅まで送られた。また、留置場に入れられたおんなたちは、性病の定期検診を自主的に行なっているのに留置場へ入れられ、すぐ釈放されたおんなたちは、性病の定期検診を受けていないこととあわせ、MPの行為はあまりにも片寄っていると訴えた。他にもMPのふるまいで陳情すべき事は色々とあるけれど、もし語ってその事が白日の元にさらされたときにおこる思惑を怖がり口を閉ざしているものも多いと訴えている。

この訴えを読むと、キャッチする側は恣意的に行動していることがわかる。なので警官がキャッチの際に性的交渉を求めていたというアンの発言も、本当かもしれない。もし本当だったとしたら、それだけパンパンとみなされたおんなたちは、キャッチする側からは人間としての尊厳を奪われている状況が浮かび上がる。

アザミ（第6章—1）は、姉がGIと交際していただけでキャッチされてしまった。

家へ帰るとすぐキャッチされましたが、そのとき処女だったので、院長さんはすぐ帰してくれました。しかしその後たびたび何回もキャッチされるので、いやになって姉ちゃんの家を出てしまいました。（二一五頁）

アザミは何度もキャッチされるせいで、GIと交際することにしたという。アザミの証言から、おそらく一緒に住んでいたアザミの姉の交際相手が性病にかかってしまったため、コンタクト・トレーシングの調査上にアザミの姉の名前が浮かんだと推測できる。そして姉と同居している妹のアザミにも、性病の疑いがかけられ、キャッチされたことがうかがえる。アザミの証言から、処女であるなしにかかわらず、キャッチの対象となっていたことがわかる。

「理由もないのに、自分の家へ×・×と警官がやって来て連行されました。性病にかかった事は一度もありません」と、いきなりさゆり（第6章—3）はピンポイント・キャッチされてしまう。さゆりのようにコンタクト・トレーシングの対象に上ると、本人もなぜキャッチされるのかわからないまま、強引に性病検診をうけさせられてしまう状況が浮かび上がる。

夏子（第4章—8）の場合、彼女の不在中にMPたちがやってきた。

お叔母さんが私の留守中××が三回も来て室を調べ、私をどこかへ隠しているだろうといい、隠していないと答えると、帰ったら家に留めておけ、といって帰ったといいました。私はすぐ寺町五条の交番へ出かけ、そこから車で四条京極へつれて来られ、そこから、さらに川端署につれられ、午後一時半から六時半まで留められてからこの病院〔平安病院〕へ来ました。（二一五頁）

夏子の留守中に三度もキャッチにきていることから、ピンポイント・キャッチは、接触者をキャッチするまで何度も接触者の住まいにやってくることがわかる。そして最寄りの交番へ出向くと、各警察署にタライ回しにされて病院へ送られている。夏子ははっきりとは言っていないけれど、これまで引用したようにMPや日本の警官たちのキャッチするおんなたちへの数々の傍若無人なふるまいを考えると、夏子のような目にあったおんなたちが多く存在したことがうかがえる。

椿（第4章—6）は、キャッチのとき金がなくなったという。

東山のホーハウスにいたとき、昭和二三年七月か九月かに××と×・×・×とポリス一二、三人キャッチに来たことがありますが、その時、押し入れにしまっておいたお金が六万円紛失したことがあります。どうして紛失したかわかりませんが、押し入れなどがたがた開けた人もあり、その時の×・×はたしかにお金があったことを確認したというのですが、どうして紛失したかはわからぬままになっています。（二六八頁）

椿の語りから、キャッチのどさくさにまぎれておんなたちの金品を奪う者もいたということだ。もうひとつピンポイント・キャッチで、ご紹介しておきたい事例がある。一九五〇年九月一九日の山口県岩国市の事例である。

二三時ごろ、わたしが部屋をシェアしている友人と談笑していたときにMPたちがやってきた。彼らはお風呂にはいっている女性に対して、通訳を通じて早く風呂を出ろと言われた。彼女とわたしは日本の警察署へと連れて行かれた。［RG331/SCAP/3032］

ピンポイント・キャッチで、せき立てられるように連れて行かれる状態が浮かび上がる。

このような、おんなたちの人権を尊重しないピンポイント・キャッチが行なわれたまさしくその時期に、ＰＨＷは第八軍との間でコンタクト・トレーシングをめぐって対立していた。

3．接触者の逮捕 vs. 接触者の治療

ＰＨＷと第八軍の関係から、話をはじめたいとおもう。第八軍はＧＨＱ／ＳＣＡＰの決定事項を下達する役割を担っているので、ＰＨＷが決定した事項は、第八軍に下達され、第八軍から日本各地の米軍基地へと伝達される。ＰＨＷと第八軍は、このような関係だ。

ここでＰＨＷのメンバーは、軍人だけで構成されているのではないということを思い出してほしい。一方第八軍は軍の論理で動いている。こう考えるとコンタクト・トレーシングにおいても、ＰＨＷが第八軍と対立したのは、当然といえる。

コンタクト・トレーシングについても、第7章でとりあげた性病対策顧問医師イサム・ニエダの報告書(3)を可能な限り追体験してみよう。

ニエダの報告書によると、一九四八年五月二二日までは、コンタクト・トレーシングは米軍の軍政部公衆衛生官の監督のもと、日本の保健行政に属していた。ところが第八軍は、コンタクト・トレーシングを憲兵司令官の監督のもとで行うという回報第三三号を、一九四八年五月二六日に発行した。この回

報第三三号によって接触者が性病に感染していた場合、軍事裁判所の裁判にかけられることになった。この変更は、ＧＨＱのあずかり知らぬところで行なわれた。勝手に変更されたのである。

占領期以前は、日本の公衆衛生は警察の監督下におかれていた。それが占領期になると厚生省や地方の保健所が再編されたことがきっかけで、公衆衛生は警察の担当から防衛官の担当に変わった。このような流れだったのが、回報三三号から、警察が再び公衆衛生行政に介入することになったわけだ。

そこでＰＨＷは憲兵司令官による監督を不可能にするために、一九四八年一二月二八日に回報第五六号を発行した。このＰＨＷの回報に納得しなかった第八軍は、一九四九年五月九日に回報第三九号を発行した。この第三九号にもＰＨＷは異議をとなえ、結局、第三九号はＰＨＷが提案する第五六号に沿うような形で修正したのが、一九四九年六月二五日のことだった。

主な修正箇所は、回報第三九号第四節で、(4) コンタクト・トレーシングの責任の所在を憲兵司令部に置くのではなく、接触者の治療を援助するために関わっているＰＨＷに置くという修正だった。訂正前の第四節では、「日本の警察は、実際に接触者の逮捕が必要な場合に利用されるものとする」（傍線筆者）という一文がある。傍線部分に注目すると、第八軍も軍の論理で動いていて、接触者のことを犯罪者とみなしていることがわかる。ＰＨＷはコンタクト・トレーシングにおいても、性病にかかっている接触者を犯罪者扱いすることを許さなかった。そもそも軍隊は軍の論理で動くのは当然のことであって、軍の論理に反対するＰＨＷの言動は、当時の米軍にとって、問題をはらむ言動だっただろう。

ニエダは、コンタクト・トレーシングでは、約九九％が接触者の場所にたどりつくには情報が不十分だったため、ＰＨＷや憲兵司令部のどちらがコンタクト・トレーシングを監督するかという点については、重要なことではなかったと報じている。またニエダは、コンタクト・トレーシングが失敗したのは、兵士たちの信頼と協力を得ることに医務部が失敗したせいであると信じられている、と報じている。

アジアのおんなたちの外見を見分けるのはむずかしいという問題があるにしても、兵士たちの信頼と協力を得ることに失敗したのは、ピンポイント・キャッチのやりかたが強引で暴力的だったことが原因だったのではないか。軍の論理では、GIに性病をまきちらすおんなたちは犯罪者なので、犯罪者として扱って当然という論理が働いている。この論理からいくと、彼女たちの住まいに土足で踏み込んでも、問題はないのだろう。彼女たちは、軍の大切な「商品」を傷つける犯罪者なのだから。

実際は、そのような強引なやり方では、接触者にほとんどたどり着けなかった。たとえ一時でも占領国のおんなたちと親密な関係になったGIなら、コンタクト・トレーシングがどのように行なわれていたか、知っていたはずだ。もしかすると性的交渉のパートナーから、どうにかしてほしいと相談を受けていたかもしれない。あるいはGIが大切におもっている彼女が、コンタクト・トレーシングというピンポイント・キャッチの犠牲になって、心を痛めていたかもしれない。

街角のキャッチにしても、コンタクト・トレーシングの暴力的なピンポイント・キャッチについても、PHWはそのやり方について、なにも言っていないし、ニエダの報告書にも言及されていない。この点について、もしPHWが彼女たちの尊厳を奪うようなキャッチを黙認していたとしたら、PHWを擁護することはできない。

だけど第7章で述べたようにPHWが主張した、彼女たちは犯罪者ではなく、患者として丁寧に扱うべきで、だからこそ性病病院に有刺鉄線や格子の窓、警官の監視などは廃止すべきであるとする点は、見逃してはならないとおもう。そう考えるとPHWが憲兵司令部と対立する一方で、兵士たちの信頼と協力を得ることに失敗したことは、占領/被占領の分析では説明できない。

PHWが兵士たちの信頼と協力を得ることに失敗したのは、占領地のおんなたちが兵士たちの信頼と協力を得ることに成功したからだといえるかもしれない。たとえば、GIの彼の帰国を延長志願させた、あさ（第6章―3）のように。

4．通報者という共犯者と消費された訴え

『街娼』から、キャッチの暴力性をみてきたが、おんなたちを震撼させたキャッチは、無秩序に行なわれたわけではなく、当時の法制度のもとで合法的に行なわれた取り締まりだった。合法的に行なわれていたからこそ、MPと日本の警察当局に、通報というかたちで貢献した者の存在も忘れてはならないとおもう。通報者たちは、キャッチというおんなたちに振るわれた性暴力に、間接的にせよ荷担していた存在だ。

さらに考えなければいけないこととして、このようなキャッチという性暴力被害を当事者たちが訴えているにもかかわらず、彼女たちの語りが、消費されてしまったことにあることを、ここでもくりかえし述べておきたい。京都社会福祉研究所所長竹中勝男は『街娼』の「まえがき」で、「内容が客観的で赤裸々なるがゆえをもって、これを読まない社会の人びとが巷間のエロ本と誤認しないように望む」と、注意を促している。しかし、この調査報告書を読んだ者たちは、同書で語っているおんなたちが街娼、あるいは元街娼であったため、エロ本として消費してきたと考えられる。『街娼』自体、これまでみてきたように研究員たちが性病でキャッチされた彼女たちをパンパンという蔑視の視線で彼女たちの尊厳を奪うような研究を行なっていたため、巷間のエロ本と誤認しないように望むと言ったところで説得力があるとは言い難い。読者のみならず研究員たちに、街娼を蔑む気持ちがあったからこそ、彼女たちの声は受

け止められることなく、現在に至っていると考えられることは、強調しておきたい。

註

（1）Circular No. 56,"Instructions Venereal Disease Contact Report This Information will be Handled in the Most Confidential Manner," General headquarters Far East Command Apo 500, 28 December 1948,［RG331/SCAP/9370d］.

（2）広島県と山口県は占領期には連合軍のなかの米軍ではなく、豪、英、印、NZ軍がいた。一時期これら軍隊は撤退していったが、一九五〇年六月二五日の朝鮮戦争をキャッチに、カナダ軍を加えた英連邦朝鮮派遣軍として再編された。占領期の呉の状況は［平井 2010］が詳しい。

（3）Isamu Nieda, "Summary Report of Venereal Disease Control Activities in Japan October 1945 – December 1949."［RG331/SCAP/9321］.

（4）Memorandum for Record, Status of Eight Army Circular on Contact Tracing. 9 August 1949［RG331/SCAP/9370d］.

Ⅳ部

合法的な性暴力――おんなたちの身体を管理する法

第9章　一部のおんなたちに適用された法

1．ＰＨＷ（公衆衛生局）の介入

占領地のおんなたちを震撼させた強制検診は、性病対策の一環として日本各地で実施された。そしてこの性病対策を主導的に行なったのは、ＧＨＱのなかのＰＨＷ（Public Health and Welfare 公衆衛生福祉局）という部署だった。ＰＨＷの局長は軍医のクロフォード・Ｆ・サムスで、ＰＨＷが設立される一九四五年一〇月二日からＰＨＷ閉鎖のほぼ一か月前の一九五一年五月二二日の辞任日まで日本占領期の間ＰＨＷは、ほぼサムスが掌握していたといっていいほど、看護改革、社会福祉、医学、保健所等日本の公衆衛生を「近代化」に導いた主要人物だ。

一九四五年八月一五日の第二次世界大戦終戦まもなくＧＨＱが日本に上陸した当初、日本には花柳病予防法という法律があったが、おもに遊郭の娼婦とその雇い主に関する法律であった。また性病は伝染病には指定されていなかったので、性病にかかったとしても、とくに届出は不要だった。

ＧＨＱは、ＧＩが性病にかかる原因となる要素、すなわちＧＩに接触する可能性のあるおんなたちについて何らかの対策を講じたくても、花柳病予防法では性病対策をたてることができなかった。なぜならＧＨＱ側が一番恐れていたのは、ＧＩたちが娼婦であってもなくても日本のおんなたちから性病をうつされることだったからだ。ＧＩが性病にかかったら完治するまで仕事ができない。日本は占領地で紛争地ではないにしても、兵士が性病にかかり仕事ができないのは軍事力が衰えることを意味し、軍隊としては大きな問題となる。

ＰＨＷは一九四五年九月二二日にＳＣＡＰＩＮ四八号「公衆衛生対策に関する日本政府への覚書［RG331/SCAP/932-PHW SCAPIN-48］を出した。サムスが作成したとされる［秋山 1978:209］この覚書は九項目あり、最後の九項目の「日本人に発生している性病対策のための妥当な手段にとりわけ重きをおくこと。これは日本の機関によって実施される」という指令が性病対策に関する指令である。したがってこの覚書が、性病対策に関してＰＨＷから出された初めての指令ということになる。

その後、ＰＨＷは一〇月一六日に「性病対策覚書［RG331/SCAP/932-PHW SCAPIN-153］」を出した。この「性病対策覚書」によると、「日本政府代表が提出した報告書および占領軍職員の観察が明らかにしたのは、現在実施中の措置では、日本国民の性病の蔓延を防ぐのは不十分である（一項目）」ことから、「梅毒・淋病・軟性下疳を伝染病」として新たに位置づけている（二項目-a）。そして、すべての性病患者の「名前、年齢、住所の報告」を義務付け（二項目-b）、「性病を感染させるおそれのある職業や活動に携わる全員に対する検査と治療の実施（二項目-d）」、さらに「日本政府は、この覚書を受け取ってから三〇日以内」に行動をとること（三項目）になった。

サムスが述べる「占領軍職員」とは、おそらくＰＨＷの初代性病対策顧問医師、Ｊ・ゴードン（在任期間一九四五年一〇月～一九四六年三月）であると思われる。というのもゴードンは性病対策顧問医師に就任してすぐ、当時の日本の性病対策についての調査を行なったからである。その結果、次のようなことが明らかになった。

性病は第一義的に売春婦の病気として考えられていたので、日本の医師、衛生当局、あるいは一般大衆は性病についてあまり関心を持っていなかった。日本の医師は、ごく少数の例外を除いて性病の疫学的、および臨床的症状についてよく知っていなかった。性病に対する対策は、警察の管轄であったし、その対策は極めてお粗末で売春婦の定期検査を除けばほとんど何もしないに等しかった。定期検査は医学的見地からみると、事実上あまり価値のないものであった。これらの性病に感染した女性の治療も、行われていなかった。性病は、報告さえされていなかった。〔サムス 1986:188〕

当時の日本では、医師においてすら性病について関心が薄かったことがわかる。

サムスはこの指令に対して、「これらの疾病〔性病〕の症状や近代的治療法についての啓蒙活動が、日本の医療専門家に対して行なわれた」と述べている〔サムス 1986:190〕。そしてこのゴードンの調査結果が、花柳病予防法特例（これ以降「特例」と明記する）に反映されたと考えられる。

2. 性病が伝染病として法的に認知されるということ

性病対策覚書の指令のほぼ一か月後の一九四五年一一月二二日に、日本政府はこれまでの花柳病予防法を「特例」に改正した。この「特例」はひとことでいうなら、花柳病（梅毒、淋病、軟性下疳、鼠径リンパ肉芽腫の四種）を伝染病とみなすことで、娼婦のみならず一般の人を処罰対象とすることも可能にするものだった。違反した者は、五〇〇円以下の罰金または科料に処された。

この一般の人について、一九四八年七月二日に開かれた第二回国会衆議院厚生委員会第二一号で厚生技官予防局長の濱野規矩雄は、「これまでは一般の人は関係がなかったのを今度は一般の人も入れて徹底的にやる。それから業態者の面をより一層厳重にいたすようになりました」と述べている。

濱野が述べる一般の人というのは、医師、地方長官、器具の販売または授受する者のことである。また業態者というのは、芸者、娼妓、接待婦、カフェ、すなわち売春婦とその雇い主を指す。(1) さらに「特例」で新たに加わった第三条「医師花柳病患者を診断した時は患者に対し伝染防止ならびに治療に関する方法を指示するとともに、二四時間以内に患者の住所、氏名、年齢、性別および病名を患者の住所地の地方長官に届け出ること。前項の規定により指示を受けた者はその指示に従うこと」によって、医師は地方長官に患者の報告をしなければならなくなった。

図1　大森にあった進駐軍向けの慰安所は、性病発生のためため閉鎖された。（1946（昭和21）年）

「特例」は性病を伝染病として報告する義務を負わせることや、ゴードンがサムスに報告したように、性病にあまり関心のない医師、地方長官、器具の販売または授受する者をあらたに処罰の対象とすることで、GHQは性病対策の強化を図ろうとした。

第1章で述べたように、この「特例」が一九四五年一二月一日から正式に実施されると、ほぼ同時期の一二月一五日、神戸市ではGI慰安施設がオフリミッツ（立入禁止）となり、さらに日本各地でも神戸市同様、GI用慰安施設が次々とオフリミッツになった（図1は、オフリミッツとなった東京の慰安所の写真）(2)。その結果、施設で働いていたおんなたちが職を失い、街角に立ちGI相手に売春を行なうようになった。彼女たちこそ、当時世間から、闇の女、夜の女、パンパンなどという名称をつけられた街娼である。

彼女たちを合法的に取り締まる根拠を与えたのは、「特例」第六条「業態上花柳病伝播のおそれある者は、地方長官の行なう健康診断を受け、健康証明書を携行しなければ、客に接する業務に従事することはできない」という規定であった。ここでいう健康診断とは、性病検診のことである。第六条ではさらに、「前項の健康診断、健康証明書および客に接する業務の範囲については、地方長官これを定める」とあり、都道府県によってそれぞれ検診の仕方や証明書が異なることを意味していた。

「特例」が実施された翌年の一九四六年一月二二日、GHQは「公娼制度廃止に関する覚書」(SCAPIN-642)を日本政府に指令した(くわしくは第7章―4)。

3．検挙方法と検挙されたおんなたちの行方―神戸市の場合―

神戸市の場合、一九四五年一二月一五日付でGIに対してGHQが発した慰安施設立入禁止令は、一九四六年一月二二日にだされた「公娼制度廃止に関する覚書」の前提措置だった(『兵庫県警察史昭和編』、六二三頁。これ以降、『兵庫県警察史』と表記)。ただし、この公娼廃止指令は、前借金・年季契約等で縛りあげて売春を強要していた制度の撤廃を意味し、自由意志による売春にはタッチしないという趣旨のものだった。すなわち、組織に属さないフリーの売春には関与しないということだ。GHQと当局側は一月二二日以降、自由意志によって売春をするおんなたちを巷に溢れさせておいて、「特例」を行使して合法的におんなたちを取り締まり、性病の強制検診を実施することができた。

一九四六年三月二二日、GHQ第八軍司令官アイケルバーガー中将が、GIたちに日本のおんなたちへの公然な愛情表現を禁止する旨を指令した。この指令は、「我が国〔米国〕の兵士が婦女子を抱えて街頭を歩いている情景は日本人ならずとも米国人から見ても遺憾」ゆえに、兵士側の行動を風紀紊乱と見なす処置だった［『神戸新聞』一九四六年三月二四日］。これはあくまでもGIを取り締まる指令であるものの、この指令がでた三月に、保安課に一五名の特別取締班（警部一名、警部補二名、巡査部長四名、巡査八名）が置かれ、さらに神戸市内・阪神間の主要警察署に売春取締専従員が置かれ、神戸基地憲兵司令部風紀係MPと協力して、おんなたちの取り締まりが強化されることになった。当時県下の売春婦は推定五〇〇〇人で、その主流がGI相手のパンパンだった。この五〇〇〇人の一掃を図るための取り締まりの強化であった。

この特別取締班を置いた保安課こそ、ついこの間まで占領軍のための性的慰安施設設営に奔走していた部署であり、業者を使って一般の婦女子に甘言を用いて「慰安婦」募集を行なわせていた部署だった。敗戦で物資の乏しい状況下で、「宿舎、食事付き、収入多大、通勤自由、従業衣ならびに身の回り品支給」という広告でダンサー・女給を集めておいて、「慰安婦」の話を持ちかけることが最大の甘言だ。いわゆる、だまし募集といっていいだろう(3)。

当局側は三か月後の六月下旬に、特別取締班による取り締まりを強化するという発表を、新聞紙上で世間に知らせた。この発表は、一九四六年六月二六日付『神戸新聞』に「闇の女断乎一掃へ　専任の取締隊を新設」という見出しで詳しく報道された。

この記事によると、三月から六月までに検挙された闇の女は三〇〇〇名であり、そのうち病気を持っているものが四〇%以上なので、保安課では取り締まりを徹底することになったという。この記事で注目すべきは、取り締まり方法とその時期である。取り締まり方法は、県保安課内に専任風紀係（淫売婦検挙隊）を設け、大型トラック一台を常備して陣容を固める、つぎに関係者の処罰を従来より一層厳重にし初犯者は三〇日、再犯者など悪質なものは六〇日以上の拘留処分に付する、というものだった。

さらに次の三点の強化措置をとることになった。その三点とは、(1)闇の女は毎日検挙するが、さらに毎週二回以上の特別検挙を行う、(2)淫売行為の恐れある家屋等も一斉に調査し、そのリストを作製検挙取締の徹底を期す、(3)専用留置場の新設、拘留期間の延長に伴い長田署武道場を改築した留置場のほかに、西宮署管内所在の元兵舎を借り受け五〇〇名を収容する、という厳しいものだった。

この取り締まり措置に対し、同報道で白木県保安課長は次のような談話を語った。

こん度〔原文どおり〕の取り締まりは一般の風紀衛生上からも徹底的に実施することになったから一般女性の方は十分にご注意していただきたい、一見それと見違うような化粧法や衣装をつけること、またむやみと夜分に出歩いて検挙隊の手に間違ってひっかかるなどのことがないよう、最近検挙されてくる女性の中にはそういう人たちも少なからずあり、またなかにはつい誘いに乗って身の破滅を招いたような人もある、今回は直接淫売婦のみを対象とするものではなく、これを取り巻く数々の不正をも取り締まる方針である。

実際にこの取締隊が稼働したのは、一九四六年三月からだった。ところが新聞報道ではすでに稼働して三か月後の六月に、まるでこれから取締隊が稼働するかのように、世間に知らせた。取り締まり強化措置が三月から始まっているのだから、保安課長が『神戸新聞』読者に向けて語った取り締まり強化措置は、三月の時点ですでに世間には内密で行なわれていた。

では三か月遅れの六月末に、今から強化措置をとる、と保安課長が新聞紙上で明らかにしたのはなぜか。考えられることとして、当初は内密で動いていたけれどミス・キャッチ（誤認検挙）による抗議が多く挙がっていて、もはや内密で動くことができなくなったからではないか。キャッチされたおんなたちは出自がどうであろうと、全員闇の女となってしまうことから、性病検診の取り締まりは当初からミス・キャッチによるものが多かった。保安課長は化粧から衣服に至るまで、取り締まりに遭わないための注文をつけていることから、おんなたちの化粧や衣服を取り締まりの基準のひとつとしていたことがわかる。おんなたちの外見で判断することが、ミス・キャッチの原因のひとつといえる。

したがって、すでに県警が取り締まりの強化措置をとっているにもかかわらず、数か月あとになって、新聞紙上で取り締まりを強化すると発表した背景には、ミス・キャッチによる被害が増え、事が大きくなるのを未然に防ぐ措置がとられたと考えられる。「今回は直接淫売婦のみを対象とするものではなく、これを取り巻く数々の不正をも取り締まる方針」と発表することで、当局側は今後、ミス・キャッチを気にせずに、取り締まることができる。

ただし忘れてならないのは、新聞報道を行なったのは当局側の都合であって、あらゆるおんなたちは、いつでも不意打ちでキャッチされる状況にあった。

また報道の二か月後の一九四六年八月には神戸基地憲兵司令官の命令で、ＧＩと腕を組んで歩く者や人目に触れる場所で「愛情を表現する行為（たとえばキスなど）をする者を取り締まり、売春の疑いのある者は強制検診することになったという。この命令で、パンパンであってもなくても、疑わしいと当局側が判断したおんなたちには取り締まりと強制検診が行なわれたのである。この取り締まりで神戸市での検挙数は二四九三名にのぼった。

神戸市の場合、検挙されたおんなたちは、旧長田署演武場を改装した売春婦専用の留置場に護送された。収容室は五、収容能力は一五〇名、事務室、検診室、面会室、浴場、トイレなどの設備をそなえていることから、おんなたちが強制的に捕まえられると、この留置場で強制検診されるのである。『兵庫県警察史』の、「全国に類例をみない女子専用留置場」という表現にもあるように、検挙されたおんなたちは兵庫県においては、犯罪者扱いになってしまうということだ。八月末には一一〇名収容され、一〇月にはこの留置場で専任医師一名、保健婦二名で常時検診が始まる。当時長田留置場へ見学に行かれた更正施設神戸婦人寮の職員市野瀬翠さん（現理事）は、「留置場内の小屋のような狭い場所で検診が行われた」、と証言して下さった（二〇一二年一一月八日インタビュー）。市野瀬さんによると、検診の結果、性病を患っていることがわかった場合、ベッド等施設の整っている神戸婦人寮に医師が派遣されて治療を行なったという。ただ婦人寮はあくまでも施設であるため、部屋のドアに鍵はなく、夜中になるとよくおんなたちが逃げ出したという。そして再び検挙されて婦人寮に戻ってくる、という繰り返しだったようだ。

図２　検挙トラックの荷台から降りるおんなたち。

　このようにＰＨＷは、ＭＰと日本の警察に命じて、ＧＩに接触するおんなたちを、ＧＩ相手のパンパンとみなし、合法的に疑わしいとおもったおんなたちを片っ端から取り締まりを行なった（図２）[4]。その結果、街娼でないおんなたちも多数取り締まることになった。一例を挙げると一九四六年八月三一日の『毎日新聞』大阪版では、「蠢く闇の女たち　七十二歳の老婆も」取り締まったと報道され、取り締まりにあうおんなたちには、年齢も関係がなかった。というのもくりかえすが「特例」が適用されるのはあくまでも性的サービスの仕事に従事している者であり、そうでない者は適用されなかったため、取り締まる側にとっては極めてあいまいな判断基準に頼って取り締まりが実施されていたからだ。

その結果、ミス・キャッチという主張で、パンパンとそうでないおんなたちの間に線引きが行なわれ、暴力的な取り締まりののちに有無を言わさず実施された性病検診という、一連のおんなたちへ振るわれた性暴力自体は不問にされてしまった。

ＧＨＱが日本の警察を従えて強制検診に乗りだしていた頃、関西の性病対策はどのような状況だったのかを知るてがかりとなる資料が残されている。その資料は、ＰＨＷの性病対策顧問医師による関西視察の記録だ。

4．性病対策顧問医師エルキンスの関西視察

(1)　驚きの性病対策！

ＰＨＷに、オスカー・Ｍ・エルキンス(5)という性病対策顧問医師がいた。エルキンスは京都・大阪・兵庫の三府県で性病対策の状況を視察し、各府県の性病対策の貧弱さに驚いている。

エルキンスは医師という専門の観点から、この三府県の性病対策の実態を、近畿一帯を統轄する米軍の近畿軍政部、第一軍(6)に報告した。覚書には一九四七年三月一一日の日付が記されている。

エルキンスによれば、第一軍の司令官であるブロデリック大佐の最大の関心事は性病予防にあった。ブロデリックは第一軍の衛兵司令官少佐ウッドラフに頼んで、土曜の定例朝会議にエルキンスを参加させるようにした。それほどまでに、ブロデリックは性病予防に関心が高かった。当時のＧＨＱ内部では、

実のところ性病対策にあまり関心がなかった。この状況でブロデリックが性病対策に関心を寄せていたということは、第一軍が統括している近畿地区では性病が蔓延していて、かなり深刻な状況だったことが浮かび上がる。

京都市、舞鶴市、大阪府、神戸市(7)の性病対策の実態について、エルキンスの記述を追ってみよう。エルキンスは一体何を目にして、驚いたのだろうか。

(2) パンパンのための病院──京都──

エルキンスは、京都市の平安病院を訪れたときのことを、次のように記している。平安病院は、本書第4章～6章でとりあげたように、京都府立の性病専門病院で、強制的な性病検診を実施していた。

売春婦専門の平安病院を訪れた。視察のあと、わたしは検診と治療法と売春婦についての意見の相違を述べた。担当の軍政部防疫管理官は、平安病院を改良する案をいくつか持っている。

GHQの調査によると、占領初期の日本では性病は主として売春婦の病気だとおもわれていて、日本の内科医や一般のひとびと(the general population)は性病に関心がなかった。エルキンスが「売春婦についての意見の相違」というのは、おそらく、性病専門の病院でありながら平安病院でも、性病は売春婦のかかる病気という認識を共有していて、彼女たちの検診や治療はぞんざいに扱われていたことをエルキンスは指摘しているのではないかとおもう。

現時点では、京都府の保健所で機能している性病診療所は存在しないが、軍政部防疫管理官は、一二の性病専門診療所を開設する計画を立てている。

エルキンスが視察した時期は、新保健所法（一九四七年九月五日公布、法律一〇一号）が制定される前のことだった。新保健所法が制定されてようやく、各保健所に性病対策サービスの供給が準備された。それまでの保健所は、範囲と規模においてまったく不十分だった。

二つの国立病院は、性病専門病院として機能しているが、うまく管理されているとは言い難いし、評価となる基準も良くない。大阪府や兵庫県においては、国立病院は引揚者に多大な関心を寄せていて、一般住民については情報がうといようだ。国立病院は地方行政ではなじみが薄く、ほとんどその場所はへんぴなところにある。

世間のひとびとが性病に関心を払っていなかった状況を考えると、性病専門病院があったとしても、パンパンたちが利用するところとして認識されていただろう。性病専門病院がへんぴな場所にあるのは、厚生省は性病が公衆衛生の問題であると確信していなかったことから類推すると、地方行政でさえも性病にはうとく、売春婦の病気だという目線があって、世間の目につきにくい不便な場所に設置したのかもしれない。もっというと、世間の目から隠したい病院だったのではないか。行政のこの態度がさらに、世間のひとびとが性病に関心を持ちにくくさせていたといえる。

ここでちょっと、みなさんと考えたいことがある。当時の世間のひとびとは、なぜ性病は売春婦の病という考えを持っていたのだろう。性病は感染する病なので、性別問わず感染者はいたはずなのに。たとえ当時、性病が感染する病だという認識が一般化されていなくても。たとえば性病を持っている売春婦がいたとして、まだ自覚症状が現れていない潜伏期間に客をとったとする。するとその客は性病にかかっていることを知らずに、他の売春婦に性病をうつす可能性もあるし、妻帯者の場合、妻にうつす可能性もある。現に、米軍第一軍が統轄していた近畿一帯で性病が蔓延していた状況を考えると、性病は売春婦の病とはいっていられない状態だ。

ひとつ考えられることとして、性病は結核や腸チフスなどのような感染症と違って、個人のセクシュアリティに関わるため、感染者は公にしにくかったかもしれない。さらに医師でさえも性病に関心のない状況がかさなって、ひとたび性病にかかってしまうと、世間から身を隠すような生活を強いられて生涯を終えていたかもしれない。性病にかかってしまった本人は、性病にかかったことを公にしないのだから、あたかも、性病は売春婦の病だという神話が、性病にかかったことのないひとびとの間で共有され続けてきたのではないか。性病にかかった日本のおとこたちもそのことを公にしなかったため、神話が一人歩きしてきたのではないか。(8) そう考えるとエルキンスの視察は、この神話を壊すきっかけを作ったといえる。

京都府の西海岸にある舞鶴病院は、アメリカの病院に似ている。私が今まで日本で目にしたどの病院よりも、清潔で比較的良い状態だ。一〇〇床のベッドはすぐ利用できるものの、残念なことに、舞鶴病院は売春婦の入院患者と外来患者だけである。あいかわらず、こうした病院は満員ではなく、性病が見つかって隔離された売春婦がほんのわずかいるだけだ。修正案と提案はただちに作られる必要があった。京都府のこの地域の別の保健所を訪れたが、その保健所は、この地域に住んでいる約一〇万人の人々が利用する性病診療所となっていることがわかった。

傍線部分を読むと、この地域でも世間のひとびとが、売春婦たちを蔑視していた状況が浮かび上がる。設備の整った大きな病院に地域住民は行こうとしないで、保健所を利用しているからだ。また、舞鶴には当時米軍基地があったので、エルキンスのいう舞鶴病院の売春婦とは、GIとつきあうおんなたちだった可能性が高い。

京都へ戻ったエルキンスは、ムードラフ少将と四五分もの間スタッフミーティングで語り合って、性病対策のプランをたてている。そして、「彼と彼のスタッフは、感謝の意を示し、わたしが言ったことに全面的に従った」と報告していることから、平安病院や舞鶴病院の視察は、エルキンスにとって実りがあるものだったといえる。

(3) 施設の不足と保健部内部の癒着―大阪―

大阪の場合、戦争の爆撃のせいで、新しい施設を見つけられない状況にあった。また、性病対策に関心を示す府や市の職員がいなかった。

軍政部防疫管理官は、性病対策の業務を引き継ぐ、信頼できて性病対策に関心の高い大阪府や市の保健所員を見つけることができないでいた。部分的にはこの地域の爆撃のせいで、軍政部防疫管理官は、彼の最初の性病施設を設立するための大阪の建物を見つけることができないでいると主張した。その結果、軍政部防疫管理官のもと機能する、性病の検診施設や治療施設がない。

さらに担当のスペンサー大尉は、強力な商業利益と手を結んでいるがために、保健所長や予防薬所長の行動をコントロールしていた人物が大阪の保健部にいることがわかり、米軍大阪軍政部長に報告したという。金の癒着があったわけだ。この癒着については、大阪軍政部長はほとんどなにもできなかったようだ。こうした状態のなかエルキンスの訪問によって、「軍政部防疫管理官は、性病対策でわたしたちが何をめざそうとしているのか、より理解してくれたし、性病対策の仕事に前よりも専念しようという刺激を受けていた」と、エルキンスは報告している。

大阪と京都の異なる点は、大阪は戦争の爆撃で施設そのものが不足していたことや、内部で金銭の「癒着」があったことで、京都は設備の整った施設があるにもかかわらず、うまく活用されていないことだった。

(4) おぞましく、犯罪とさえ呼べるような性病治療—神戸—

神戸が京都や大阪と明らかに違っている点は、神戸の性病治療はきわめて「犯罪的」だとエルキンスが驚いていることにある。

神戸(9)は、軍政部防疫管理官が性病予防に着手するために役に立つ医師が県と市の保険部にいることは幸運なことだけれども、わたしたちの計画にそって機能する性病診療所がない。古い手法で運営している小さな診療所がほんの数件ある。このうちのいくつかは、医療技術の質はおぞましく、到底うけいれられないものだ。実際に、性病の診療は犯罪とさえ呼べるようなものだった。直ちに是正されるべきだ。

神戸市で初めて性病検診のための一斉検挙が始まったのは、神戸市内に開設された占領軍将兵専用慰安施設にGHQから立入禁止令が発令された一九四五年一二月一五日[10]からわずか三日後の一二月一八日夜だったことは、本書第1章で明らかにした。そうすると、一斉検挙で捕まえられたおんなたちはその日からずっと、犯罪に値する診療を受けていたことになる。公式文書で「おぞましい（horrible）」という感情的なことばを使っていることから、エルキンスにとってかなり衝撃的な診療を、当時の神戸市では普通に行っていたということが推測できる。

神戸の性病治療が犯罪に値すると認識したエルキンスは、性病治療の解決策を講じるために神戸医療専門学校[11]の教授たちに会う。

彼ら〔神戸医療専門学校の教授たち〕はこれまで、性病対策のいかなる教えも受けていなかった。（中略）わたしとの話のあと、彼らは自分たちの学生に性病研究の授業を始めると述べた。

このエルキンスの報告から、神戸では性病予防の最新知識を持っている医師がいなかったことがわかる。エルキンスの視察報告書には「概要」と記した箇所に、「古い手法に固執している地域では、現在の知識に照らし合わせてみると、性病の診療はとても原始的であり犯罪に値する」、という文章がある。この地域がどこなのか報告書では特定されていないけれど、これまでの文脈からその地域は、神戸であることがわかる。

医師の立場のエルキンスがおぞましいと報告した治療というのは、人体に影響を及ぼすほど副作用のきつい薬で治療を行なっていたことが考えられる。イギリスの性病治療について、一九〇九年サルバルサンが発見されるまで水銀が使われていたことを荻野が明らかにしているように(12)［荻野 2002:331］、神戸の性病治療も水銀とまではいかないまでも、副作用の危険度が高い薬を性病の治療薬として使っていた可能性がある。

当時の神戸での性病治療は、いまもなお、治療を受けた患者はその治療内容を公に明らかにしていない。この理由のひとつに、性病治療を受けた者の多くがパンパンとして強制的にキャッチされたからだ。治療内容を公にするということは、元パンパンであったということを表明することを意味する。世間のパンパン蔑視を払拭しないかぎり、語る人はいないだろう。

註

(1) 一九四八年六月一二日第二回国会参議院厚生委員会における濱野の説明によるもの（第二回参議院厚生委員会議録第一一号、一九四八年六月一二日）。

(2) この写真は一九四六年東京大森の占領軍将兵専用慰安施設の写真で、“V.D. OFF LIMITS”（性病 立入禁止）という目立つ看板がかけられている。写真の出典は、マーク・ゲイン（久我豊雄訳）『新ニッポン日記』（日本放送出版協会、一九八二年）からでページ番号なし。

(3) 業者を利用したこうしただまし募集は、従軍「慰安婦」の募集を想起させる。ここに、第二次世界大戦時と占領期との連続性が存在する。

(4) 検挙トラックの荷台から降りるおんなたち。警察での取り調べと強制性病検診が、彼女たちに行なわれる。写真の出典：朝日新聞社編『アルバム戦後十五年史』（朝日新聞社：一九六〇年）二〇頁。

(5) Oscar M. Elkins, “Inspection of Venereal Disease Control Facilities, Kyoto, Osaka and Hyogo Prefectures,11 March 1947. [RG331/

SCAP/9336〕．エルキンスの視察について本節ではすべてこの文書から引用している。

（6）一九四五年九月二六日大阪市（住友銀行ビル）に司令部を設置、中部・近畿地方を占領、一九四五年一月二七日司令部を京都（大建ビル）に移転、一九五〇年三月二八日日本で動員解除。〔World War II Operations Reports, 1940-1948, http://rnavi.ndl.go.jp/kensei/entry/WOR.php 国立国会図書館のURL（二〇一四年四月一五日閲覧）〕。ちなみに一九四七年当時、関東甲信越・福島県は第九軍団が統轄していた。第九軍団の司令部は仙台。

（7）エルキンスの報告書のタイトルは「兵庫県」で、その中身は神戸市が実施していた性病対策について記述している。

（8）性病に罹患した日本のおとこたちの行動も、興味深い。

（9）原文ではKobe Prefectureとなっている。

（10）東京の占領軍将兵用慰安施設であるRAA（Recreation and Amusement Association 特殊慰安施設協会）に立入禁止令がでたのは一九四六年三月一八日であることを考えると、神戸市での占領軍将兵用慰安施設の立入禁止令が早かったのは、エルキンスの視察で明らかなように、神戸市は他都市に比べてきわめて性病の研究および治療が遅れている地域であることに加え、GIたちがやってきたため、さらに性病が蔓延したと考えられる。

（11）原文では、the Kobe Medical Schoolとなっている。一九四七年当時神戸市内には、神戸大学医学部前身の兵庫県立医科大学があったが、エルキンスは神戸市と兵庫県を混同しているところもあり、兵庫県立医科大学のことを指していると思われる。

（12）水銀中毒の症状については、「息が臭くなったり歯がガタガタになる」〔荻野 2002:331〕という症状だった。

第10章　すべてのおんなたちに適用された法

1．欲望を予防するもの――性病予防法の登場――

性病予防法は一九四八年七月一五日公布され、同年九月一日に施行される。と同時に、今までの「特例」および花柳病予防法は廃止される。

ここで簡単におさらいしよう。まず花柳病予防法には伝染病のニュアンスはなく、したがって性的サービスを提供しないおんなたちは取り締まりの対象になっていない法令だ。ところが、一九四五年一一月二二日付で定められた「特例」以降、性病は伝染病として扱われる法令となった。

性病予防法は、PHW局長サムスが、「この法律は占領軍指令に基づく政令を発展させたもの」［サムス1986:190］と述べていることから、占領軍が深く関与している法律であった。

この流れをおさえたうえで、一九四八年七月一五日に公布された性病予防法が「特例」と明らかに異なる部分は、性病が個人のみならず、国家や公共団体にとっても問題だということにある。このことについて、一九四八年六月二日に行なわれた第二回国会衆議院厚生委員会で厚生技官予防局長の濱野規矩雄は、次のように説明している。

> 性病は国家と、それから公共団体と、個人において責任をもって治していく。早期に発見いたし、

徹底的な治療をいたすと同時に、予防思想を普及していきたい。これが法律の趣旨となっておるのでありますが、そういう意味におきまして、かかっておる患者は全部届出の制度をとることになっておりますます。またかかった人は、徹底的に治療しなければならない義務を負わされております。従ってもしかかった者が第三者にうつすときには、これはまた別の法律で傷害罪に問われることになっております。（第二回衆議院厚生委員会議録第五号、国立国会図書館、一九四八年六月二日）

性病予防法はもはや、国家、公共団体、個人の三者が絡んだ法になり、それに加えて性病罹患者が第三者に感染させた場合は傷害罪（刑法第二〇四条　人の身体を傷害した者は、一〇年以下の懲役又は五〇〇円以下の罰金に処する）も適用されうるとされた。この点で、以前よりもはるかに厳しい法律になった（一九四八年当時の五〇〇円は、銀行員の一か月の初任給と同額［週刊朝日編 :1995,61］）。

さらに性病が、これまでの警察の管轄である犯罪や処罰の対象であったものから、県の吏員（おもに保健所等の職員）にうつったことで、衛生や予防の対象といった側面が強くなった。

しかし、性病予防法第二条「国及び地方公共団体は、常に、性病の徹底的な治療及び予防につとめるとともに、性病の治療及び予防に関する知識の普及を図らなければならない」によって、性病に感染することと自体、国の治安を脅かすこととして位置づけられていたため、結果的には取り締まりに警察が関与し続けることになった。

さて性病予防法では、第八条「婚姻をしようとする者は、あらかじめ、相互に、性病にかかっているかどうかに関する医師の診断書を交換するようにつとめなければならない」、第九条「妊娠した者は、性病にかかっているかどうかについて、医師の健康診断を受けなければならない」という内容も新たに盛り込まれた。

藤野は、この婚姻の条項はＧＨＱの意向であったと考えられると、一九四八年七月一一日付『東京新聞』で掲載された当時ＰＨＷの性病対策顧問医師、イサム・ニエダの「性病予防について」という談話「先天性性病を予防する第一歩は結婚しようとする総ての男女および妊婦が先ず健康診断を受けることだと強調した」ことや、ＧＨＱの性病対策の原資料より、「保健所が『結婚前の健康診断書交換の啓蒙宣伝を強力に行い又は健康診断書を交換しない者に対しては健康診断を受けるようすすめる』ことも求めていた」［藤野 2001:193］。

性病予防法そのものがＧＨＱの関与した法律であるということから考えると、ＧＨＱ側がとりわけ結婚しようとする者に対し性病検診を義務づけたのは、ＧＩと結婚しようとする日本のおんなたちが性病にかかっていると困るからではないだろうか。さらに妊婦の相手がＧＩである可能性を考えて、妊婦たちにも性病検診を受けるよう第九条として盛り込んだ可能性も考えられる。

興味深いことにこの第九条はもともと第八条同様、妊婦に対し性病検診は受けるように「つとめなければならない」とあったのが、国会議員たちの手によって「受けなければならない」と、より厳しく義務づけられた[1]。この理由として、「流産、死産等は或る程度性病に基因するものがあるので、妊婦にその覚悟を持たせ、又社会通念にまでする必要がある」と、一九四八年六月二八日の第二回参議院本会議の席上で報告され、全会一致で可決されたからだ[2]。

このようにみていくと性病予防法は、日本のあらゆるおんなたちになんらかの理由をつけて性病検診を受けさせたかったＧＨＱ側の意図をさらに、日本の国会議員たちの手が加えられることによって（第九条）、結果的にはおんなたちにとって「特例」よりさらに厳しい法律となった。

この性病予防法で注目したいのが、次の第一一条だ。

都道府県知事は、正統な理由により売いん（傍点原文のまま）常習の疑の著しい者に対して、性病にかかっているかどうかについて医師の健康診断を受けるべきことを命じ、又は当該吏員に健康診断をさせることができる。（「法律第一六七号性病予防法」『官報』一九四八年七月一五日）

第一一条はもはや、誤認逮捕という概念そのものをなくしたことを意味する。というのも、売春の仕事をしている者だけでなく、売いん常習の疑の著しい者に対してあくまでも予防のために取り締まりを行なう法となったからである。ここで健康診断というのは、性病検診のことを指す。

この第一一条について、一九四八年七月二日第二回衆議院厚生委員会で、濱野は次のように述べる。

第一一条は、昔はこういう法律が一つもなかったのであります。早く言いますとパンパン・ガールの検診はよく議会でも問題になりましたが、政府といたしましては検診が一切できなかつた。あれは先様の御命令によって連れてこられて、御命令によって検診した。今度の一一条で初めて、もしあいうことが必要であれば、当該吏員〔保健所の職員など〕が検診できることになる。もちろん変な人があればひっぱってくる。それが検診できることになる。私らといたしましては、性病の予防関係で、これが一番困っておりました。そういう往来に立ってこびを売って商売をしておる人たちの検診が、要するに淫売によって挙らない以上検診ができない。今度そういう心配のある人の検診ができるようになりましたのが一一条でございます。（第二回衆議院厚生委員会議録第二一号、一九四八年七月二日）

「特例」のときはパンパンの性病検診が一切できなかったのは、彼女たちは遊郭で管理されているおんなたちと違って、フリーのパンパンかどうかを他者が見極めるのはむずかしかったからだ。濱野が述べる、往来に立ってこびを売って商売をしておる人たちというのは、街角に立ってＧＩに性的サービスを提供するパンパンのことを指す。彼女たちは基本的にフリーな立場なので、たとえＧＩに性的サービスを提供していたとしても、本人が否定すれば、検挙する側は否定している当人がパンパンだという証拠をみつけるのはむずかしい。実際に、ＧＩの恋人というケースもある。

ところが、遊郭などで性的サービスの仕事に従事している者のみが適用される「特例」が廃止され、性病予防法になると、当局側が疑わしいと思ったおんなたちをすべて合法的に取り締まることができるようになったのだ。

このように、性病予防法は「特例」よりさらに拘束力を持ち、日本国民の身体を合法的に管理する法律となった。日本国民といっても、実際に検挙対象のほとんどが、おとこたちではなく、当局側からＧＩに接触しているという疑いをもたれたおんなたちであることを考えると、性病予防法はＧＩに性病をまきちらさないよう、おんなたちを管理する法であった。

では、具体的に強制検診のための街中でのキャッチは、どのように行なわれたのかをみてみよう。

2．見せしめ効果としてのキャッチ

図１は「売春婦・検挙した街娼を吉原病院に強制収容」（一九五〇年八月撮影）、図２は「検挙した売春婦をトラックにつむ刑事」（一九五〇年七月撮影）の写真である。図１、２ともに東京都内のキャッチに関す

図1（毎日新聞社提供）

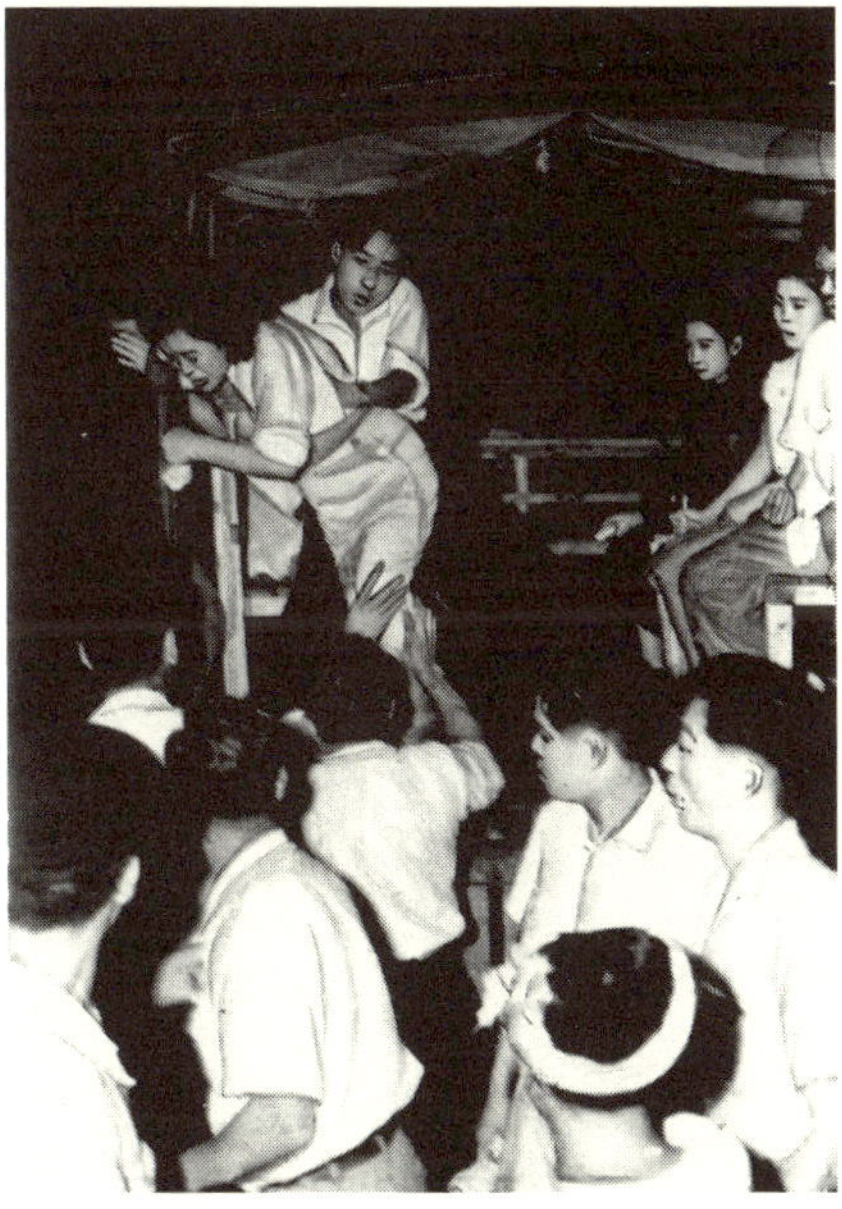
図2（毎日新聞社提供）

る写真である。撮影された一九五〇年は性病予防法が施行されている年にあたり、建前上GHQ主導ではなく日本の警察並びに県の吏員（保健所の職員）が取り締まりに当たっている。もちろん、GHQも深く関与している。

というのも、性病予防法が実施されてほぼ三か月後の一九四八年一二月一六日に、性病予防法に基づいてキャッチするルールを示した覚書が京都第一軍団司令官ジョー・スゥイングより出されたからである。

キャッチのルールは、「占領軍の軍服を着た軍人に声をかける者、あるいは占領軍の軍人へ売春をするための場所を提供する者は、占領の安全に損害を与える行為を行なう者とみなされる。よって、占領軍の裁判にかけることができる」という内容であり、GHQと協力体制で取り締まりに当たらなければならない、と覚書に記されていた［RG331/UD1851/9370d］。

このルールに基づき、MPと日本の警察、そして都道府県や市の保健所職員たちは、図1や2のようなキャッチを行なった。性病予防法の対象が日本国民であるかぎり、GIと日常的な会話をするおとこたちもキャッチの対象であるはずだ。にもかかわらず、パンパンに顧客のGIを斡旋するおとこたち等を除いて、事実上キャッチされ強制検診をうけさせられたのは、おんなたちだった。

強制検診の取り締まりに遭ったおんなたちは、ジープやトラックの荷台に乗せられ、図1のように、病院へ直行し強制的に性病検診を受ける。図2は、トラックから逃げようとするおんなを、係員が逃げないように後ろから抱き抱え、さらに別の係員がおんなの脚を掴んでトラックへ押し戻そうとしている写真である。トラックの荷台右手には、逃げるのをあきらめたのか、おんなたちがうつむいて座っている。写真はいずれも東京の取り締まりの場面だが、神戸でもこのような取り締まりが行われていた。

さらに図1と2を注意深くみてみると、どちらも野次馬らしきおとこたちがいるのがわかる。図1では病院の立て看板の左側に、仁王立ちでトラックの荷台から出てくるおんなたちを眺めているおとこや、左上のカンカン帽をかぶっているおとこがいる。図2手前の鉢巻きをしているおとこなど、当局の職員とは言い難い風体のおとこたちが写し出されていることから、この取り締まりには大勢の野次馬がいたということがわかる。このような状況を考慮すると、衆人環視のもと行なわれる強制検診の取り締まりこそ、見せしめ効果が十分にあったのだ。その効果は、いきなり捕まえられるという恐怖感や、野次馬たちから容赦ない視線を浴びせられるという恥辱をおんなたちに植え付けると同時に、闇の女というレッテルをおんなたちに貼ってしまう効果である。しかも神戸市では第3章で述べたとおり、病院へ直行するのではなく、旧長田署の中で検診が行なわれていたことを思い起こすと、本来性病に罹っているかどうかの検診であるにもかかわらず、おんなたちは犯罪者として扱われていたということになる。すなわちキャッチ被害にあったおんなたちは、犯罪者扱いで警察署に護送され、そのまま強制的な検診を受けるという屈辱的な扱いをされていたのだ。

このような衆人環視のもとに公然と行なわれた性暴力に、がんじがらめにされているおんなたちの状況を、わたし（たち）は今まで想起しただろうか。

こうしたGHQと日本の当局側によるある種パフォーマンス的な見せしめ効果によるおんなたちへのキャッチは、一九五〇年一一月の時点で、性病予防法第一一条の規定によって、当局側はおんなたちを強制連行できなくなってしまった。この解釈は、本章の前節で詳しく示した一九四八年の衆議院厚生委員会で答弁した濱野の、「変な人があればひっぱってくる。それが検診できることになる」という第一一条の解釈と真逆の解釈である。どういうことが起こったのか。

3．合法的にキャッチできなくなった波紋

強制連行が出来なくなったことに関して、一九五〇年一一月二日『読売新聞』東京版では、「夜の女強制連行できぬ　効果なくなる狩込み」という見出しで次のように報じた。

ヤミの女を取り締まる性病予防法の解釈をめぐって厚生省から法務府法制意見長官に対し「売淫常

習の疑いあるものに健康診断を命ずるさい命令書を交付するとともに強制的に同行することができるか」と伺いを立てていたが法務府では一日「強制同行はできない」との解釈を下した。

厚生省が伺いを立てていたというのは、性病予防法第一一条の解釈をめぐって一九五〇年五月一二日に厚生事務次官葛西嘉資から法務府法制意見長官佐藤達夫にあてて照会した件だった。先にみたように、第一一条ができたからこそ、往来に立ってこびを売って商売をしておる人たちの検診ができるようになったと、性病予防法施行直前の一九四八年七月二日に衆議院厚生委員会で濱野は述べていた。しかし性病予防法実施（一九四八年九月一日実施）から丸二年後の一九五〇年、これまで日本各地で実施されていた、性病検診のためにおんなたちを強制的に連行するという行為はできない、と法務府は判断を下した。

法務府の詳しい理由は、次のとおりだった。

基本的人権を尊重する憲法の趣旨からいって、夜の女も国家権力のいかなる作用に対してもとうぜん保障されるべきである。性病予防法第一一条の規定は都道府県知事が性病にかかっているかどうかについて医師の診断をうけることを命ずることはできるが、命令をうけた者に履行を強制するための実力の行使を許したものではない。（一九五〇年一一月二日『読売新聞』東京版）

法務府の下した判断は、濱野が衆議院厚生委員会の席上で述べた判断と真逆の解釈だった。法務府の判断の結果、「一せい狩り込みなども相手が拒否した場合従来やっていた強制同行は全くできなくなったわけで、今後の取り締まり方法としては現在警視庁で実施している警察等職務執行法による任意同行、道路交通取締法などによって警察署へ同行を求め売春取締条例の疑いが生じたものに対してだけ検診させる方法しかない」（一九五〇年一一月二日『読売新聞』東京版）ということになった。

法務府が性病予防法では強制連行出来ないということを一九五〇年一〇月三〇日に下した判断は、厚生省の「三木公衆衛生局長の名で即日全国に通達」（一九五〇年一一月二日『読売新聞』東京版）された。

この法務府の下した判断に、「〝夜の女〟狩り込み違憲　あなたはどう思う」（『夕刊新大阪』一九五〇年一一月三日）紙上にて、警視庁防犯課小椋警部補の次のような談話が掲載された。

きょう関係者が集まって協議しているが、問題はこれから野放しになる恐るべき性病の媒介者〝夜の女〟をどうして取締まるかである、これまで我々が夜も眠らず「勅令九条」「軽犯罪法」「性病予防法」の三本立で取締まってきたがこんどの措置は全くいろりの中にクリを投げ込んだようなものだ、狩り込みで緊急逮捕し即時病院に収容したやり方はただ社会福祉を願ってのためであって、社会もまた納得し協力してくれていたと思う、今後彼女たちの人権を尊重するとなれば全くの野放しとなり、ゆゆしき家庭悲劇や種々の社会問題が頻発することになろう、果たして知事の施行する検診命令をすなおに受けて出頭するかどうかは全く疑問で、府衛生部が今後どんな手を打つかが問題だと思う。

ここで小椋が述べる、「三本立」キャッチとは以下の三点を合わせたキャッチをいう。

一・勅令九条

二．軽犯罪法
三．性病予防法

一の勅令九条というのは、正しくは勅令第九号（一九四七年一月一四日公布・同日施行）のことで、「婦女に売淫をさせた者等の処罰に関する勅令」であり、売淫をさせた者が罰せられる法だ。パンパンたちに売淫をさせた者が罰せられる（たとえばＧＩにパンパンを売春目的で紹介するポン引きなどが罰せられる）。

二の軽犯罪法（法律第三九号一九四八年五月一日公布、同年五月二日施行）とは、それまでの警察犯処罰令に変わって公布された法律である。

ここで警察犯処罰令と軽犯罪法との違いについて、簡単に説明しよう。

警察犯処罰令→密売淫の罪を犯した者には三〇日未満の拘留が科せられた法（省令内務省第一六号『法令全書』一九〇八年九月、三一七頁）。

軽犯罪法→密売淫について罰則がなくなった＝売春をしても、処罰されなくなった。

ただし、軽犯罪法第一条二八「他人の街路に立ちふさがって、もしくはその身辺に群がって立ち退こうとせず、又は不安もしくは迷惑を覚えさせるような仕方で他人につきまとった者」は、軽犯罪法違反。

軽犯罪法になってから、売春に対しての罪は問われないかわりに、他人の身辺につきまとっただけでも軽犯罪違反となるので、当局側にＧＩのまわりをうろついていると思われたおんなたちは、小椋のことばを借りれば、〝夜の女〟とみなされ、軽犯罪法違反でキャッチされる状況にあった。

三の性病予防法は、性病予防法では、性病にかかっている者はもちろんのこと、かかっているかもしれない者について同法令に違反した者が罰せられるというものだった。

性病予防法第一一条の法務府の解釈が、強制連行できないという判断を公に下したため、これまで行なわれてきた三本立キャッチがもはやできなくなったということを、小椋は述べている。と同時に小椋は図らずも、この三本立てキャッチであらゆるおんなたちを、夜の女としてキャッチしてきたことを明かしてしまった。

さらに小椋の、「今後彼女たちの人権を尊重するとなれば全くの野放しとなり」という発言に注目しよう。この三本立てキャッチは、夜の女たちの人権を尊重していない行為であることを認識していることも小椋ははっきりと述べている。また、社会福祉を願ってのため、社会もまた納得し協力してくれていたと思う、と小椋が考えている社会福祉や社会は、小椋たちが夜の女とみなしたおんなたちを排除する上で成立する社会福祉であり、社会なのである。

次は同報道で小椋の次に掲載された大阪府衛生部（氏名不明）の談話をみてみよう。

大阪府下の街娼は大体五〇〇〇人見当と見られるが、本年一月から六月までに検診した延べ四五八一人のうち二一〇九名（四一・七％）が病毒をもっている、二三年末から二四年の初めにかけて最もひどい時期に比較すると相当な減少率だが、これは強制検診があずかって効果があったものと思う、今後これができないとなれば夜の女たちはほとんど住所不定のため、たとえ検診日を指定しても検診をうけるものはないだろう、罹病者の大部分が悪質常習なだけに早急何らか対策をとらねば性病はどんどんふえることになり寒心にたえない。

この五〇〇〇人という数は、あくまでも当局側がパンパンだとみなしたおんなたちのことであることに注意しよう。そしてキャッチされ検診されたおんなたちの半数以上が性病罹患者でないことに注目すると、性病にかかっているかもしれないと当局側に疑われたおんなたちがキャッチされたことをこの数字はあきらかにしている。

小椋にしても大阪府衛生部にしても共通しているのは、小椋が述べる勅令第九号、軽犯罪法、性病予防法というおんなたちを合法的にキャッチできる三本立キャッチは、本来、おんなたちだけでなく、おとこたちにも適用されるはずなのに、ポン引き等特別な事情のない限り、通常のおとこたちはキャッチのターゲットにされていないことにある。

ここで同紙では、飛田の一接待婦談として、大阪飛田遊郭ではたらくおんなの談話も掲載している。彼女の言葉に耳を傾けてみよう。

これまでだって私たちの検診は強制的ではありませんでした。組合経営の病院で自発的に受けていたわけです。私たちが性病をもらうのはほとんどお客からで男の方々の自発的検診もやるようにしてもらいたいものです、病気になって一番困るのは誰でもなく私たち自身ですからね……。

売春を生業にし、店に借金のある彼女たちの場合、性病にかかってしまうのは、働けなくなることであり、死活問題に繋がるからこそ、おとこたちの自発的検診を希望している。彼女の言い分は、そのままＧＩたちと親密な関係を持つおんなたちの言い分でもあるといえるのではないか。遊郭ではたらくおんなたちとＧＩたちと親密な関係を持つおんなたちの違いは、定期検診を自発的に受けているかどうかだろう。もちろん、ＧＩと交際しているおんなたちも定期検診を受けている者もいるのは本書第4章で述べた。だけど定期検診を自発的に受けなくても、ＭＰによる暴力的なキャッチが待ち受けていることを考えると、おんなたちをいくらキャッチしたとしても、おとこ客の検診が強制的になされないかぎりは、性病予防法の解釈がかわっても、意味がないということを遊郭で働くこの彼女は述べている。

最後に取り上げるのは、「遊び客の某氏」の談話である。これも同紙上に掲載された。

夜の女の狩り込みは従来しばしば興味本位で伝えられていたようだ。事実誤って人妻や処女などが警察に引っぱられたということも不快に思っていた。憲法で確保された人権を侵害するという意味は理解されるわけだが、そうかといって性病患者の社会的責任という問題としては夜の女を放っておいてよいとはいえない。男の立場にとって〃夜の女〃は全く社会の弱点をついたあだ花であるがこうした悲劇の責任は男性の方にもある。したがって根本問題は狩り込みをやるのではなくて貧窮の子女を街頭に立たせなければならないという社会の矛盾を解決することだ。具体的には戦争未亡人や貧困家庭に対して社会保障を十分に行なうことによって不潔な夜の花を摘み取ることである（傍線筆者）。

この遊び客は、日本のおとこの立場から語っている。彼にとって夜の女はあくまでも不潔な夜の花であり、おんなたちが夜の女になる原因として経済的状況にその理由を求めている。この考えも、当事者になりかわってその原因を勝手にみつけ、了承しているにすぎない。たしかに戦争が原因で、夫に先立たれたおんなたちや、貧困家庭のおんなたちが生活のために、ＧＩ相手にフリーで売春をしていたかもしれない。だけど、本書第3章では、MPに同行する通訳警官の語り、第4章〜第6章でGIと交際するおんなたちの語りに耳を傾けると、敗戦で物資の不足している日本において、戦勝国からやってきたひとびとからこれみよがしにその富を見せつけられたひとたちのなかで、その富を頂戴しようと行動をおこしたおんなたちが、パンパンと蔑まれたのだ。そう考えると、すべてのおんなたちがやむにやまれぬ状況でパンパンになったわけではない。第4章でもでてきたけれど、パンパンの仕事が好きでやめられないとか、アメリカ人は好きで日本人は嫌いだからアメリカ人と交際するという考えの持ち主もいる。また、GIと交際することで自身のライフワークのステップアップを図っているものもいる。彼女たちのさまざまな語りに耳を向けると、この遊び客のように、パンパンを救済すべきおんなたちと位置づけることは、結局は彼女たちから身体の決定権を奪っていることになる。

この報道で気になるのは、GIたちと実際に交際しているおんなたちの談話が掲載されていないことである。

彼女たちこそ、キャッチの直接の被害者であり、いいかえれば合法的な性暴力の被害者といっていいだろう。第一一条で強制連行できなくなったことについて、彼女たちの語りを載せることで、たとえ言論統制下であっても、少なくともキャッチならびに強制検診という理不尽な性暴力が公然と行なわれてきたことを伝えることができただろう。また、なぜこれまでこの第一一条があるにもかかわらず、強制連行されてきたかという問題を問うことに繋がっただろう。

キャッチの被害者の意見は不問にされたまま、日本各地の地方都市では続々と売春関係の取り締まり条例や、風紀取締条例といった地方条例が制定されていった。性病予防法では出来なくなった強制連行部分を補完するかたちで、地方各地で取締条例が制定されていくことで、性病予防法と条例との二本立てでおんなたちの身体は、さらなる厳しい状況にさらされることになる。
こうしてみていくと、性病対策の法制度はＧＨＱ側の深い関与のもと一貫してＧＩが日本のおんなたちから性病をうつされないための措置であったことが、あらためて確認できる。

註
（１）一九四八年六月二五日の第二回参議院厚生委員会で中平常太郎議員が「審議の経過並びにその結果」として詳細に報告している（第二回参議院厚生委員会議録第一六号、一九四八年六月二五日）。
（２）第二回参議院本会議録第五四号、一九四八年六月二八日。
（３）図１、２ともにMainichi Photo Bank。
（４）法務府の判断は、一九五〇年一〇月三〇日である。「六四売いん常習者の即時同行と性病予防法第一一条について」法務府『昭和二五年度法務総裁意見年報第三巻二号』（一九五一年）五三五―五四二頁。

第11章　二本立ての強制的性病検診

1．性病予防法をささえる条例 ― 神戸市と尼崎市との異なり ―

第10章では、性病予防法第一一条によって、強制連行ができなくなったところまでみてきた。この強制連行ができなくなった分、日本各地の地方都市では続々と売春関係の取締条例が制定された。強制連行ができない部分を補うかたちで、性病予防法と二本立キャッチが実施されるようになったわけだ。

本書では、とりわけ神戸市に論点を絞って、神戸市売いん等取締条例が他都市とどのように異なって運営されていたのか、GHQは神戸市の条例にどのように関わっていたのかについて詳しくみていこう。[1]

売春関係の地方取締条例はおもに二つに大別できる。一つは、売春行為を禁止するもの、もう一つは、売春行為については触れていないものである。神戸市は、後者の売春行為自体についての罰則はない。さらに、買春行為の罰則もない。

これら条例の異なりを端的に表しているのが、一九五七年三月一六日兵庫県議会第六七回定例会の席上での、兵庫県警本部片岡清一の次の発言だ。

神戸市の如きは、売春そのものの取締りをするような条例にはなっておりません。売春の目的をもって人の後をついて歩いたり、ひつこくつきまとったり、そういうものを取締る、こういうような定め方になっております。尼崎市の方は売春そのものを取締るという規定になっております(2)。

片岡の発言は、神戸市売いん等取締条例が一九五一年五月二八日に制定されてからほぼ六年後、尼崎市売春取締条例が一九五二年二月一二日に制定されてから五年後の発言だ。さらに一九五六年五月二四日に売春防止法が公布され、実施されたあとの発言でもある。しかしながら神戸市も尼崎市も条例が制定されてから改正されていないことを考えると、片岡の発言は地方の売春関係の取締条例の異なりを、わかりやすく説明しているといえよう。

ここで、尼崎市「売春等取締条例」と神戸市「売いん等取締条例」を照らし合わせてみよう。まず、尼崎市「売春等取締条例」の目的（第一条）と定義（第二条）に注目すれば、この条例が売春を含めた取り締まりであることがわかる。

第一条　この条例は売春等に関する諸行為を取締り、健全な社会秩序の維持を図ることを目的とする。
第二条　この条例で売春とは報酬を受け若しくは受ける約束で不特定の相手方と性交又は性交の類似行為をすることをいう。

神戸市「売いん等取締条例」の目的（第一条）と定義（第二条）は、次のようになっている。

第一条　この条例は、道路その他の場所における売いん等に関する諸行為を取締り、健全な社会秩序の維持を図ることを目的とする。

第二条　この条例で「売いん」とは、報酬を受け、又は受ける約束で不特定の相手方と性交又は性交の類似行為をすることをいう。

神戸市では勧誘（第三条）にあたることが、尼崎市の条例では客引行為（第五条）として、それぞれ以下のように明記されている。

【神戸市売いん等取締条例】

第三条（勧誘）売いんの目的をもつて、道路その他公の場所において、他人の進路に立ちふさがり、その身辺につきまとい、又はこれらに類する方法をもつて相手方を誘った者は、三月以下の懲役又は五、〇〇〇円以下の罰金、又は拘留に処する。

【尼崎市売春等取締条例】

第五条（客引行為）売春の目的で道路その他公の場所において、他人の進路に立ちふさがり、その身辺につきまとい又はこれに類似する方法で、相手方を誘った者は三、〇〇〇円以下の罰金又は拘留に処する。

この両市の条例の差異でとりわけ注目したいのが、罰則規定である。神戸市の場合、勧誘行為（第三条）は、尼崎市の売春行為（第三条）と同レベルの罰則規定である。すなわち神戸市の場合、おんなたちが占領軍将兵の周辺にいただけでも、警察当局から売春目的の「勧誘行為」だと判断されれば、尼崎市の売春行為違反と同等の処罰を受ける厳しい条例であったことがわかる。

2．買売春を取り締まらない条例——神戸市売いん等取締条例——

神戸市の場合、売春そのものは取り締まりの対象とはならなかった。その理由として、GHQの神戸基地側の最大の関心が、売春行為ではなく、兵舎におんなたちを近づけないようにすることだったからである。すなわち、ポン引きや斡旋業者というおとこたちを除いて、基本的に日本のおんなたちを処罰するための条例であった。というのも、当時の神戸基地司令官が非公式に兵庫県知事と神戸市長を呼びだし、そのような話をしていたからだ。

神戸市売いん等取締条例のほぼ一年前の一九五〇年五月四日、神戸基地司令官W・A・コリアー大佐は、岸田兵庫県知事と原口神戸市長を非公式に招き入れ、基地東部兵舎及び西部兵舎付近をうろつくいかがわしいおんなたちが急増し、外出する兵士を露骨に誘引するので何とかならないかと訴えた[3]。このとき原口は、「市の条例を設けこれを厳重に取締ることも考えられないことはないが、行き過ぎと思われるので、警察局をしてこれら婦女が兵舎附近に停滞しないよう説示せしめるように致したい」と述べていることから、少なくともこの時点では、条例を制定する考えはなかったようだ。コリアーは原口の答えに対し、「要するにこれら婦女が兵舎附近に所謂ドクロをまかないようにしてくれればよいので普通に往行するのを阻止しようとするのではない」と述べた。

ここで注目したいのは、コリアーは非公式に兵庫県知事と神戸市長を招いていることから、秘密裏に会談が進められたと言える。秘密裏に行なわれた会談であるため、当時の兵庫県議会会議録や神戸市会会議録といった公の文書には記録されていない。この点が、宮城県の条例とは異なる。宮城県の場合、

GHQ側の第九軍団が宮城県売淫等の取締に関する条例に関与していたことが会議録に記録されているからだ［藤目 2006:135］。

さらに非公式の会談からほぼ二か月後の六月二六日にコリアーは、憲兵司令官ウッド中佐を通じ神戸市警察局長に、東部及び西部兵舎の半径一キロ以内をうろつくパンパンと認められる者は、市警で発見次第神戸基地憲兵裁判所へ引き渡すよう指示を行なっている。コリアーの指示が朝鮮戦争勃発（一九五〇年六月二五日）の翌日に出された状況を考えると、裁判所引渡という厳しい措置は、二つの要素が考えられる。その一つは朝鮮戦争勃発で戦闘態勢に入ったGIたちが性病にかかって兵力が落ちることのないようにとられた措置である。そしてもう一つは、ある事件の連鎖を止める措置だ。

まず一つめの要素について考えてみよう。GIたちを性病から守るためという観点から考えると、この措置は、第二次世界大戦の一九四一年に制定されたときは時限法で、その後恒久法となった米国のメイ法を想起させる。メイ法とは、かんたんにいえば、海外の米軍駐屯地の五マイル以内における売春を禁止する法をいう［奥田 2007:27］。五マイルは約八キロなので、コリアーが出した指示の半径一キロ以内というのは、メイ法に比べるとかなり限定的な範囲だし、非公式ということからメイ法が適用されたとはいいがたい。だけどコリアーの考えの根底には、兵士たちを性病から守るため、神戸市の東西にある米軍兵舎の半径一キロ以内をうろつくおんなたちを、メイ法を模したやりかたで罰することを神戸市の警察局長に申し渡したといえる。

もう一つの要素、ある事件の連鎖を止めるという観点について考えよう。じつはコリアーが非公式で兵庫県知事と神戸市長を呼んだ日の二日前の一九五〇年五月二二日、夜八時四〇分～八時四五分、神戸ベースで事件が起こった［RG331/SCAP/BOX9894(c)］。それは、神戸ベースの歩哨が職務中にそのガールフレン

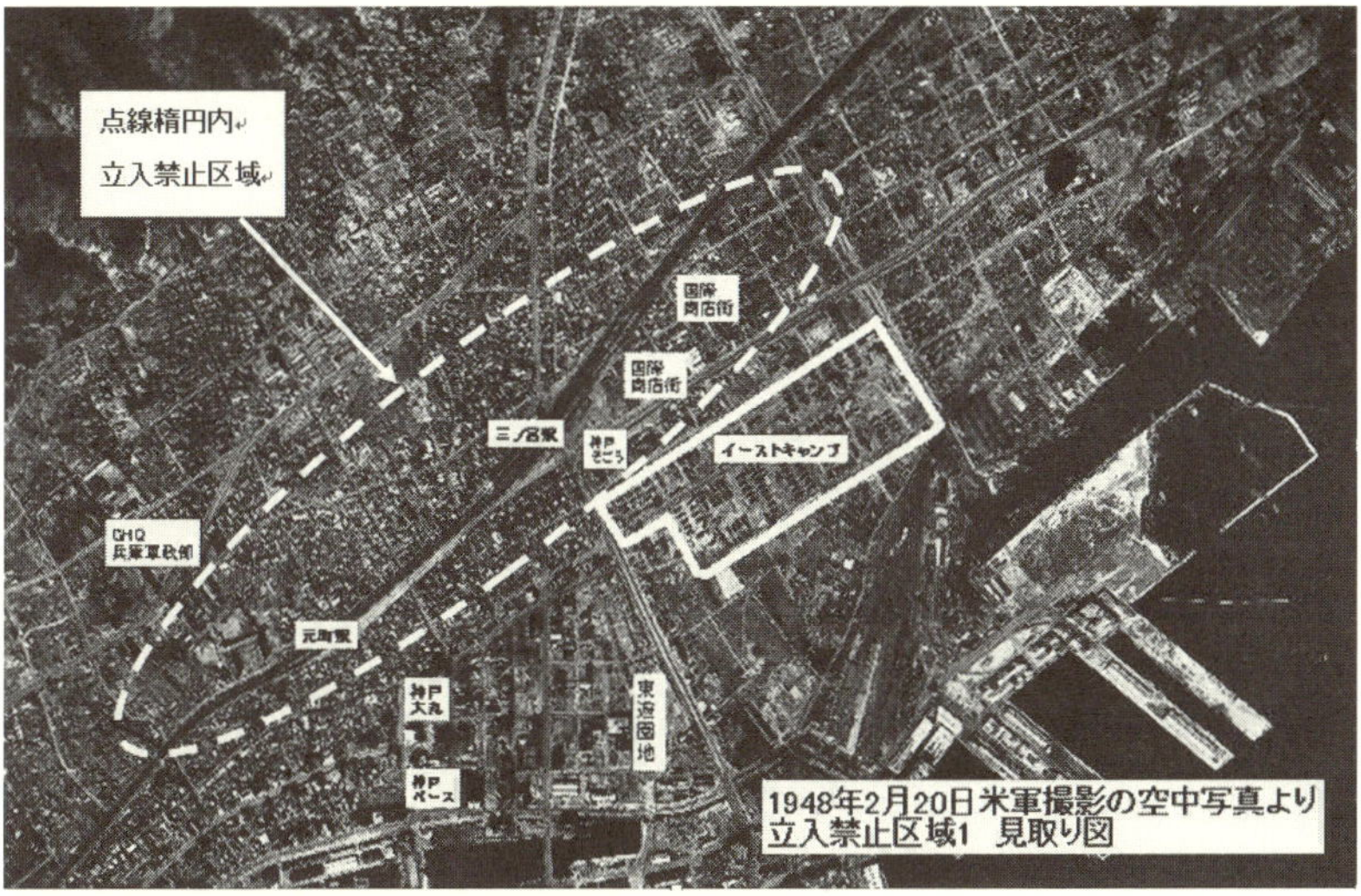

図 1 ［USA-M18-4-59 国土省国土地理院 / 国土変遷アーカイブ空中写真と連合軍の本土進駐並に軍政関係、連絡調整地方事務局執務報告書綴（神戸 3）A'-1-0-0-2-1-1/ 昭和 25 年 6 月 5 日執務月報 5 月分神戸連絡調整事務局より筆者作成。

図 2 [USA-M18-4-67 国土省国土地理院 / 国土変遷アーカイブ空中写真と連合軍の本土進駐並に軍政関係、連絡調整地方事務局執務報告書綴 (神戸 3)A'-1-0-0-2-1-1/ 昭和 25 年 6 月 5 日執務月報 5 月分神戸連絡調整事務局より筆者作成。

ドのはたちの日本人を、フェンス越しに射殺しようとして未遂におわった事件だ。翌日の日付発行の調査報告書には、射殺されたのはあきらかに射殺したGIのガールフレンドだったと明記されている。すなわち、見知らぬ間柄ではなく親しい間柄で事件がおきたということになる。なぜGIは自分のガールフレンドを射殺し、本人も死のうとしたのかは明らかにされていないので謎だけれど、調査報告書の翌日にコリアーがすぐ兵庫県知事と神戸市長を非公式に呼んでいることから、米軍側は、朝鮮戦争開戦前の緊張状態のなかで、五月二日におきた発砲事件が他のGIたちに刺激を与え、事件の連鎖を恐れたといえよう。なので売春婦であってもなくても、とにかくキャンプにおんなたちが近づくことをコリアーは恐れていたといえる。

いずれにしても、コリアーの指示に基づいて市警側では、「この種の婦女のもっとも出没の激しい」新開地、楠木公前、神戸駅前、有馬道、阪急三宮駅、生田新道、国際商店街、国鉄三宮駅から同元町駅東口までの高架下などの地域をすべて、「この種婦女」の立ち入り禁止区域とした。この立ち入り禁止区域はすべて、通称イースト・キャンプと呼ばれる神戸基地東部兵舎周辺と、通称ウエスト・キャンプと呼ばれる同基地西部兵舎周辺に限定されている（図1と2参照）。ちなみに一九五〇年六月二九日に、立ち入り禁止区内で占領軍兵士に売春しようとした「特殊婦女」一名が検挙され、翌日憲兵裁判所で禁固一年の判決を言い渡されている。

こうした事実からも、神戸基地側の最大の目的は、兵舎付近をうろつくおんなたちを追い払うことにあった。そして神戸基地側の理にかなうようなかたちで売いん等取締条例は制定されたといえよう。すなわち取り締まり対象を、道路その他公の場所で売いんするおんなたち、そしてそんなおんなたちを周旋する者、援助する者、場所の提供をする者、取り締まりの見張りをする者たちへ向けたのである。ここで忘れてならないのは、彼女たちを買うおとこたち、すなわち占領軍将兵は取り締まりの対象外であることから、神戸市の場合、占領軍将兵の身体を守るためにおんなたちに適用された条例として運用されていたのだ[6]。

占領期の売春関係の地方の取締条例にはＧＨＱが関与していることを本章では神戸の事例であきらかにしたが、ＧＨＱ上部組織の命令だと地方条例とはいえ基本的には同じような条例になるはずだ。実際は、神戸市の場合は買売春にはなんら罰則規定がないことや、大宮市の場合は売春相手が外国人という規定があることから、地方によってその条例の中身には大きな差異があることがわかる[7]。

このように差異が生じる理由は、ＧＨＱから日本政府および地方行政機関への命令や指令の下達ルールがわかれば、すぐ理解できる。そこでＧＨＱの命令系統を簡単に説明しよう。

占領期日本は間接統治という形をとっていた。間接統治とは図3のように①ＳＣＡＰ（ＧＨＱ）が日本政府に指令を出し、日本政府がＳＣＡＰの命令を代行して地方行政機関に伝えるという方法である。したがって、①は日本政府に指令を出すと同時に日本政府に出した指令をＧＨＱ側の②→③→④→⑤の順に下達し、⑤の府県軍

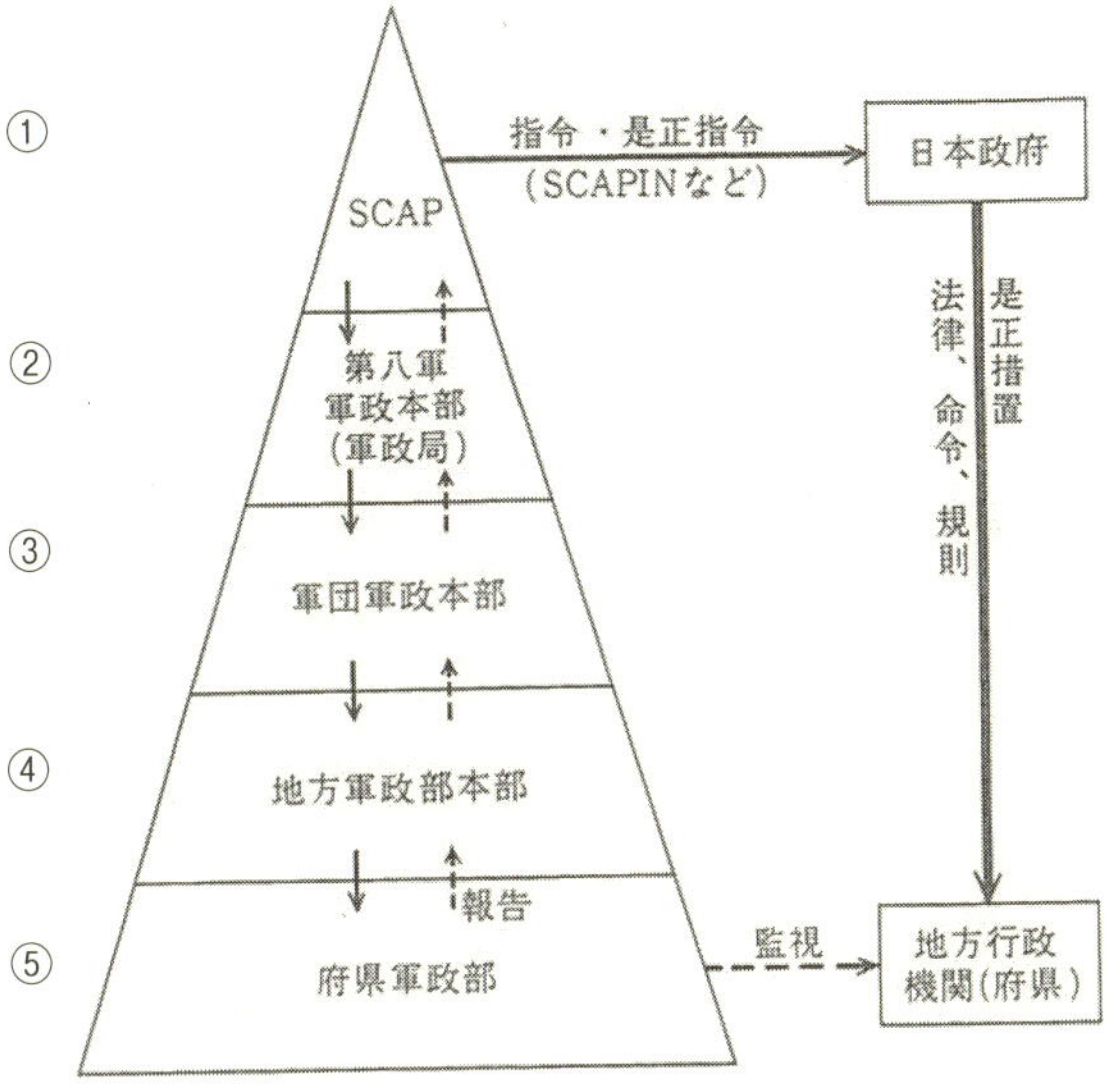

図３　間接統治のしくみ［竹前 1983］の図に筆者が番号①〜⑤を加えた。

政部がSCAPの指令を日本の地方行政機関が本当に遂行しているのか、監視を行なう。その監視結果を、今度は⑤→④→③→②→①の順に報告するのである。兵庫県の場合、GHQの指令は第八軍軍政部（横浜）→第一軍団軍政本部（京都）→第一〇七軍政団（大阪）→第三一軍政中隊（神戸）の系列によって運用されていた（『兵庫県警察史』四七二頁）。

このことをおさえたうえで、あらためて神戸市の売いん取締条例は神戸基地司令官の関与があり、大宮市の売淫取締条例は朝霞憲兵隊長の関与があったことや、両者の条例の内容が同じではないことから、地方条例の場合、⑤府県軍政部の裁量にまかされていたと考えられる。

こうして性病予防法で実施できなくなった強制連行を補完するかたちで、神戸市売いん条例は性病予防法と二本立てでおんなたちは合法的に検挙されたのである。基地周辺をうろつくおんなたちを取り締まるために制定されたこの条例と強制的性病検診は、おんなならだれでも、いつ自分の身に起きるかもしれない恐怖を感じただろう。

3．売春等取締条例のその後—売春防止法との関係性—

地方条例の成立により性病予防法と二本立てで運用された結果、性病の罹患者かもしれないと疑われたおんなたちは、強制的に連行され性病検診を受けさせられた。性病検診のための取り締まりに遭わないよう、おんなたちの心身はたえず脅かされている状況にあったことをみてきた。

おんなたちを強制的に連行できることを可能にしたこうした地方条例は、売春防止法（これ以降売防法と表記）が一九五六年五月二四日に公布（法律第一一八号）され、翌年の一九五七年（昭和三二年）四月一日から実施されるのに伴い、男女間の売春そのものを地方条例で罰する必要がなくなる。というのも、売防法の附則第四項の次の項目により、地方条例で売春を罰することができなくなったからだ。

【売防法附則第四項】
地方公共団体の条例の規定で、売春又は売春の相手方となる行為その他売春に関する行為を処罰する旨を定めているものは、第二章の規定の施行と同時に、その効力を失うものとする。

ここで、売防法の第二章の規定の施行というのは第五条〜第一六条の、売春に関する刑事処分の罰則規定のことを指す。(8)すなわち売防法が公布されたことで、これまで地方条例で売春に関する罰則規定によって売春は処罰されていたのが、売防法が公布されると同時に今度は売防法で売春を刑事処分として扱うため、地方条例での罰則は不要となったことを意味する。

だからといって、売防法の附則第四項の規定がすぐさま各地方に反映されたわけではない。

ここで興味深い事例をいくつか挙げよう。本書で取り上げるケースは、西宮市、尼崎市、神戸市に関する取締条例である。この三市に注目したのは、他の地方条例もおそらくこの三市のいずれかのパターンにあてはまると思われることや、本書で中心的に扱っている占領期の神戸市のほか西宮市にも大規模な米軍キャンプがあったことや、これまでみてきたように、尼崎市は神戸市との取締条例の異なりについて、兵庫県議会上で比較の対照として取り上げられていることにある。

まず西宮市の場合、西宮市売いん取締条例が廃止されたのは一九六四年九月二五日である。当条例の廃止理由は、「売春防止法の施行に伴い、売春の防止に関する規定は失効となっているので、今回廃止する」という、売防法の附則第四項の規定に沿ったものであった。(9)売防法が施行されてすぐに条例が廃止されていない理由として考えられるのは、売防法附則第五項による可能性が強い。ここで、売防法附則第五項をみてみよう。

【売防法附則第五項】

前項に規定する条例の規定が、第二章の規定の施行と同時にその効力を失うこととなった場合において、当該地方公共団体が条例で別段の定をしないときは、その失効前にした違反行為の処罰については、その失効後も、なお従前の例による。

すなわち売防法附則第五項は、売防法実施の一九五七年四月一日以前に地方条例で違反した行為は、売防法附則第四項で地方条例が廃止されたとしてもなお、地方条例で処罰されるということだ。したがって地方条例の廃止そのものを、売防法実施日から時期を遅らせて廃止されている場合も考えられる。さらにまた、条例廃止に関して上記のような時期を遅らせるほかに、以下のケースも考えられる。(10)

・条例違反者が国外にいる場合（条例違反の時効は国外にいる間カウントされないため）。
・効力のなくなった条例を掲載していないだけで廃止の手続きはまだとっていない場合。
・自治体の条例を廃止するには議会の議決が必要でその手続きをとっていない場合。
・地方条例廃止の時期がさまざまな場合と、廃止そのものがなされていない場合。

次に、西宮市同様、売春を含めた取り締まりを行なっている尼崎市売春等取締条例は、筆者が問い合わせをしてその回答をいただいた二〇一三年一二月二日現在も存続していることはとても興味深い。西宮市も尼崎市もともに条例の中身はほぼ同じ内容であるにもかかわらず、西宮市は一九六四年九月二五日に条例が廃止され、尼崎市ではいまだに条例は存続している。

存続している理由として、「『売春』というものを法よりも若干広く捉えており、その差の部分（法の対象外のもの）についても取締りの対象としていること」として捉え、「『報酬を受け若しくは受ける約束』をして『性交の類似行為』をすることを含めており（尼崎市売春取締条例第二条）、この性交の類似行為とは、男女性器の交合である性交ではなく、あくまで性交に類似した行為であって、同性間で行われるもの」であるという[11]。

次に示すのは、尼崎市条例にも当てはまるケースであるという回答をいただいた事例を紹介しよう。この事例は、岡山地方裁判所において性交類似行為の勧誘を行った者に関する刑事訴訟事件（昭和四五年一一月一九日岡山地方裁判所判決（事件番号 岡山地方裁判所昭和四五年（わ）第二七四号）の判例であり、詳細は『判例タイムズ』二五九号二四〇頁で確認できるけれど[12]、尼崎市の回答文が分かりやすいので、次に引用する。

> 昭和四五年二月二二日岡山市内の路上において、女装した男性の被告が通行中の男性を売春の目的で性交類似行為の相手方になるよう勧誘した行為について、勧誘行為を処罰する旨定める売春等取締条例（昭和二八年岡山市条例第四八号。以下「岡山市条例」といいます。）第三条の構成要件に該当する行為を行ったとして起訴された事件であり、その裁判では、①性交類似行為を目的として勧誘した場合に係る岡山市条例第三条の規定が法附則第四項の規定により失効しているか、②「性交の類似行為」の定義、以上主として二点が争点となりました。
>
> 岡山地方裁判所は、①については、法にいう「売春」とは不特定の相手方と性交することをいい、

> 性交類似行為は含まれないため、性交類似行為の場合には岡山市条例第三条の規定は存続していると、②については、性交とは、男女性器の交合をいうのであるから男女いずれが主体として行うとしても異性間に限られることからすれば、岡山市条例にいう性交類似行為とは同性間において行われる性交類似の行為をいうものと解するのが相当であると判示し、当該被告に対し、同条の規定に基づき五、〇〇〇円の罰金刑に処し、判決が確定しました。
>
> 岡山市条例は、本市条例と同様、制定後一度も改正されることなく存続しており、本市条例の規定と類似点が多く、上記の裁判例の判旨は、本市条例にもそのまま当てはまるものと考えております。

引用文中、「本市条例」というのは尼崎市の条例のことを指す。岡山市売春等取締条例の中身は、売春自体を禁止している西宮市と尼崎市とほぼ同じである。岡山市の場合、西宮市と違い、性交類似行為すなわち男女間の性交ではなく、あくまでも同性間の性交類似行為である。売防法は、男女間の性交のみを売春として定義[13]しているので、同性間の性交類似行為は売防法では処罰の対象から外れており、岡山市条例のほうで適用されたという判例である。尼崎市もこの岡山市の条例にそのままあてはまるという回答だった。

神戸市の場合においても、尼崎市同様、性交類似行為は売防法の処罰対象外であるため神戸市の条例で適用されるという回答を、次のようにいただいた。

> 本市〔神戸市〕の売いん等取締条例と売春防止法とを比較してみますと、前者では「性交の類似行為」が対象となっていますが、後者では対象となっていません。

したがって、売春防止法附則第四項を前提といたしましても、「性交の類似行為」に関しては、まだその効力を失っていないものと解されます。

神戸市の場合、「岡山地方裁判所昭和四五年一一月一九日判決（判例タイムズ二五九号二四〇頁）や最高裁判所第一小法廷平成一一年四月八日決定（判例時報一六八九号一五三頁）などは、このような考え方を前提にしているもの」という回答をいただいた。先に示した岡山市の判例の他、「最高裁判所第一小法廷平成一一年（一九九九年）四月八日決定」とは、京都市風紀取締条例三条「売いんの目的で道路その他公の場所において立ちどまったり、うろついたりまたは他人の身辺につきまとったり等して、相手方を誘った者は五〇〇〇円以下の罰金または拘留に処する」に違反した男娼の、罰金を定めた部分が一九九一年法律第三一号による刑法等の一部改正により失効した場合における拘留を定めた部分の効力についての判例だが、そもそもこのような判例があるということ自体、京都市では風紀取締条例が存続しているということを表している。

このように、神戸市、尼崎市は、地方条例がいまだに存在し、西宮市では廃止されている。西宮市の場合、取り締まるべきものは、異性間の性交に関する売春及びそれに関連する行為であると判断した可能性が高い。そのために条例廃止となったと考えられる。そうすると、条例を存続させている地方は、売防法では異性間の売春行為を取り締まり、条例では売防法では適用対象外となっている同性間の性交類似行為とそれに関連する行為を取り締まるなんらかの必要性があって、条例を存続しているといえる。すなわち、罰則規定を異性間の売春行為に限定している場合、地方条例が廃止されている可能性は強く、男女間だけでなく、同性間の売春類似行為をも罰則の対象としている地方は、条例が存続されているとい風紀のモラルが異なることを示している。[14] 同性間を含むケースと含まないケースがあるのは、地方によって風紀のモラルが異なることを示している。

4．コウベのいま

本章図1および2のような立入禁止区域は、遅くとも日本が占領解除となった、一九五二年四月二八日にサンフランシスコ講和条約の効力が発生した時期には消滅したと考えられるにしても、それまでは、GHQ側の指示に基づいて、ひとびとが最も集まるエリアがパンパンたちの立入禁止ゾーンとして指定されたということは、忘れてはならない。

また、これらの図が示している米軍のイースト・キャンプ、ウエスト・キャンプの周辺立入禁止区域は当時、会社や商店街、デパートが林立する場所でもあった（それは二〇一四年現在も変わらない）。図一に示した国際商店街から三ノ宮駅、元町駅にかけて通称高架下と呼ばれる場所は、もともと巨大なヤミ市が形成され、何度も当局から撤去されては再形成されるという、いたちごっこ状態の地域であった。[15] 神戸そごうのすぐ傍にはイースト・キャンプがあり（一九九五年の震災で消滅したけれど、神戸そごうとイースト・キャンプの間にあった神戸そごう別館跡地に元占領軍将兵用慰安施設があった）、神戸大丸のすぐ南（徒歩五分）には神戸ベース（神戸基地司令部）のビルがあった（今も神港ビルという建物の名は変わらず、日本企業が入っている）。この神戸大丸から神戸ベースにかけて現在は旧居留地という名称でおしゃれな店が軒を連ね、観光スポットとしても内外の観光客から親しまれているが、戦前から外資系企業が林立していた場でもある。

図2の新開地周辺は、戦前から占領期にかけてボーリング場、映画館、飲食店、福原遊郭といった歓

楽街として地元民に親しまれていた場所だ。したがって当局側の検挙に巻き込まれないよう、こうした場所を避けて通ろうとしても、神戸で仕事や生活を営んでいるおんなたちにはむずかしい。

たとえば、わたし（たち）が三宮周辺で働いていたとしよう。たまたま残業で、あるいは看護師のようなシフト制の仕事に従事しているがために夜遅く帰宅していると、三宮駅周辺で、当局側にいきなり捕まって強制検診を受けさせられるという可能性も十分ありうる。これが、占領期の神戸市という地域であった。強制検診を受けさせられた結果、性病に罹っていないということが当局側にわかり即座に解放されたとしても、繁華街であるがために野次馬が大勢いたであろう中で、有無を言わさず身体を拘束されること自体、歩いていていきなりレイプされたのと同じほど、おんなたちにとっては心に深い傷をつけられる出来事であったに違いない。

当時、日本各地でおんなたちに対して性病予防法と地方条例との二本立てで合法的に取り締まりが行なわれていたことを考えると、おんなたちにとって道もゆっくり歩けない状況は、神戸市にかぎったことではない。他の都市でも同じことがいえる。そう考えると、性病検診のための取り締まりがおんなたちに振るわれた性暴力であること、もっといえばこうした取り締まり自体がいまだに世間ではほとんど知られていない現状に、わたしたちは今一度、目を向ける必要がある。

とりわけ、ＧＨＱの言論統制の時期を中心にこのようなおんなたちの心身を脅かす性暴力が合法的に行なわれていたことは、特定秘密の保護に関する法律が二〇一三年一二月一三日に公布された現在と繋げてあらためて考える必要に、わたしたちは迫られている。

註

（1）藤野は売春関係の日本各地の地方条例について、制定または公布年月日や取り締まり項目内容に至るまで詳細な分類表を作成している［藤野 2001］。また藤目は、日本各地の県議会、あるいは市議会の会議録や県史、市史、警察史等の資料から、この地方条例にGHQの示唆や介入があったことを明らかにしている［藤目 2006］。ほかにも、「売春対策年表—終戦直後から昭和三四年三月まで—」売春対策審議会編『売春対策の現況』（大蔵省一九五九年）が売春関係の地方条例に詳しい。

（2）一九五七年三月一六日第六七回（定例）第四日（一九九四年）『兵庫県議会会議録 復刻版』兵庫県議会一六〇。

（3）「執務月報（五月分）連合軍の本土進駐並に軍政関係一件」『軍政関係 連絡調整地方事務局執務報告書綴（神戸3）A'-1-0-0-2-1-1』一九五〇年六月五日〇〇六〇—〇〇六一ページ。

（4）藤目はメイ法を、第一次世界大戦につくられた「アメリカン・プラン」とは、軍隊保護策のことである［藤目 2006:22］。メイ法は、「陸海軍基地などの軍施設周辺の一定範囲内において、売春に従事すること、売春宿の維持設置、売春の幇助、教唆など売春にかかわる行為を禁止する権限を、必要な場合には陸軍長官あるいは海軍長官に付与する」法で、提出者の下院軍事委員会委員長アンドリュー・メイの名にちなんでメイ法と名づけられた［林 2005］。

（5）［「執務月報（五月分）連合軍の本土進駐並に軍政関係一件」『軍政関係 連絡調整地方事務局執務報告書綴（神戸三）A'-1-0-0-II-1-1』一九五〇年六月五日ページ数不明］。

（6）興味深いことに、一九五〇年一〇月二五日に制定された埼玉県大宮市（現さいたま市）の大宮市売淫取締条例の場合、売春相手を外国人と限定して第一条で「報酬を受け又は受ける約束で性交すること」と定義した条例を、朝霞憲兵隊長の命令で作成したことを大宮市警察長はあきらかにしている［藤目 2006:138］。

（7）各地方条例の内容については、［藤野 :2001］、［藤目 :2006］の条例の一覧表が詳しい。

（8）第五条（勧誘等）、第六条（周旋等）、第七条（困惑等による売春）、第八条（対償の収受等）、第九条（前貸等）、第一〇条（売春をさせる契約）、第一一条（場所の提供）、第一二条（売春をさせる業）、第一三条（資金等の提供）、第一四条（両罰）、第一五条（併科）、第一六条（刑の執行猶予の特例）。

（9）この回答をしてくださった、西宮市総務局総務総括室総務課法制チーム係長中前智光さんに感謝します（二〇一三年一一月一一日付メールご回答）。
（10）中前さんからは、地方条例の廃止に対してあらゆる可能性をご教示いただき、感謝します（二〇一三年一一月一一日～一二月三日の、筆者へメールでのご教示）。
（11）この回答してくださった、尼崎市総務局法制課長中村直之さんに感謝します（二〇一三年一二月二日付メールご回答）。
（12）資料のありかをご教示いただいた、神戸市行財政局行政監察部法務課の方に感謝します。
（13）『判例タイムズ』No.259（一九七一年五月）。
（14）このことについて、今後じっくり考えたい。
（15）神戸市の闇市については、村上しほり『占領下日本の都市空間に関する史的研究――神戸におけるヤミ市の生成と展開に着目して』二〇一四年 神戸大学大学院人間発達環境学研究科博士課程後期課程人間表現専攻表現文化論分野が詳しい。村上さんは、闇／ヤミ市の表記の異なりについて、闇市の取り締まりに関わって神戸市と他都市との違いに注目されている（二〇一四年六月三〇日の筆者への私信）。パンパンの表記も神戸では、闇の女がヤミ／夜とさまざまに変化していることから闇市と連動していると考え、村上さんの今後の論に注目している。

おしまいに　ほとんど語られてこなかったこと
――性暴力とＧＩとの親密性――

1．パンパン狩りという言い方

当事者が沈黙していることをいいことに、パンパン狩りという表現が今でも使われていることに、いつも愕然とするおもいがする。パンパン狩りという表現は、パンパンを狩るという意味で、ＭＰや日本の警官がパンパンだとみなしたおんなたちをキャッチする様子が、まるで獲物を狩るような様子だったことから、パンパン狩りと名づけられたのだろう。キャッチの犠牲になったおんなたちは、おとこたちの野次馬のいる中で暴力的にトラックの荷台に乗せられさらし者状態で、第7章でとりあげたＰＨＷの性病対策顧問医師イサム・ニエダが刑務所と言った性病専門病院へ送られ、強制的な局部検診を受ける状況にいるおんなたちだった。幾重にも連なった性暴力にさらされている状態であるにもかかわらず、パンパン狩りという表現が使われているのは、キャッチ被害の当事者は、どのような気持ちで人生をすごされているのだろうか。

またパンパン狩りは、浮浪児狩りや浮浪者狩りと混同されがちだけど、両者は似て非なるものだということを、ここで今一度強調しておきたい。「～狩り」ということばが付与されている時点で、このことばのどれもが人間の尊厳を奪った、差別用語にあたるとおもう。そのことを踏まえた上で、決して混同してほしくないのは、パンパン狩りは、完全におんなたちをターゲットにした合法的な性暴力であるということだ。その点が、浮浪児狩りや浮浪者狩りとは、あきらかに異なる。

衆人環視のもとキャッチされトラックの荷台に乗せられ、警察へ連れて行かれて健康診断を受けるという一連の流れは、パンパン狩りであっても浮浪児狩りや浮浪者狩りであっても、傍観者にとっては同じように見えるかもしれない。また、浮浪児狩りや浮浪者狩りのターゲットとしてキャッチされた方々も、同じようにおもっている方も存在するかも知れない。

だけど、パンパン狩りは局部検診を強制的に受けさせられるためのキャッチであることや、そのキャッチがおとこたちの視姦にさらされる中で行なわれたことを考えると、浮浪児狩りや浮浪者狩りとは異なっていることがわかっていただけるとおもう。

2. 傍観者は共犯者—目にしているのに気づかないということ—

キャッチを行なうトラックが占領期当時の日本であちこち走っていたので、目の前でいきなりキャッチの被害に遭うおんなたちを目にしたひともいただろう。キャッチされないように、逃げまどうおんなたちの姿を目撃したひともいただろう。キャッチの被害者が多いということは、それだけキャッチを間近で眺めていた者も多いことを意味している。荷台にたくさんのおんなたちを乗せて走りまわる大型トラックの姿を目にしたひとは、キャッチを間近で見ていたひとよりもっと多いはずだ。

だけど、キャッチを目撃したという声もほとんどきかれない。そして、キャッチがあったということ自体、いまでは風化されそうな危機感がある。

本書でとりあげた『街娼』の記録が示すように、キャッチでくやしい思いをしている人や深く傷ついている人も多かったはずだ。彼女たちは自身のさまざまな想いを自ら記述していた。そしてその記録は出版されていたので、決して非公開の資料ではない。誰もが読める、公開されている資料なのだ。

現在に目を向けるとどうだろう。戦時性暴力として日本軍の従軍「慰安婦」問題は、国際的な問題として関心が高まっている。だけど、占領期に合法的に行なわれたキャッチについては、国際的な問題とはいいがたい。わたしの友人の多くも、キャッチの話をわたしがするまで、そのようなことがあったことを知らなかった。わたしにしても、キャッチのことは、占領期を専門研究にするまでは知らなかった。キャッチはその程度の扱いを受けているということだ。彼女たちは沈黙したままだ。

一方、彼女たちは、占領期を扱うTVや映画には必ずといっていいくらいGIとセットにされて登場するため、パンパンということばを知らなくても、彼女たちの存在を知っているひとは多い。だが彼女たちが強制検診という性暴力を被ったひとたちだということを、一体どれほどのひとが知っているのだろう。

キャッチの被害に遭われた方が、自身の被害を今でも公にできない理由のひとつとして、被害を受けたことを恥じてしまう状況が存在する。キャッチの被害を表明することは、パンパンであったということ、すなわち、GI相手の売春婦をしていたということを意味するからだ。合法的なキャッチは、パンパンに違いないとみなされたおんなたちをターゲットに行なわれた。キャッチを合法的にしたのはGHQだけど、米軍だけに責任を転嫁するわけにはいかない。パンパンの立場からみると、パンパンたちを蔑んだ日本人よりも、彼女たちのことを人として尊重してくれたGIのほうがいいというひとたちもいただろう。たとえおんな同士であっても、パンパンを侮蔑する日本のおんなたちよりも、彼女たちにやさしく声をかけてくれるGIファミリーのおんなたちのほうが気楽に感じるおんなたちもいたかもしれない。

本書第4章から6章でくわしくとりあげたように、世間からはＧＩ相手のパンパンとひとくくりにみられる彼女たちも、その個人の語りに耳を傾けると、パンパンと一括りにできないような状況だった。現在、彼女たちが沈黙しているのをいいことに、ドラマなどではなぜか人前でＧＩと抱きあってキスをする、派手な格好のおんながパンパンとして強調されているために、ますますパンパンのイメージは固定化されてしまう。ドラマが参考にするパンパンの姿は、世間の目線で語られてきたパンパンの姿であって、パンパン自身の語りを反映しているとはいいがたい。

そんな中で鈴木清順監督作品の『肉体の門』は、占領期当時ＧＩたちとつきあうおしゃれに敏感な彼女たちの心情を尊重している作品だ。鈴木は昔、二人のパンパンと妻との四人で同居していた経験がある［鈴木 1965］。その経験を活かしてかどうか、鈴木は主人公のパンパンたちの性格を色にたとえて、それぞれにシンボルカラーの服装を用いた（ＤＶＤ『肉体の門』特典映像鈴木監督インタビュー）。この鈴木の視点は、本書第2章の2—(1)でとりあげた、汚い木綿のワイシャツに黒のズボンをはきノーストッキングといういでたちのパンパンに扮した福田昌子には持ち得ない視点だ。

占領期以降のある時期、まるで日本の風物詩のようにいろんなひとたちによって語られてきたパンパンは、同時にキャッチという理不尽な性暴力を被っていたおんなたちであったということを、ここであらためて強調しておきたい。

パンパンに間違われキャッチを受けたことがショックで自殺をしてしまった事件について、末川博（当時立命館大学学長）の、「ヤミの女を引致すること自体が問題である」（『朝日新聞大阪版』一九四七年五月三一日付）という指摘は、パンパンをキャッチするという大義名分でキャッチが行なわれていることにたいする批判である。この時期多くの知識人が、パンパンたちに侮蔑的な視線を向けていたなかで、末川の視点は重要だ。おんなたちがキャッチされている状況をこそ、問わなければならない。キャッチはパンパンであってもなくても、おんなたちにふるわれた性暴力なのだから。

また、目の前で彼女たちに公然とふるわれているキャッチという暴力が、暴力とは思わなくなっていく感性、性暴力を目にしているのに気づかない感性がどれほど恐ろしい状態なのかを、くりかえし強調しておきたい。

3．GIとの親密性

キャッチ被害の声があがらない理由として、パンパンというスティグマ以外にも、GIとの親密性があげられる。本書第4章から第6章でみてきたように、世間からパンパンと名づけられたおんなたちのなかには、GIのレイプ被害にあったおんなたちも多い。レイプ被害にあったことを語れないでいるおんなたちもいたとしたら、その数はさらに多いだろう。彼女たちの中には、レイプ被害にあったことを父や叔母に打ち明けたけれど、拒絶され、家を出た者も二名いた。そしてそんな彼女たちはその後、GIの恋人となり、そのうちのひとりはGIとの結婚を準備するという関係になるほど親密になった。

さらにGIと親密になることで、GIから獲得した富を元手に自身の今後のライフワークを確立するおんなたちもいたし、GIとのコミュニケーションを密にするために英会話を習うものもいた。彼女たちは、GIと親密的な関係になって戦勝国の文化を満喫しながらも、戦略的にGIと交渉している賢いおんなたちだ。

もちろん、更生を考えていたり、家族を養うために仕方なくGIとつきあっているおんなたちもいたけれど、だからといって、パンパンたちすべてを救済する対象としてみなすのも、彼女たちのことを侮蔑するひとたちとかわらない。どちらも、彼女たち自身の自己決定権を奪っているにすぎないのだから。

第2章の3―(2)で、英語塾を開く脱走兵のエピソードをとりあげた。この脱走兵の存在や脱走兵と交際する彼女―傍からみれば彼女もパンパンという視線でみられていただろうけど―の存在も、占領／被占領といった視点からは見えにくい存在だ。脱走兵となった時点で、彼は軍の裏切り者となっている。軍の裏切り者であるGIが、近隣の日本人相手に英会話塾を開く。英会話塾に通う日本人たち、脱走兵の恋人、そして英会話塾の先生である脱走兵。この三者の関係も、占領／被占領という視点では、うまく説明がつかない。この三者の間には、英語という異文化間のコミュニケーションツールを媒介にした親密性があるからだ。

さらにGIへの親密性は、パンパンに限ったことではない。わたしの手もとに、『ならの女性生活史花ひらく』（一九九五年）という本がある。この本は、ならの女性生活史編さん委員会が編集した本だ。この本のなかの、「伝えたい女のあしおと・聞き書き集」という章で、奈良に住まうさまざまな立場の方がご自身の体験談を語られている。数多くの体験談のなかで、とくにわたしの目を引いたのが、米軍キャンプでハウスメイドをなさった方の体験談だ。

二二歳で結婚し、娘にも恵まれ幸福な生活でしたが、結婚二年後に夫は病死しました。母親である私は、子どものためにしっかりと生きていくことが先決だと考えました。暮らしは、実家母の物心両面の支えがあり、つくづく親のありがたさを感じました。

ちょうどそんなころ、女高時代の恩師の奥様が仕事を紹介してくださり、私は四歳半の娘を実母に預けて、奈良市黒髪山の駐留米軍キャンプでMP宅のハウスメイドとして働きだしました。朝九時から五時までの勤務でした。四歳の女児のいる黒人家庭でしたが、とても親切にしてもらいました。私の主な仕事はベビーシッターでした。

私自身は外国人家庭を知ってみたいという珍しさと興味でこの仕事に就いたわけですが、初めて見るアメリカ人はとても大きくて怖くて恐怖心すら抱きました。でも子どものおむつを換えたり、遊び相手をしながら一日中アメリカ人家庭のなかで過ごすうちに、だんだん気持ちもほぐれてきて、英語で交わす日常の会話も弾んでくるのを覚えました。

楽しかった思い出の方が多くて、外国人専用の映画館にも一緒によく出かけました。ホームパーティも頻繁に行われ、当時、日本の食糧事情では考えられないほどの豪華な西洋式の料理がありました。缶詰もよくもらいましたし、私の娘が遠足に行くときには、おやつだといって菓子やチョコレートなども持って帰るように言ってくれました。

家の中には大型の冷蔵庫や洗濯機もあり、トイレも水洗でした。もちろん電話もあって外出はいつも自動車やジープでした。昭和二二年から二三年にかけてもキャンプ地での勤務は、当時の日本人の暮らしとは遠い別天地の体験でした。

敗戦国の日本人として差別的な扱いはなかったですし、アメリカという国は、軍事力だけでなく経済力においても「とにかくすごい国なんだな」ということを否応なく認識させられた日々でした。

占領期を体験したこともないのに、この方の体験談を読んでいると、わたし自身がハウスメイドとして、追体験しているような、わくわくした気持ちになった。一方でMPの家族で働いていたという箇所を目にしたとき、「MPだったらきっと、キャッチの仕事をなさっていたんだな」ともおもった。そして傍線部分の文章を読んだとき、「家というプライベートな空間で恐怖心を感じるのだったら、もしキャッチの現場だったら、想像を絶する恐怖心を抱くことになったかも」とおもってしまった。

公の場でこのような、米軍ファミリーへの親密性が語られるのはきわめて少ないということを、あらためて感じた。ひょっとしたらわたしが知らないだけで、他の地域の資料を丹念に捜せば、米軍ファミリーの家で働いた経験に巡り会うかもしれない。

そのように考えても、腑に落ちないことがある。当時日本各地に米軍ファミリーの住居が建設され、あるいは日本人の住居を米軍ファミリーに接収されたことを考えると、米軍ファミリーのメイドになって、この方のように、異文化の風習や食べ物に目を見張り、あこがれた人も多いだろう。だけど、そのような語りを日常生活で普通に目にすることはまずない、という不自然さが腑に落ちない。

GIやGIファミリーと親しくしていたという体験談を、公に目にしにくいということは、そのときの楽しかったかけがえのない想い出を、そっと胸の内にしまっておきたくなるような状況が、現在の日本にあるということだ。それは、GIと親密だったことが「恥」と感じさせてしまう圧力だ。

友人からこんな話をきいたことがある。占領期にGIとつきあったことのあるひとが、後年日本人と結婚して家庭をもって子どもがうまれたとき、その子との会話で英語がでないように細心の注意を払ったという。万が一英語を話せば、元パンパンであったことがばれてしまうからだという。

「あの時代、GIのマイケルがいたから、がんばれたのよ」と、GIとともに戦後の一時期を乗り切ったということが言えないことと、キャッチ被害の声があげられないこととは、連動している。

GIと親密な関係を、おおっぴらに言うことをためらっている人たちが現在にも存在しているのはどういうことなのかを、わたしたちは今一度考える必要がある。

4. 現在のわたしたちへ引き継がれていること

キャッチ被害の話をすると、「その時代に生まれなくてよかった〜」と何度か言われたことがある。本書をここまで読んでくださったみなさんも、そのように感じた方もいらっしゃるかもしれない。

本書でとりあげた話題のほとんどが占領期に限定しているからといって、これは占領期という特殊な時期の特殊な話ではないということを、強調したい。

占領期を乗り切ったからこそ、〝いま〟、がある。ひとによって占領期の想い出を、恥ずかしいことだったと否定してしまうことは、とても哀しいことだとおもう。

さらに占領期パンパンであったことを自認していたひとたちが多かったにもかかわらず、今、いったい何人のひとが、「昔、パンパンしていたのよ」と言えるひとがいるのだろうか。これは現在、性産業で働いているひとが、そのことを公にできないこととむすびつく。

御苑生笙子さんは、シングルマザーで子育て期に性産業で働き、今は自助グループを作り活動されている。彼女が自助グループをつくったのは、「たいていの人はセックスワーカーであることをほとんどの場所で秘密にしているから、あたしたちがセックスワーカー同士として出会い話し合うことはとてもむずかしいので、その機会を作るだけでもあたしたちには価値がある」［御苑生 2012:17］という思いで活動を続けている。

御苑生さんは、次のように語っている。

風俗店の待機室でたくさんの時間を一緒に過ごした子どもがいる仲間のことを思い出すことはよく

ある。

待機室や仕事帰りの寄り道で話したたくさんの身の上話はあたしの仕事の思い出の一部だ。シングルマザーばかりではなく、夫が居る人も居た。

夫に隠して働いている人も、夫が仕事を知っている人も同じくらい居た。

彼女たちと助け合って働いた時間、長い待機時間に交わした言葉、見せ合った子どもたちの写真、長い長い身の上話……たくさんのことを覚えている。

ほとんどの人には連絡が取れず、どこに居るかも分からず、現役なのかあたしと同じように元セックスワーカーになっているかも知らなくても、セックスワークに偏見のある世の中で生きることのしんどさを敏感に感じる者同士であることは分かっているから、「元気？　最近どう？」と呼びかけるような気持ちでいる。

今も同じ道を一緒に歩いているような気持ちだ。［御苑生 2012:17］

御苑生さんの語りを読んだとき、わたしは、おもわず、占領期パンパンといわれたお姉さま方のことを想起せずにはいられなかった。本書に登場しているお姉さまがたは、フィクションではなく、実際に、どこかにいらっしゃる。一九四九年ではたち前後だった方が多いので、二〇一四年現在だと九〇歳前後なので、もしかするとお姉さまがたの多くはすでに、この世を旅立たれたかもしれない。GIと過ごした想い出や仲間たちとの情報交換、そしてキャッチという恐ろしい体験、そのすべてを心の奥に封印したまま、永遠に旅立っていかれたお姉さま方もおおいだろう。

パンパンだったことを沈黙している状況こそ、暴力は目下、継続中だということを示している。

本書は占領期の日本本土について記した。直接統治の沖縄は、日本本土よりもおそらくもっと厳しい状態だったと推測する。本書の第7章や第8章でみてきたように、軍の論理を押し通し、占領地のおんなたちを犯罪者扱いする米軍の憲兵司令部にたいし、PHWは患者としての尊重を訴えて、両者は対立した。それは間接統治だったからこそ、日本の地方行政からPHWへMPの横暴なふるまいを訴える声が届いたのではないか。

そう考えると、日本の政府が関与しない直接統治沖縄の場合、どこまで沖縄のひとたちの声をPHWはキャッチすることができたのか。それとも、直接統治であるからこそ、徹頭徹尾、米軍という軍隊の論理で推し進められてきたのか。沖縄の状態は、本土以上にまだ明らかなことはわかっていない。米軍による沖縄の性病対策についても、あらゆる視点からみていく必要がある。

最後に、本書を読まれた方で、沖縄や韓国も含め、占領期にキャッチの被害に遭われた方、目撃したことのある方で、お話ししていただける方がいらっしゃればお話しをおきかせ願えませんでしょうか。本書のインパクト出版会（〒一一三‐〇〇三三東京都文京区本郷二の五の一一服部ビル二階）気付茶園宛に手紙かはがきでぜひ、ご連絡お待ちしています。どうぞよろしくお願い申し上げます。同時に、GIと交際していらっしゃった方のお話も、差し障りのない部分で結構ですので、どうぞよろしくお願い申し上げます。

あなたに、お愛できることを願いつつ。

参照文献&資料

あきら「アダルト・ライブチャットではたらく」『女たちの21世紀』二〇一二年七二号
青木深『めぐりあうものたちの群像　戦後日本の米軍基地と音楽1945―1958』二〇一三年　大月書店
秋尾沙戸子『ワシントンハイツ　GHQが東京に刻んだ戦後』二〇一一年　新潮社（文庫版）
秋山智久（聞き手）「クロフォード・F・サムズ博士の〝証言〟」小野顕編『占領期における社会福祉資料に関する研究報告書』
一九七八年、（財）社会福祉研究所
秋山智久（聞き手）「ドナルド・V・ウィルソン博士の〝証言〟」小野顕編『占領期における社会福祉資料に関する研究報告書』
一九七八年（財）社会福祉研究所
朝日新聞社編『アルバム戦後十五年史』一九六〇年　朝日新聞社
朝日新聞社編「闇にひらく東京の花――ラクチョウの女・山川婦人少年局長を囲む」朝日新聞社編『「週刊朝日」の昭和史第二巻』
一九八九年　朝日新聞社
朝日新聞社編『朝日クロニクル週刊20世紀1946年』一九九九年　二号　朝日新聞社
市川房枝編・解説『日本婦人問題資料集成第一巻人権』一九七八年　ドメス出版
猪股浩三・木村禧八郎・清水幾太郎編『基地日本　うしなわれていく祖国のすがた』一九五三年　和光社
岩佐純『兵庫・風雪二十年』一九六六年　兵庫新聞社
榎本貴志雄「売春婦の社会衛生」竹中勝男・住谷悦治編『街娼　実態とその手記』一九四九年　有恒社
大石杉乃『バージニア・オルソン物語』二〇〇四年　原書房
大塚達雄「街娼誕生」竹中勝男・住谷悦治編『街娼　実態とその手記』一九四九年　有恒社
大原紀美子・塩原早苗・安藤紀典『女性解放と現代』一九七二年　三一書房
岡本清一「ルポルタージュ呉」『婦人公論』一九五二年九月号
「岡山地方昭和四五年（わ）第二七四号」『判例タイムズ』一九七一年五月　二五九号
荻野恒一・鈴木義一郎・杉本直人「街娼および接客婦の精神医学的調査――京都地区を中心として」竹中勝男・住谷悦治編『街娼
実態とその手記』一九四九年　有恒社
荻野美穂『ジェンダー化される身体』二〇〇二年　勁草書房
奥田暁子「GHQの性政策――性病管理か禁欲政策か」恵泉女学園大学平和文化研究所編『占領と性――政策・実態・表象』

二〇〇七年　インパクト出版会
小倉襄二「街娼の社会像」竹中勝男・住谷悦治編『街娼　実態とその手記』一九四九年　有恒社
加納実紀代「『混血児』問題と単一民族神話の生成」恵泉女学園大学平和文化研究所編『占領と性――政策・実態・表象』
二〇〇七年　インパクト出版会
「花柳病予防法特例」『官報』一九四五年一一月二二日　厚生省令第四五号
神崎清『女学校ものがたり』一九三九年　山崎書店
神崎清『現代婦人伝――私の歩んだ道』一九四〇年　中央公論社
神崎清『吉岡弥生伝』一九四一年　東京連合婦人会出版部
神崎清『少年白虎隊』一九四三年　学習社
神崎清『姉の結婚』一九四九年　東和社
神崎清『ダリアの少女』一九四九年　湘南書房
神崎清『売笑なき国へ』一九四九年　一燈書房
神崎清『娘を売る街――神崎レポート』一九五二年　新興出版社
神崎清『夜の基地』一九五三年　河出書房
神崎清『戦後日本の売春問題』一九五四年　社会書房
神崎清『決定版・神崎レポート売春』一九七四年　現代史出版会
「京都市風紀取締条例違反被告事件最高裁平九（あ）一三二九号」『判例時報』一九九九年一二月一一日　一六八九号
「警察犯処罰令」『法令全書』一九〇八年九月　省令内務省第一六号
「軽犯罪法」『官報』一九四八年五月一日　法律第三九号
ゲイン、マーク　井本威夫訳『ニッポン日記』一九六三年　筑摩書房
ゲイン、マーク　久我豊雄訳『新ニッポン日記』一九八二年　日本放送出版協会
神戸市衛生局編「昭和25・26年月別患者届出数比較図」『昭和26年衛生統計年表』一九五一年
国土地理院編『国土変遷アーカイブ空中写真』二〇一〇年　日本地図センター
作田啓一「街娼の印象」竹中勝男・住谷悦治編『街娼　実態とその手記』一九四九年　有恒社
佐多稲子「『婦人民主新聞』縮刷版の刊行について」婦人民主クラブ編『婦人民主新聞縮刷版第一巻一九四六～一九五三』
一九八二年　婦人民主クラブ

サムス、クロフォード・F、竹前栄治訳『DDT革命』一九八六年　岩波書店

「執務月報（5月分）連合軍の本土進駐並に軍政関係一件」『軍政関係　連絡調整地方事務局執務報告書綴（神戸三）A'.-1-0-0-2-2-1-1』一九五〇年六月五日

島本志津夫『少女鼓笛隊』一九四二年　実業の日本社

島本志津夫『女学生時代』一九四三年　国民社

清水幾太郎・宮原誠一・上田庄三郎編『基地の子――この事実をどう考えたらよいか』一九五三年光文社

週刊朝日編『戦後値段史年表』一九九五年　朝日新聞社

杉原達『中国人強制連行』二〇〇二年　岩波書店

杉山章子『占領期の医療改革』一九九五年　勁草書房

鈴木清順「洋パンと『野良犬』と自動小銃」四方田犬彦編『鈴木清順エッセイコレクション』二〇一〇年　筑摩書房（初出『映画芸術』一九六五年八月）

住谷悦治「迷路に舞踏するもの」竹中勝男・住谷悦治編『街娼　実態とその手記』一九九九年　有恒社

「性病予防法」『官報』一九四八年七月一五日　法律第一六七号

竹中勝男「街娼の調査について」竹中勝男・住谷悦治編『街娼　実態とその手記』一九九九年　有恒社

竹中勝男・住谷悦治編『街娼　実態とその手記』一九四九年　有恒社

竹前栄治『GHQ』一九八三年　岩波書店

立花胡桃『ユダ　伝説のキャバ嬢「胡桃」、掟破りの8年間』上下巻　二〇一〇年　幻冬舎

田中雅一「コンタクト・ゾーンとしての占領期ニッポン――「基地の女たち」をめぐって」田中雅一・船山徹編『コンタクト・ゾーンの人文学　第一巻 Problematique／問題系』二〇一一年　晃洋書房

田村泰次郎「肉体の門」『田村泰次郎選集3』二〇〇五年　日本図書センター（初収一九四七年風雪社）

ダワー、ジョン、三浦陽一・高杉忠明訳『増補版　敗北を抱きしめて』上下巻　二〇〇四年　岩波書店

茶園敏美「語りつくされること／了解されてしまうこと――『パンパン』という表象」『女性学年報』二〇〇二年　二三号

茶園敏美「おんなたちを管理する法制度――花柳病予防法特例から性病予防法まで」『日本学報』二〇〇五年　二四号

茶園敏美『「パンパン」とは誰なのか――「あこがれ」と「欲望」のゆくえ』二〇〇六年度大阪大学大学院文学研究科博士論文
http://ir.library.osaka-u.ac.jp/dspace/handle/11094/1394

茶園敏美「『闇の女』と名づけられること――占領初期神戸市における一斉検挙と強制検診」『同志社アメリカ研究』二〇一三

年　四九号（二〇一三年a）
茶園敏美「占領期のキャッチとおんなたちの「声」——占領期日本における不問にされた性暴力」『女性学年報』二〇一三年　三四号（二〇一三年b）
茶園敏美「GIとつきあうおんなたち—占領期日本における『オンリー・ワン』」『コンタクト・ゾーン』二〇一四年　六号
「勅令第九号」『官報』一九四七年一月一五日
「特定秘密の保護に関する法律」『官報』二〇一三年一二月一三日　法律第一〇八号
冨山一郎「戒厳状態における発話行為を考える—国家とレイシズム—」名古屋大学文学研究科「アジアの中の日本文化」研究センター主催国際シンポジウム『都市の中の外国人』での報告完成原稿　二〇一四年一月二六日　於：名古屋大学
豊田慶治「街娼暫見」竹中勝男・住谷悦治編『街娼　実態とその手記』一九四九年　有恒社
ならの女性生活史編さん委員会編『ならの女性生活史　花ひらく』一九九五年　奈良県
中村直美編『東京現代遺跡発掘の旅』二〇〇二年　交通新聞社
中山岩太「写真でみる神戸の終戦」『歴史と神戸』一九六五年八月　巻次四（三）（一八）
西川祐子「古都の占領　占領期研究序論」『アリーナ』二〇一〇年一〇号
「売いん常習者の即時同行と性病予防法第11条について」『昭和二五年度法務総裁意見年報』一九五一年　第三巻二号六四　法務府
「売春対策年表——終戦直後から昭和三四年三月まで」売春対策審議会編『売春対策の現況』一九五九年　大蔵省
「売春防止法」『官報』一九五六年五月二四日　法律第一一八号
早川紀代「占領軍兵士の慰安と買売春制の再編」恵泉女学園大学平和文化研究所編『占領と性——政策・実態・表象』二〇〇七年　インパクト出版会
林博史「アメリカ軍の性対策の歴史——1950年代まで」『女性・戦争・人権』二〇〇五年　七号
原田弘『MPのジープから見た占領下の東京』一九九四年　草思社
兵庫県議会編『兵庫県議会会議録復刻版』一九九四年　兵庫県議会
兵庫県警察史編纂委員会編『兵庫県警察史昭和編』一九七五年　兵庫県警察本部
兵庫県警察本部編『兵庫県警察年鑑　昭和三十一年度』一九五七年　兵庫県警察本部
平井和子「RAAと『赤線』——熱海における展開」恵泉女学園大学平和文化研究所編『占領と性——政策・実態・表象』二〇〇七年　インパクト出版会
平井和子「広島湾軍事三角地帯——軍港呉の占領期を中心に」『アジア現代女性史』二〇一〇年　六号

藤野豊『性の国家管理――買売春の近現代史』二〇〇一年　不二出版

藤目ゆき『性の歴史学――公娼制度・堕胎罪体制から売春防止法・優生保護法体制へ』一九九七年　不二出版

藤目ゆき「日米軍事同盟と売春取締地方条例」『アジア現代女性史』二〇〇六年　二号

古川純解説　竹前栄治・中村隆英監修『ＧＨＱ日本占領史第１７巻出版の自由』一九九九年　日本図書センター

古久保さくら「敗戦後日本における街娼という問題」『人権問題研究』二〇〇一年　一号

毎日新聞社　Mainichi Photo Bank

松本清張『ゼロの焦点』一九五九年　光文社

水島義隆　太平洋戦争研究会編『写真で読む占領下の日本』二〇一〇年　日本経済新聞出版社

御苑生笙子「シングルマザーとセックスワーク」『女たちの21世紀』二〇一二年　七二号

南博他「パンパンの世界　実態調査座談会」『改造』一九四九年　一二月号

村上しほり『占領下日本の都市空間に関する史的研究――神戸におけるヤミ市の生成と展開に着目して』二〇一四年　神戸大学大学院人間発達環境学研究科博士課程後期課程人間表現専攻表現文化論分野　未刊行

望月嫩「同性として」竹中勝男・住谷悦治編『街娼　実態とその手記』一九四九年　有恒社

森村誠一『人間の証明』一九七六年　角川書店

与謝野光「敗戦秘話・『占領軍慰安』備忘録」『新潮45』一九九〇年　九巻五号

レイン、ジョン　平田典子訳『夏は再びやって来る――戦時下の神戸・オーストラリア兵捕虜の手記』二〇〇四年　神戸学生青年センター出版部

渡部雄吉『渡部雄吉写真集　張り込み日記』二〇一三年　Robin Books

Enloe, Cynthia Maneuvers: The International Politics of Militarizing Women's Lives. California: University of California Press, 2000（エンロー、シンシア、上野千鶴子監訳　佐藤文香訳『策略　女性を軍事化する国際政治』二〇〇六年　岩波書店）

Mlodoch, Karin "We Want to be Remembered as Strong Women, Not as Shepherds": Women Anfal Survivors in Kurdistan-Iraq Struggling for Agency and Acknowledgement, Journal of Middle East Women's Studies, Vol.8 No.1 Winter 2012 pp. 63-91: Indiana University Press

Pratt, Mary Louise Imperial Eyes, Travel Writing and Transculturation. 2nd Edition. London: Routledge　2008（1st Edition, 1992）

ＧＨＱ資料　米国立公文書記録管理局所蔵

Alt, Grace E. "Visit to Venereal Disease Hospital Yoshiwara Machi," 16 Oct. 1945, RG331/UD1851/9370j

Elkins, Oscar M., "Inspection of Venereal Disease Control Facilities, Kyoto, Osaka and Hyogo Prefectures," 11 March 1947 RG331/SCAP/9336

Guinn B. Goodrich Lt Col, Inf Commanding, "Military Police Activities in Beppu City, Oita Prefecture," 1 Apr. 1949, RG331/SCAP/9336

Landrum, E. M. Colonel, GSC Chief of Staff, " Venereal Disease Control and Contact Tracing," 25 June 1949, RG331/SCAP/9370d

Nieda, Isamu M. D. VD Control Officer, "Eight Army Circular on Contact Tracing," 7 Apr. 1949, RG331/SCAP/9370d

Nieda, Isamu M. D. VD Control Officer, " Eight Army Circular on Contact Tracing," 12 Apr. 1949, RG331/SCAP/9370d

Nieda, Isamu M. D. VD Control Br, "Status of Eight Army Circular on Contact Tracing," 9 Aug. 1949, RG331/SCAP/9370d

Nieda, Isamu M. D. VD Control Officer, "Summary Report of Venereal Disease Control Activities in Japan October 1945 – December 1949," 年月日不明 . RG331/SCAP/9321

Read, C. E. Lt. Col., Chief CID, "Pvt Howard L Cannon (N) RA16255039, 541st Transportation Truck Apo 317," 3 May 1950, RG331/SCAP/BOX9894 (c)

Sams, Crawford F. "Memorandum for the Chief of Staff: II Facts Bearing upon the Problem," 16 Oct. 1948, RG331/UD1851/9370j

Swing, J. M. Major General, U.S.A. Commanding, I Corps, "All Japanese Officials in the I Corps Zone of Responsibility Concerned with the Enforcement of Diet Law #167, Venereal Disease Prevention Law, 1948," 6 Dec. 1948 RG331/UD1851/9370d

Thomas, Lucius G., Lt. Col. M.C. Chief Preventive Medicine, "Venereal Disease Control, Reasons for Nonconcurrence," 13 Nov. 1947, RG331/E1851/9370 part2

"To: Chief, CCAR, Kure," 26 Aug. 1950 RG331/SCAP/3032 なおこの資料は被害者からの訴えのため、被害者の名前は本書では明記しない。

Circular No. 33, 8th Army, "Section I – Venereal Disease Contact Tracing," 26 May 1948, RG331/E1851/9370

Circular No. 56, PHW, "Venereal Disease Control," 28 Dec. 1948, RG331/SCAP/9370d

Circular No.39, 8th Army, "Section II – Venereal Disease Control and Contact Tracing," 9 May 1949, RG331/SCAP/9370d

SCAPIN-48, "Public Health Measures," 22 Sep. 1954, RG331/SCAP/9321

SCAPIN-153, "Control of Venereal Diseases," 16 Oct. 1945, RG331/SCAP/9321

SCAPIN-642, "Abolition of Licensed Prostitution in Japan," 21 Jan. 1946, RG331/SCAP/9321

新聞・雑誌

『朝日新聞』東京版　一九四五年八月一日〜一九五〇年一二月三一日
『朝日新聞』大阪版　一九四五年八月一日〜一九五〇年一二月三一日
『神戸新聞』一九四五年八月一日〜一九五〇年一二月三一日
『婦人民主新聞』一九四八年六月二四日
『夕刊新大阪』一九四五年八月一日〜一九五〇年一二月三一日
『読売新聞』東京版　一九四五年八月一日〜一九五〇年一二月三一日
『アサヒグラフ』一九四五年八月〜一九五七年一二月

『第一回国会衆議院厚生委員会議録第二八号』一九四七年一一月六日
『第二回国会衆議院厚生委員会議録第五号』一九四八年六月二日
『第二回国会参議院厚生委員会議録第一一号』一九四八年六月一二日
『第二回国会衆議院厚生委員会議録第一六号』一九四八年六月二五日
『第二回国会参議院厚生委員会議録第一六号』一九四八年六月二五日
『第二回国会参議院本会議録第五四号』一九四八年六月二八日
『第二回国会衆議院治安及び地方制度委員会議録第四八号』一九四八年六月三〇日
『第二回国会衆議院厚生委員会議録第二一号』一九四八年七月二日
『第一五回国会衆議院外務委員会議録第二一号』一九五三年二月二八日
『第一五回国会衆議院外務委員会議録第二三号』一九五三年三月一一日
『兵庫県議会第六七回定例会』一九五七年三月一六日
『神戸市会会議録第一一号』一九五一年五月一九日
『神戸市会会議録第一二号』一九五一年五月二三日
『尼崎市第七回臨時市議会会議録』一九五二年一月二八日

映画&テレビドラマ

大富いずみ監督・脚本　映画『ユダ』二〇一三年　アイエス・フィールド配給

鈴木清順監督『肉体の門』一九六四年　日活配給
鈴木清順監督へのインタビュー　Gate of Flesh（米国版）特典映像　二〇〇五年
橋田壽賀子原作・脚本『おしん』一九八三年四月四日―一九八四年三月三一日　二九七回放映　NHK放送センター（二〇一二年一月六日よりBSプレミアムで毎週日曜午前一〇時―午前一一時三〇分全編再放映）

WEBページ

World War II Operations Reports, 1940-1948, http://mavi.ndl.go.jp/kensei/entry/WOR.php 国立国会図書館 二〇一四年四月一五日閲覧
神戸港における戦時下朝鮮人・中国人強制連行を調査する会のホームページ http://www.ksyc.jp/kobeport/
神戸ルミナリエ公式ホームページ http://www.kobe-luminarie.jp/

感謝のきもち

本書を出版するにあたり、本書に登場し、実際にキャッチ被害に遭われた五八名のお姉さま方に真っ先にお礼を申し上げます。お名前は、アイさん、あおいさん、アキさん、秋子さん、あささん、アザミさん、あやめさん、アンさん、梅子さん、エリカさん、カンナさん、桔梗さん、桐さん、桜さん、さくらこさん、さつきさん、さゆりさん、しおんさん、春香さん、鈴さん、すみれさん、たまこさん、つつじさん、椿さん、夏子さん、撫子さん、ナナさん、のばらさん、花さん、はまなさん、はるさん、ひなぎくさん、ひめさん、ふうさん、蕗さん、芙紗さん、ふじさん、冬子さん、ぼたんさん、松子さん、まゆさん、まりさん、美奈さん、ミモザさん、実世さん、むめさん、木蓮さん、ももさん、ユウコさん、ユキコさん、ゆずさん、ゆりさん、よもぎさん、蘭さん、リリーさん、凜さん、るりさん、蓮さん（あいうえお順）。大部分のお姉さまは、一九四八年一二月から一九四九年四月までにキャッチされ、京都社会福祉研究所の調査員に自らのことをお話しになりました。すでにお気づきの方も多いでしょうが、お姉さまがたの名前をあえて花や四季の名前にしました。それにはわけがあります。わたしの交通事故の出来事と深く関わっているのです。

ずいぶん前の話になりますが、早朝、青信号で横断歩行中に交通事故にあいました。意識が戻って二～三日してから、嗅覚がないことに気づき呆然としました。鼻が詰まっていないのに、まったくにおいがしませんでした。退院して通りを歩いても、季節を感じさせる花々の香りがしませんでした。草花の香りが大好きだったわたしにとって嗅覚がなくなってしまうということは、想像を絶することでした。生活上の困難にくわえ、香りにまつわる大切な記憶が凍結したからです。医師からは、嗅覚が戻るかどうかわからないと告げられました。と同時に、事故直後鮮明だった事故の記憶もなくなっていました（病院に担ぎ込まれたときは、事故のことを自ら詳しく医療関係者と警察官に説明していたようです）。

ある日、友だちと歩いていて、そこはかとなくただよう花の香りにおもわず「いい香り！」と言ったとき。友だちから、「香りがわかるの？」と言われ、嗅覚がもどっていたことに気づきました。事故から一〇年たっていました。

本書の執筆で、お姉さまがたの名前を花の名前にしようと決めたのは、占領期のことをいまだに沈黙しているお姉さまがたの気持ちをイメージしようとしたとき、突然、嗅覚を失ってしまったときのことがよみがえったからでした。

性暴力をこうむったお姉さま方の記憶と交通事故のわたしの記憶。比べることはできません。だけど、占領期当時のお姉さま方の体験を、当事者でないわたしが共有することも簡単ではありません。そこで、花や四季を思わせる名前をお姉さまがたに名づけることで、一時的にせよ嗅覚を失ったことで、楽しかった想い出が語れなくなってしまったことや、交通事故の記憶をいまだに語ることができないでいるわたし自身の体験をみつめながら執筆することで、沈黙されているお姉さまがたに寄り添いたかったのです。

いまだに性産業で働くことが、他の仕事に就くように語れない状況（さらに言うなら履歴書に書けない状況）では、占領期にGIと交際していたことをいまになって打ち明けることは、簡単なことではないでしょう。楽しく大切な想い出だと、なおさらでしょう。キャッチという恐ろしい経験を語ることは、さらにむずかしいことでしょう。暴力と違って性暴力の体験は、厳しい眼差しを向けられてしまう現状があるからです。家族であっても。

このような状況が存在するからこそ、本書がお姉さまがたの傷を少しでも和らげるお手伝いができますよう願ってやみません。

本書は、一般財団法人竹村和子フェミニズム基金二〇一四年度の出版助成を受けることができました。助成金のおかげで本書は、性暴力にあわれたにも関わらず、いまだに尊厳を奪われたまま沈黙しているお姉さまがたの尊厳を取り戻す大きな支援となります。ありがとうございます。

さらに本書は、大勢のかたがたのご指導、ご支援で、書き上げることができました。

指導教官の冨山一郎先生（同志社大学）には、神戸市外国語大学在学中から長い間ご指導いただきました。何度も研究意義を見失い、そのつど「わたしの研究は意味があるのでしょうか」という問いかけに、先生の「まったくもって重要です」というおことばに励まされ、研究を続けることができました。

もうひとりの指導教官である杉原達先生（大阪大学）には、資料やフィールドに対して敬意を払い真摯に向き合うことを教えていただきました。

冨山先生を通じて崎山政毅先生（立命館大学）からは、徹底的に原典にあたる大切さと読み易い文章の書き方をご教示いただきました。

羽下大信先生（住吉心理オフィス主宰）には、本屋で占領期の古書があるとすぐ連絡をいただき、わたしの研究を気にかけてくださいました。

小林致広先生（京都大学）からは、いつもジェンダー関係の資料をいただきました。不思議なことにいただいた資料はどれも数年後に重要な参照文献となって、活用させていただいています。

丹生谷貴志先生（神戸市外国語大学）には、国際的な視野で占領期をみる大切さを教えていただきました。

冨山先生を通じて朴一先生（大阪市立大学）には、植民地の視点に関わってジェンダー研究を意識する大切さを教えていただきました。

博士論文の副査でもある藤目ゆき先生（大阪大学）には、たくさんの貴重な資料をいただき、GHQの資料調査のためワシントンD．C．へ行く便宜を図って下さいました。MBS報道ディレクター坪井兵輔さんと研究で繋がることができたのも、藤目先生のおかげです。

林博史先生（関東学院大学）には、米国立公文書記録管理局での資料の探し方を丁寧にご教示下さり、GHQの貴重な資料もたくさんいただきました。

田中雅一先生（京都大学）には、セックスワーク研究会で毎回示唆的なご教示をいただき、国際シンポジウムで発表する機会を作って下さったり、田中先生ご自身のご発表のコメンテーターに指名して下さったり、研究というフィールドで活躍する幾多のチャンスを作って下さいました。

今所属している京都大学アジア研究教育ユニット（KUASU）のユニット長、落合恵美子先生には、性暴力関連の研究会でお世話になっています。

Robert Cross先生（同志社大学）には、論文の英文チェックや発音チェックをしていただき、日本の占領期関係の海外の文献もたくさんいただきました。示唆的なアドバイスもいただきました。

Cross先生を通じて宮崎みよしさん（造形作家）に出愛、占領期神戸市の米軍キャンプの状況が一気にリアリティを伴いました。と同時に今度は宮崎さんから、占領期神戸市の闇市研究をなさっている村上しほりさん（人と防災未来センター）をご紹介いただき、今後の新たな視点を見出すことができました。

中前智光さん（西宮市役所）には、市条例と売春防止法に関わる裁判における判例の解釈について、とてもわかりやすく詳しいご教示をいただきました。

GHQの資料データのDVDが壊れたとき、ワシントンD.C.で一緒に資料調査を行なった金優綺さん（在日本朝鮮人人権協会）、助けてくれてありがとう！

火曜会、セックスワーク研究会、KUASU、ときわそばの会のみなさまに多謝！

長い間、暖かい励ましや論文のアドバイスをくださった、枚井道子さん、喜田デシケイラ由美子さん、日高由貴さん、松尾美恵さん、山本典子さん、鈴木ゆかりさん、魏仙芳さん、ワシントンD.C.での調査の間、こびんちゃんたちのケアをしてくれた塩井有希さんと周平君、太介君、ほんとにありがとう！公私に渡ってこれまでお世話になったみなさま（そして今もお世話になっているみなさま）、ここに深く感謝いたします。ひとあし早く永遠の旅に出られた柿田肇さん、あなたの柔らかい励ましのお手紙どおり、なんとか本にできました。ありがとうございます。

本書ではとりあげられなかったことも多くあります。これから新たなスタートとなります。兵庫県立図書館、兵庫県公館県政資料館、神戸市文書館、神戸市立中央図書館、神戸市立垂水図書館、奈良新聞社、神戸新聞社、朝日新聞社、『アサヒグラフ』、毎日新聞社、読売新聞社、大阪大学附属図書館、京都大学附属図書館、国立国会図書館、米国立公文書記録管理局のみなさまなくしては、本書を完成することができませんでした。ありがとうございます。

みなさま、今後ともよろしくお願い申し上げます。

最後に、インパクト出版会の編集者、深田卓さんには、わたしのわがままな注文を可能な限り取り入れてくださり、早く本書を出版できるよう動いてくださったことに心より感謝いたします。

どんなときも、ずっと見守ってくれている家族に本書を捧げます。

二〇一四年七夕の神戸にて
素晴らしい出愛に感謝を込めて！

茶園敏美

茶園敏美（ちゃぞのとしみ）
京都大学大学院文学研究科アジア親密圏 / 公共圏教育センター所属。
ジェンダー論。大阪大学博士（文学）
主要業績
上野千鶴子監修 / 一宮茂子・茶園敏美編『語りの分析〈すぐに使える〉うえの式質的分析法の実践』（生存学研究センター報告 27）立命館大学生存学研究センター、2017
「セックスというコンタクト・ゾーン――日本占領の経験から」（上野千鶴子・蘭信三・平井和子編『戦争と性暴力の比較史へ向けて』岩波書店 近刊）、
『もうひとつの占領――セックスというコンタクト・ゾーン』（インパクト出版会　近刊）

パンパンとは誰なのか
キャッチという占領期の性暴力とＧＩとの親密性

2014 年　9 月 30 日　第 1 刷発行
2017 年 10 月 30 日　第 2 刷発行

著　者　茶　園　敏　美
発行人　深　田　　　卓
装幀者　宗　利　淳　一
発　行　インパクト出版会
〒 113-0033　東京都文京区本郷 2-5-11　服部ビル 2F
Tel 03-3818-7576　Fax 03-3818-8676
E-mail：impact@jca.apc.org
http:www.jca.apc.org/˜impact/
郵便振替　00110-9-83148

モリモト印刷